쉽게 읽는 지식총서

한국사 Ⅱ
(韓國史)

惠園出版社

쉽게 읽는 지식총서 한국사 II

지은이 | 민병덕
펴낸이 | 전채호
펴낸곳 | 혜원출판사
등록번호 | 1977. 9. 24 제8-16호

편집 | 장옥희 · 석기은 · 전혜원
디자인 | 홍보라
마케팅 | 채규선 · 배재경 · 전용훈
관리 · 총무 | 오민석 · 신주영 · 백종록
출력 | 한결그래픽스
인쇄 · 제본 | 백산인쇄

주소 | 경기도 파주시 교하읍 문발리 출판문화정보산업단지 507-8
전화 · 팩스 | 031)955-7451(영업부) 031)955-7454(편집부) 031)955-7455(FAX)
홈페이지 | www.hyewonbook.co.kr / www.kuldongsan.co.kr

ISBN 978-89-344-1020-1

쉽게 읽는 지식총서

History of Korea

한국사 Ⅱ

민병덕 지음

혜원

목차

■ 부록

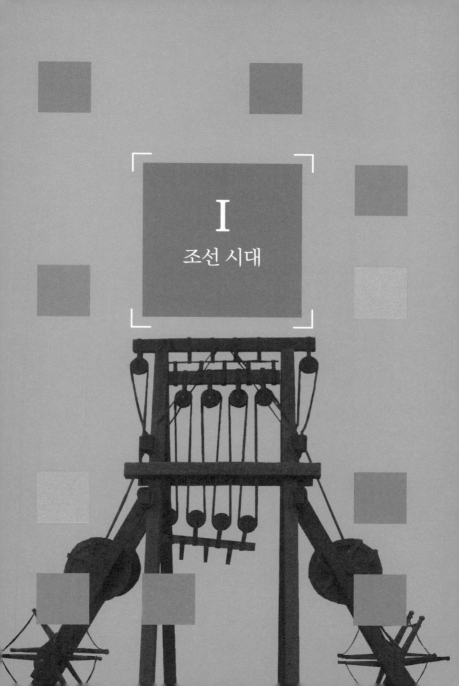

I

조선 시대

1. 조선 시대의 법전

→ 조선 시대는 《경국대전(經國大典)》을 비롯하여 《속대전(續大典)》, 《대전통 편(大典通編)》, 《대전회통(大典會通)》이 간행되었다.

조선이 건국되면서 통치의 기본 질서를 바로 잡기 위하여 많은 법전 (法典)이 편찬되었다. 가장 먼저 편찬되어 후대의 법전 편찬에 기본이 된 것은 《조선경국전(朝鮮經國典)》이다. 이 책은 태조 3년(1394)에 정도 전이 지은 것으로, 임금의 할 일로써 정보위(正寶位)·국호·정국본(定 國本)·세계(世系)·교서(教書)로 나누고, 신하의 할 일로써 치(治)·부 (賦)·예(禮)·정(政)·헌(憲)·공(工)의 6전을 설치하여 각 전의 관할 사 무를 규정하고 있다고 정도전(鄭道傳)의 문집인 《삼봉집(三峰集)》에 전 하고 있다.

《조선경국전》이 나라의 통치 질서 기본을 규정한 것이라면, 구체적인 법령집으로 처음 만들어진 것은 태조 6년(1397)에 조준(趙浚)과 하륜(河 崙) 등이 편찬한 《경제육전(經濟六典)》이다.

조선 왕조 5백년 간 정치 질서의 기준이 된 법전은 세조 때 편찬되기 시작한 《경국대전(經國大典)》이다. 세조가 최항(崔恒)과 노사신(盧思慎) 등에게 명하여 편찬하기 시작하여 성종 때 완성되었다. 내용은 6조(六 曹)로 구성된 관제에 의하여 6전(六典)으로 나누고, 각각 해당 관청의 관 장 사무와 그 직제 등을 규정하고 있다. 《경국대전》은 성리학 중심의 정 치 질서로 재정비한 것을 나타낸 것이다.

영조 22년(1757)의 《속대전(續大典)》 편찬은 《경국대전》 이후 변화된 사회의 여러 모습에 따라 새롭게 법을 개정한 것이다. 즉 300년 가까이 지난 《경국대전》에서 규정한 법률이 현실과 맞지 않으면서, 경종 이래로 약화된 왕권을 공고히 하면서 탕평책으로 정치를 쇄신할 필요에서 《속대전》이 편찬된 것이다. 영조 22년(1746) 영조의 뜻에 따라 편찬된 《속대전》은 《경국대전》의 총 213항목 가운데 76항목을 제외한 137항목을 개정, 증보했으며 특히 우리나라의 실정에 맞는 새로운 형률을 만들고, 형량에 있어서도 가볍게 다룬 것이 특징이라 할 수 있다.

《속대전》이 《경국대전》의 내용을 완전하게 소화하지 못했다고 생각한 정조는 다시 법전 편찬 작업에 착수하였다. 정조 9년(1785)에 《경국대전》과 《속대전》 및 그 뒤의 법령을 통합해 편찬한 통일 법전이다. 조선 시대는 국가의 기본 질서를 규정한 《경국대전》과 《속대전》이 있으면서 유교 질서의 예법을 규정한 《국조오례의(國朝五禮儀)》나 《속오례의(續五禮儀)》가 있어 여러 어려움이 많았다. 그리하여 1781년 2월 당시의 법전을 통합하기로 결정하고, 1784년에 편찬하기 시작하여 1785년에 완성한 것이다.

《대전회통(大典會通)》은 숫자나 명칭이 뒤바뀌거나 잘못된 것이 확실한 것만 바로잡는 것 외에 《경국대전》과 《속대전》의 조문은 그대로 수록하였다.

《대전통편(大典通編)》에는 이전(吏典) 212개조, 호전(戶典) 73개조, 예전(禮典) 101개조, 병전(兵典) 265개조, 형전(刑典) 60개조, 공전(工典) 12개조 등 도합 723개 조문이 그전의 법전에다가 새로 조문을 넣었다. 《대전통편》의 편찬으로 《경국대전》 이후 300년 만에 새로운 통일 법전이 이룩되었다.

고종 2년(1865) 9월에 흥선 대원군(興宣大院君)에 의해 만들어진 조선 시대 최후의 법전인 《대전회통》은 《대전통편》을 약간 증보한 것에 지나지 않았다.

2. 옛날 사람들의 여가 활동

→ 씨름, 축국(蹴鞠), 격구(擊毬), 포구(拋球), 물미장(勿尾杖), 중하(重荷), 택견, 경조(競漕) 등 다양한 스포츠 경기가 있었다.

우리들은 항상 스포츠와 함께 살고 있다. 주위를 살펴보면 신문이나 라디오, TV 등에서 스포츠가 중요한 기사로 자리 잡은 지 오래다. 그렇다면 옛날에는 어떤 스포츠를 즐겼을까?

가장 오래된 스포츠로는 씨름을 들 수 있다. 고구려 각저총에 있는 '씨름도'를 통해 씨름의 역사가 오래되었다는 것을 알 수 있다. 고구려에서 씨름이 인기 스포츠임을 나타내는 그림이라고 하겠다. 또한 외국인까지 씨름에 참여할 정도이면 대단한 인기 스포츠일 것이다.

지난 2002년 우리나라에서 월드컵 축구대회가 열렸다. 오늘날 인기 스포츠로 자리잡은 축구는 우리나라 역사에서도 오래되었다. 축국(蹴鞠)이라고 불리던 축구에 대한 기록이 이미 《삼국유사》에 있다. '김유신과 김춘추가 함께 자기 집 앞에서 공을 차다가 춘추의 옷을 밟아 옷고름을 떼어 자기 누이와 결혼을 시키는' 내용에서 신라 시대에 축국을 했음을 알 수 있다. 이때의 경기는 두 기둥을 세우고 그 위에 망을 얹어놓고, 공을 높이 띄워 망 위에 얹는 것으로 승부를 가리는 경기였다.

오늘날 인기 있는 농구나 배구와 비슷한 스포츠는 격구(擊毬)이다. 서

양의 폴로(Polo)와 비슷한 종목이다. 여자들도 할 정도로 격구의 인기는 높았다. 고려 예종(睿宗) 11년(1116)에 임금이 지켜보는 가운데 부녀자들이 격구 시합을 했다는 기록도 나와 있다. 처음에 페르시아에서 시작한 격구는 당나라를 거쳐 7세기경에 우리나라에 들어온 것으로 추측하고 있다. 조선 시대에는 장치기라고 했으며, 서양의 하키처럼 홍(紅) · 백(白) 두 개의 공을 양편이 공채로 떠서 자기편의 골문에 먼저 넘겨 승부를 겨루는 경기이다. 《조선왕조실록》에는 왕위를 자신에게 넘긴 태종과 세종대왕이 함께 장치기 경기를 즐겼다고 나와 있다.

지금 큰 인기를 누리는 농구와 비슷한 종목으로는 포구(抛毬)가 있다. 두 기둥 위에 구멍 뚫린 판자를 얹고 그 구멍에 망을 얹어 늘어뜨린 후, 양편이 공을 던져 그 망 위에 담는 경기이다. 오늘날 응원의 열기를 치어걸을 통해 알 수 있듯이, 옛날 포구를 할 때도 '포구악'이라는 멋진 음악이 연주되었다고 한다.

단체 종목 이외에 개인 종목도 있었다.

'물미장(勿尾杖) 놀이'는 육상의 멀리뛰기와 높이뛰기 경기와 비슷하다. 이 종목은 등짐 · 봇짐장수인 보부상들이 하는 스포츠이다. 보부상

들은 무거운 짐을 지고 다니
느라 지팡이가 꼭 필요했다.
이 지팡이를 '물미장'이라
고 하는데, 이것을 짚고 멀
리뛰기와 높이뛰기를 하였
으므로 '물미장 놀이'라고
한다.

'장애물 육상 경기'로는
'중하(重荷)'가 있었다. 이것
은 물장수들이 소속 단체별
로 물짐을 지고서 그 물을
흘리지 않고 보다 빨리 달리
기를 겨루는 경기이다.

우리나라의 대표적인 개인 경기로 인기가 있었던 것은 태권도이다.
한데 옛날에는 택견이라고 했다. 택견의 역사는 안악과 집안에 있는 고
구려 고분 벽화에 택견을 하는 것이 그려져 있기에 삼국 시대부터 있었
다는 것을 알 수가 있다. 이후 고려 시대에 무신의 난이 일어났을 때 택
견 챔피언인 이의민(李義旼)과 두경승(杜景升)이 큰 공을 세웠다. 조선
시대에는 단종을 복위시키려고 했을 때, 세조가 군사를 뽑을 때 택견을
기준으로 하였다고 한다.

조정 경기와 비슷한 것으로는 경조(競漕)가 있으니, 김해 앞바다에서
비가 오기를 기원하는 뜻에서 다섯 가지 색으로 장식한 배를 타고 경기
를 하는 것이다.

이 밖에 오늘날 추석이나 설날에 행하는 그네나 널뛰기도 스포츠의 일종으로, 그네는 굴러서 보다 높이 날기를 겨루며, 널뛰기는 반동으로 보다 높이 오르기를 겨루는 경기이다. 또한 초등학교 운동회에서 즐겨 하는 줄다리기도 전통 스포츠로써 인원수를 제한해 잡아당기는 경기이다.

앞으로 우리의 전통 스포츠에 재미를 곁들여 바꾼다면, 야구나 농구 못지않은 인기 스포츠가 되지 않을까?

3. 세금 제도

→ 왕조 시대의 백성들은 현대 민주주의 국가의 국민보다 더 많은 세금을 내야 했다.

고려 시대와 조선 시대에도 물론 세금이 있었다. 그러나 오늘날과 같이 모든 사람이 세금을 내는 제도가 아니라 지배층을 제외한 평민만 세금을 냈다. 평민으로는 농민, 장인(匠人), 상인이 있었는데 농민이 전체의 90퍼센트를 차지했으니, 농민이 세금의 대부분을 부담했던 것이다.

과세의 근거로 중국의 당나라 때 완성된 조(租), 용(庸), 조(調)의 원칙이 적용되었다. 그러나 이것은 시대에 따라 조금씩 다르게 운영되었다.

일반적으로 조(租)는 토지에 부과하는 것으로 전세(田稅)라고 할 수 있다. 이 전세는 고려 시대에는 국가에서 나누어 준 토지를 농민이 경작할 경우에는 1/10을, 개인의 사유지를 경작할 경우에는 2/5 ~ 1/2을 세금 겸해서 토지의 소유자에게 주었다. 1결(약 9,900㎡)당 1/10세의 경우 약 30두(斗)를 내야만 했다. 이것이 조선 시대 세종대에 이르러 연분9등법(年分九等法)과 전분6등법(田分六等法)으로 확정되었다. 연분9등법은 그

구 분		조세액
1등전	수전(水田)	쌀 40섬 (벼 80섬)
	한전(旱田)	콩 40섬 · 조 20섬
2등전	수전(水田)	쌀 34섬 (벼 68섬)
	한전(旱田)	콩 34섬 · 조 17섬
3등전	수전(水田)	쌀 28섬 (벼 56섬)
	한전(旱田)	콩 28섬 · 조 14섬
4등전	수전(水田)	쌀 22섬 (벼 44섬)
	한전(旱田)	콩 22섬 · 조 11섬
5등전	수전(水田)	쌀 16섬 (벼 32섬)
	한전(旱田)	콩 16섬 · 조 8섬
6등전	수전(水田)	쌀 10섬 (벼 20섬)
	한전(旱田)	콩 10섬 · 조 5섬

해의 풍 · 흉에 따라 세금을 거두어들이는 것이며, 전분6등법은 땅의 질에 따라 거두는 것이다. 그러므로 54종류로 세금을 거두어들였다고 할 수 있다.

전분6등법은 1결을 수확량으로 구분한 것이기 때문에 면적은 같으나 내는 세금의 양이 달랐고, 연분9등법은 상상년 20두를 시작으로 차례로 내려오면서 2두씩 감해져서 하하년에 4두를 내게 한 제도이다. 그러나 이 제도는 관리의 사적인 욕심이 개입될 위험이 높았는데, 실제로도 관리들이 부정을 저지름에 따라 애초에 의도한 대로 추진되지 않았다. 따라서 임진왜란 후 효종(재위 1649~1659) 때 영정법(永定法)이라고 하여 전세를 개혁하기에 이른다. 영정법은, 전분6등법은 그대로 둔 채 연분9

구 분	조세액
상상년(上上年)	20말(斗)
상중년(上中年)	18말(20말×0.9)
상하년(上下年)	16말(20말×0.8)
중상년(中上年)	14말(20말×0.7)
중중년(中中年)	12말(20말×0.6)
중하년(中下年)	10말(20말×0.5)
하상년(下上年)	8말(20말×0.4)
하중년(下中年)	6말(20말×0.3)
하하년(下下年)	4말(20말×0.2)

*오늘날의 계량 단위로는 1말 = 18L, 0.018m²

등법을 폐지하여 일률적으로 1결당 4두씩 거두게 한 제도이다.

용(庸)은 사람에게 부과해 역역(力役) 또는 그 대신 물건으로 내게 하는 것으로, 잡역(雜役)과 군역(軍役)으로 구분하고 있다. 세금을 현금이나 현물로 받아들이지 않고 단지 노동력으로 징수한 것이 오늘날과 다른 점이라고 할 수 있다. 당시에는 국가 기관의 건물을 새로 짓는다거나 도로를 닦는다거나 성을 새로 쌓거나 보수할 때에 현금이나 현물로 세금을 거둘 경우 문제가 있었기 때문에 생겨난 제도다. 세금을 내야 하는 평민의 입장에서도 그 많은 양을 전액 현금이나 현물로 낼 경우 전체 생산물을 내도 모자랄 지경이었으므로 현금 및 현물 세금과 노동력에 의한 세금의 적절한 조화가 필요했던 것이다. 그러므로 역의 노동력 부과는 옛말대로 '누이 좋고 매부 좋은 격'이었다.

역의 대상은 16세 이상 60세까지의 정남(丁男)이었다. 공정한 역의 시행을 위해서는 호구를 정확히 파악할 필요성이 있었으므로, 조선 시대 태종 때에는 호패법을 실시하기도 했고, 숙종 때에는 다섯 가구를 한 통씩으로 정한 호적 제도인 오가작통법(五家作統法)을 실시하기도 했다.

이렇게 제도를 보완했는데도 역은 여러 가지 불합리한 요소와 관리의 부정으로 개혁을 할 수밖에 없게 되었다. 즉 못된 관리들이 족징(族徵, 군포세가 부족할 때 이를 보충하기 위하여 세금을 내야 할 사람의 친척에게 세금을 내게 하는 것), 인징(隣徵, 세금 부담을 두려워한 세금 부담자가 도망을 갔을 때 이웃에게 세금을 내게 하는 것)이라든가, 백골징포(白骨徵布, 죽은 사람을 살았다고 하여 군역과 세금을 부담시키는 것), 황구첨정(黃口簽丁, 16세 이하의 어린아이나 젖먹이에게 군포를 부담시키는 것) 등으로 강제 수탈을 해갔던 것이다.

그러자 영조(英祖)는 이를 시정하기 위하여 균역법(均役法, 종래에 1년에 군포 2필을 내던 것을 1필로 줄여주는 대신에, 부족분을 왕가나 권력자가 징수하던 염세 · 선박세 · 어장세를 나라에서 거두어들이는 제도)을 시행했으나 효과가 없었고, 고종 때 흥선 대원군이 호포(戶布, 양반에게 군포를 내게 하는 제도)를 실시함으로써 역의 부담이 골고루 이루어졌다.

조(調)는 가구에 부과해 지방의 특산물을 거두어들인 제도이다. 이는 자작농이 농업과 수공업으로 얻는 생산물의 일부를 납부하면 각 지방별로 모아 중앙으로 보내는 조세 제도다. 그 종류는 매우 다양해 곡물이나 해산물은 물론 생활에 필요한 물품뿐만 아니라 얼음이나 송충이까지도 거두어들였다. 그런 만큼 수납과 운반, 보관에 어려움이 뒤따라 납세자들에게 많은 어려움을 안겨 주었다. 예를 들어 따뜻한 겨울이 지나면 평양 사람과 화성 사람이 운다고 한다. 그 이유는 평양 사람들의 특산물은 얼음인데 겨울이 따뜻하면 얼음을 보관하고 운반하는데 어려움이 있었으며, 화성 사람들은 사도 세자(思悼世子, 후에 장조로 추존됨)의 무덤인 융릉에 송충이가 들끓게 되어 융릉 주변의 백성들에게 큰 고통이 되었다. 또한 실무 관리들의 부정과 부패로 더욱 큰 어려움을 맞게 되었다.

이를 방지하기 위해 임진왜란 이후부터 대동법(大同法)을 시행하여 현물 대신에 쌀(大同米), 베(大同布), 돈(大同錢)으로 납부하게 하였다. 이에 따라 전문적으로 국가가 필요로 하는 물건을 진상하는 상인이 등장하니 이들이 곧 공인(貢人)이다.

그러나 이렇게 제도를 개혁했는데도 농민의 부담은 줄어들지 않았다. 과거에는 백성들을 나라의 주인으로 여긴 것이 아니라 지배층에 봉사하려고 있는 존재로 생각했기 때문이다.

！ 조선의 통치 제도

제도	기능
정치 제도	의정부와 6조 중심, 삼사(사간원, 사헌부, 홍문관-왕권 견제) 승정원(왕의 비서 기관), 의금부(국왕 직속의 사법 기관)
지방 행정 제도	8도-군·현, 수령(조세 징수, 농업·교육 장려, 재판·지역 방어), 향리(행정 실무 담당), 유향소(향리 감찰, 수령 보좌, 풍속 교정)
교육 제도	• 서당-서울(4부 학당), 지방(향교) • 성균관(최고 교육 기관), 기술 교육은 해당 관청에서 실시
관리 선발 제도	과거 제도(문과·무과·잡과), 문음과 천거를 통해 선발 가능
군사 제도	군역 의무(16~60세의 양인 정남) 서울(5위), 지방(수군절도사·병마절도사), 잡색군(예비군)
교통·통신 제도	• 조운 제도(잉류 지역: 평안·함경·제주) • 역원 제도-중앙집권 강화

4. 조선의 한양 천도

→ 조선이 한양을 도읍으로 옮긴 이유는 고려 세력에 대한 견제이다. 그리
  고 한반도의 중앙부에 위치해 있으며, 주변이 높은 산과 강으로 둘러싸
  여 있어 방어에 유리하고 한강을 통해 조운(漕運)을 운반하기 쉽기 때문
  이다.

고려를 무너뜨리고 조선을 건국한 이성계는 한양을 도읍으로 정하였
다. 이성계가 도읍을 한양으로 옮긴 이유는 개경의 고려를 추종하는 세
력을 견제하면서 새로운 세력을 육성하기 위함이다.

한양은 고려 시대에 개경, 서경과 더불어 3경 중의 하나로 풍수지리
설에서도 명당으로 불리던 곳이다. 우리나라 지리도참 사상의 시조라고
볼 수 있는 신라 말기의 승려 도선의 계승자라고 일컫는 고려 숙종 때의
술사(術士)인 김위제(金謂磾)는 '한강의 어룡이 사해(四海)에 통한다.',
'내외의 상객이 보물을 바친다.' 는 등의 말을 하여 한강이 국내 및 국제
교역의 중심지가 될 수 있다는 지정학적인 이점을 주장하고 있다. 또한
김위제는 한양의 산세가 방어상 개경보다 유리하며, 한양에 수도를 정
할 경우 36개의 나라가 조공을 바칠 것이라고 주장하였다. 이러한 예언
은 민중들 사이에 널리 퍼져 이성계가 한양에 도읍을 정함으로써 백성
들의 민심을 얻고자 함이었다.

이성계가 조선을 건국하고 나서 개경을 그대로 도읍으로 삼으려고 하
였으나 여전히 고려를 지탱하려는 세력이 있었다. 이들은 왕씨를 기반
으로 기회를 보아서 다시 부흥하려고 시도하였다. 그리고 고려를 무너
뜨린 이성계와 그의 추종 세력들을 위협하였다. 이성계는 도읍을 한양
으로 옮겨 이들 세력의 힘을 약화시키고자 하였던 것이다.

또한 이성계는 한양이 한반도의 중앙부에 위치하여 사통팔달로 전국을 오가기가 쉬우므로 전국을 통치하기가 쉬웠다. 더구나 한양은 한강을 통해 전국에서 거두어들인 세곡을 운반하기가 쉬웠다. 지방의 조창(해창이나 강창)에서 서울의 경창(京倉)으로 세곡을 운반하는 것을 조운이라고 한다.

황해도와 전라도, 경상도의 세곡은 황해를 통해 한강을 거쳐 서울의 경창으로 옮길 수가 있었다.

더구나 한양은 남쪽에 한강이 있고, 북쪽으로 북한산이 가로막고 있어 외적의 침입을 막거나 주변을 감시하기가 유리하였다.

이성계는 고려의 추종 세력 견제와 한반도의 중앙부에 위치해 있으며, 주변이 높은 산과 강으로 둘러싸여 있어 방어에 유리하고 한강을 통해 조운을 운반하기 쉽기 때문에 한양을 도읍으로 했던 것이다.

❗ 우리나라 행정 조직의 변화

시대	삼국 시대			남북국 시대		고려	조선
	고구려	백제	신라	통일 신라	발해		
중앙	5부	5부	6부		5경		
지방	5부	5방	5주	9주 5소경	15부	5도 양계	8도
(지방장관)	(욕살)	(방령)	(군주)	(도독, 사신)	62주	(안찰사, 병마사)	(관찰사)

5. 호패법의 실시 목적

→ 조선 시대에는 16세 이상의 양인 남자는 의무적으로 호패를 차고 다니

게 했다. 이것이 오늘날의 주민등록증과 같은 신분증 구실을 했으며, 공정한 군역을 부과하기 위한 것이었다.

오늘날 만 18세가 되면 남녀를 구분하지 않고 주민등록증이 발급된다. 이 주민등록증을 받음으로써 국가에 대한 의무나 국민으로서의 권리를 행사할 수 있게 되는 것이다. 그리고 사진이 부착되어 주민등록증을 소지한 사람의 신분을 확인하는 수단이 되기도 한다.

오늘날에는 남녀 구분하지 않고 주민등록증을 발급하지만 조선 시대에는 16세 이상의 양인 남자에게만 호패(號牌)라는 신분증명서를 발급했다.

호패 제도는 원나라 때부터 실시되었다. 우리나라에서는 고려 공민왕 3년(1354)에 이 제도를 받아들였으나 잘 시행되지 않았고, 조선 태종 13년(1413) 9월에야 비로소 사용 범위가 확대되어 전국적으로 시행되었다.

호패 제도의 목적은 호구를 분명히 하여 전체 인구를 파악하고, 직업과 계급을 분명히 하며, 신분을 증명하려는 것이었으나, 가장 중요한 목적은 군역과 부역의 기준을 밝혀 유민(流民)을 방지하여 조세 수입을 증대시키기 위한 것이었다.

이리하여 나라에서는 호패를 위조하면 극형에 처했으며, 호패를 빌려 준 사람은 곤장 100대를, 호패를 소지하지 않았을 때에는 곤장 50대를 치는 등의 법을 마련했다.

한편 세조 때는 호패청을 두어 사무를 전담하도록 했으며, 숙종 때는

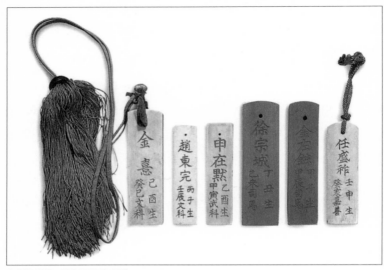

호패 [허가번호 : 중박 200906-260]

쉽게 간직하고 위조를 방지할 겸해서 호패 대신 종이로 지패(紙牌)를 만드는 등의 편리한 방법을 취하기도 했으나 실제로는 별 효과를 얻지 못했다. 《성종실록(成宗實錄)》에는 호패를 받은 사람 가운데에 사실상 군역의 의무를 다한 사람은 10~20퍼센트에 불과했다고 기록하고 있다.

호패는 왕실, 사대부로부터 양민, 천민에 이르기까지 16세 이상의 모든 남자가 사용했는데, 양반들은 호패도 사치스러워 상아나 녹각 등의 재료를 썼고, 평민들은 나무를 썼다. 호패 크기는 길이 3치 7푼, 폭 1치 3푼, 두께 2푼으로 되어 있다.

호패에는 2품 이상은 관직과 성명을, 3품 이하의 관리나 공이 큰 관리의 아들은 관직과 성명, 그리고 거주지를 기록했다. 일반 백성들은 성명과 거주지 외에 얼굴빛과 수염의 유무를, 5품 이하의 군인은 소속 부대와 키를, 잡색군(雜色軍)은 직역과 소속을, 노비는 주인·연령·거주지·얼굴빛·키·수염의 유무 등을 기록했다. 신분이 낮을수록 훨씬 구속하는 것이 많았다.

호패에 관한 업무는 서울은 한성부가 담당했고, 지방은 관찰사 및 수령이 담당하였고, 실제 사무는 이정(里正)·통수(統首)·관령(官領)·감고(監考) 등이 하였다. 지급 방법은 각자 호패에 기재할 사항을 종이에 적어 제출하면 2품 이상과 삼사(三司)의 관원들 것만 관청에서 만들어 주었으며, 나머지 사람들은 각자 만들어 발급 관청으로 가지고 가면 신상명세를 기록한 종이와 대조한 후에 도장을 찍고 발급하였다.

오늘날 우리나라에서 사용하고 있는 주민등록증은 1962년 5월 10일에 제정된 '주민등록법'에 근거하고 있다. 이로써 우리나라의 모든 주민은 시군 단위로 주민등록증을 만들게 되었다.

6. 신문고의 실시

→ 백성들에게 억울한 일이 생기면 지방 사람은 관찰사에게 찾아갔고, 서울 사람은 해당 관청에 찾아가 서신을 제출하거나 억울함을 호소했다. 그리고 나서도 해결이 되지 않는 문제여야만 신문고(申聞鼓)를 칠 수 있었다.

조선 왕조는 백성을 바탕으로 한 민본정치(民本政治)요, 국민의 의견을 상소라는 형태로 받아들인 언론정치(言論政治)라고 할 수 있다. 이 민본과 언론의 복합적인 요인을 가진 것이 신문고이다.

신문고라면 도덕 교과서의 예에서 '억울한 사람이 궁궐 밖에 매달아

놓은 북을 치니, 관리가 그 사람을 임금 앞에 데려가 주어 자기의 억울함을 호소하는 내용'이 있는데 이렇게 절차가 간단하였을까?

이렇게 간단했다면 혼란스러울 경우도 있겠고, 오늘날의 민주제도와 거의 다름이 없다고 할 수가 있다. 그러나 이 신문고는 백성들이 언제, 어디서나 칠 수가 있는 것이 아니었다. 신문고는 서울에만 설치되어 있었다. 그러므로 오늘날처럼 교통·통신시설이 발달되지 못한 옛날에는 서울로 간다는 것이 간단한 일이 아니었다. 그래서 지방에 있는 사람은 관찰사에게, 서울에 있는 사람은 해당 관청에 서신 또는 직접 찾아가 억울함을 호소하였던 것이다. 여기에서 해결이 안 될 때에 비로소 신문고를 두드릴 수 있었다.

신문고를 두드릴 때에도 담당 관리에게 억울한 내용을 말하여 글로 작성한 뒤 신청자의 이름과 주소를 확인한 다음에 북을 쳤으니 매우 복잡한 절차를 거쳐야 했던 것이다.

더구나 그 사용에도 제한을 두었으니, ①중앙 관청의 하급 관리(서리나 아전)나 노비들이 그의 상관을 고발할 경우, ②지방의 향리, 백성들이 관찰사나 수령을 고발할 경우, ③남을 사주하여 고발하게 하는 경우에는 오히려 벌을 주었으며, 나중에 무질서하여지자 규정을 더욱 엄격히 하여 자손이 조상을, 아내가 남편을, 아우가 형을, 노비가 주인을 위하는 일 및 지극히 원통한 일과 살인 사건에 한해서만 신문고를 치게 하였으니, 일반 백성이 접근하기는 어려워 제대로 시행되지는 않았을 것이다. 그리고 일반 백성보다는 양반의 이용 횟수가 많았다고 하니 지배층을 위한 제도였지, 일반 백성에게는 크게 효용 가치가 없는 제도라고 할 수 있다.

신문고(申聞鼓) 제도는 중국 송나라의 법을 모방하여 태종(1402) 때 실시되었으나, 설립 취지와 다른 제도로 변하자 연산군 때 폐지되었고, 다시 영조 47년(1771)에 부활되었다.

신문고의 단점을 보완하기 위하여 상언(上言)과 격쟁(擊錚)을 운영하였다. 상언은 자신의 억울함을 글로써, 격쟁은 자신의 억울함을 꽹과리 등의 악기를 쳐서 눈길을 끈 뒤 임금에게 호소하는 것이다.

❓ 알고 넘어가기

《태종실록》에 수록되어 있는 신문고 실시의 배경

'자신의 억울함을 알리지 못하는 백성으로 원통하고 억울한 일을 품은 사람은 나와서 등문고(登聞鼓)를 치라고 명령하였다. 의정부에서 상소하기를 '서울과 외방의 억울함을 알리지 못하는 백성이 소재지의 관청에 고발하여도 소재지의 관청에서 이를 다스려 주지 않는 사람은 나와서 등문고를 치도록 허락하소서. 또한 법을 맡은 관청으로 하여금 등문한 일을 추궁해 밝히고 아뢰어 처리하여 억울한 것을 밝히게 하였다. 그 중에 사사롭고 남에게 원망을 품어서 없는 일을 거짓으로 꾸며 관청에 고소하는 사람은 반좌율(反坐律)을 적용하여 참소하고 간사하게 말하는 것을 막으소서.' 하여 그대로 따르고, 등문고를 고쳐 신문고(申聞鼓)라 하였다.'

7. 조선 시대의 농본 정책

→ 옛날 우리나라의 주된 산업이 농업이었으므로 임금이 몸소 농사를 짓는 모범을 보여야 했다. 이렇게 임금이 농사짓는 땅을 적전(籍田/耤田)이라 했다.

조선 시대에는 3대 국시(國始)가 있었다. 사상적으로는 숭유억불 정책(崇儒抑佛政策)이요, 외교는 사대교린 정책(事大交隣政策)이고, 산업은 농본 정책(農本正策)이다. 농업이 천하의 근본임을 말하는 것이다. 《조선경국전》에서 '농사와 양잠은 의식(衣食)의 기본이니, 왕도정치에서 우선이 되는 것이다.' 라고 하였다. 그리하여 임금이 농사의 모범을 보여야 했다. 그러기 위해서는 임금이 몸소 농사를 지어야 했으니, 임금이 농사를 짓는 땅을 적전(籍田)이라 했다. 이것은 고대 중국에서 시작된 제도로써 농업국가에서 볼 수 있는 제도이며, 왕비도 친잠소(親蠶所)에서 양잠을 몸소 행했던 것이다. 이를 '친잠례' 라고 하는데, 양잠의 중요성을 널리 백성들에게 알리고, 이를 장려하기 위함이었다. 친잠에 관한 기록은 태종 11년(1411)부터 보이나, 실제로 본격화된 것은 성종 2년(1471) 왕궁 후원에 선잠단을 쌓으면서부터이다.

왕비는 매년 3월 누에의 신으로 알려진 서릉씨의 위패를 모시고 제사를 지낸 뒤, 이 제단의 남쪽에 뽕나무를 심어 세자빈과 함께 직접 뽕잎을 따 누에를 먹였다. 그 뒤에는 누에고치를 거두고 명주실을 뽑았다.

기록에 의하면 고려 시대 성종 2년(983)부터 적전이 있었으며, 조선 시대에는 법전(法典)에 규정하여 임금이 경작하는 것을 원칙으로 하되, 부근의 농민들 중에서 차출하여 3명이 1결(結, 약 9,900㎡)을 경작하게 했다. 동원된 농민은 요역을 면제받았으며, 제도는 정전법(井田法)에 따랐고, 곡식을 바쳐 나라의 제사에 사용하였다. 그러므로 적전이나 친잠소는 임금이나 왕비가 농사와 양잠을 직접 한다는 상징성을 띠었으며, 이것으로 농민들에게 모범을 보였다.

창덕궁(昌德宮)에는 청의정이라는 정자가 있는데, 그 주변에 논이 있었다. 정자의 지붕은 초가(草家)이니 주변의 논에서 나는 짚으로 지붕을 이은 것이며, 이것으로 일반 농민의 풍흉을 가늠한 임금의 농토였다.

임금이 적전에 파종하기 전에 서울시 동대문구 제기동에 위치한 선농단(先農壇)에서 제(祭)를 지냈다. 선농단은 사방 4미터쯤 되는 석축단으로 조선 태조 이성계(李成桂)가 서울에 도읍을 정한 뒤 제사를 지내고 친히 밭을 갈아 농사의 소중함을 백성에게 알린 곳이다.

조선의 9대 임금인 성종은 이곳에 나가 태조 이래의 농사 시범을 보인 뒤 음식을 나누어 먹었다. 이 음식이 바로 설렁탕으로, 친경(親耕) 행사가 끝나면, 미리 준비해 둔 쌀과 기장으로 밥을 하고 소고기로는 국을 끓였는데, 이렇게 끓인 희생 소고깃국을 구경꾼 가운데 50세 이상의 노인을 불러 대접했다.

설렁탕에 대한 또 다른 설은 고기를 맹물에 끓이는 몽골의 조리법이 우리나라에 들어와 설렁탕이 되었다는 설이다. 《몽어유해(蒙語類解)》에는 고기 삶은 물인 공탕(空湯)을 몽골 어로는 '슈루'라 한다고 되어 있고, 《방언집석(方言集釋)》에서는 공탕을 한나라에서는 콩탕, 청나라에서는 실러, 몽골에서는 슐루라 했다고 나온다. 따라서 이 실러, 슐루가 설렁탕이 되었다는 것이다.

어쨌든 조선 시대에는 농업을 장려하기 위해 임금, 왕비가 모범을 보이는 한편, 측우기를 만들어 우량을 관측했고, 《농사직설(農事直說)》과 같은 농업 서적도 간행했다.

조선 시대 이전인 고려 시대에도 농업을 장려하였다. 고려 시대에는 수리 시설을 개축하고 농기구와 종자를 개량하였다. 그리고 우경에 의해 깊게 논밭을 간다든가 비료를 농사에 이용하였다. 밭농사는 2년 3작을 하였고, 일부 남부 지방에서는 이앙법도 보급되었다. 농사법을 백성들에게 소개하기 위한 《농상집요》도 편찬하였다. 고려 시대에 가장 특기할 만한 것은 문익점(文益漸)이 원나라에서 가져온 목화로 의복 혁명을 가져온 것이다.

8. 조선의 기틀 확립

→ 태조와 세조는 왕권을 안정시켰으며, 그 바탕 위에서 세종과 성종은 민족 문화를 완성하고 조선 왕조의 통치 조직을 완비하였다.

조선 왕조는 태조 이성계가 세운 이래 유교를 국가 통치의 근본으로 삼으면서 왕권을 안정시키고 농업을 중심으로 백성들의 생활을 안정시키려 하였다.

태종은 사병을 모두 없애고, 호패법을 실시하여 공평한 조세와 군역을 부과하는데 활용하였다. 태종의 왕권 확립은 그 뒤를 이은 세종이 찬란한 문화를 꽃피우는 기초가 되었다.

세종은 여러 분야에서 많은 업적을 남겼다. 궁중에 학문 연구 기관인 집현전을 설치하여 젊고 실력 있는 학자들을 선발하여 훈민정음을 창제하는 등 민족문화를 꽃피웠다.

세조는 조카인 단종을 몰아내고 왕권을 강화하는데 힘썼다. 나라의 재정 수입을 늘리기 위해 현직 관리에게 토지를 지급하는 직전법을 실시하였다. 또 함경도 지방에서 일어난 이징옥과 이시애의 난을 진압하면서 왕권을 강화하였다.

성종은 세조 때 편찬되기 시작한 《경국대전》을 완성하여 조선의 기본 법전이 되어 통치 조직을 정비하였다.

왕	업적
태조	조선 건국, 한양 천도
태종	사병 폐지, 호패법 실시(공평한 부역과 군역의 부과)
세종	집현전 설치(학문 연구 기관), 훈민정음 창제, 4군 6진 개척, 과학 기기의 발명
세조	직전법 실시(현직 관리에게 토지 지급 – 국가 재정 확보), 왕권 강화
성종	《경국대전》 완성(조선의 기본 법전 – 통치조직 정비)

9. 조선의 정치 제도

→ **의정부와 6조를 중심으로 조선의 정치가 이루어졌다.**

조선의 정치 구조는 의정부와 6조이다. 의정부는 영의정과 좌의정, 우의정으로 이루어진 최고 통치 기구로 국가 정책을 합의하여 결정하였다. 6조는 이·호·예·병·형·공조로 각기 행정을 분담하였다.

조선 시대에도 왕권을 견제하기 위한 삼사가 있었다. 사간원은 국왕의 잘못을 간언하는 기관이며, 사헌부는 관리들의 비행을 감찰하는 기관이고, 홍문관은 국왕의 자문 기관이었다. 그러므로 삼사는 국왕의 권한을 견제하는 기관이면서 관리들의 뜻을 반영할 수 있는 기관이기에 언론 기관이라고도 한다.

왕권을 강화하기 위한 기관으로는 국왕의 비서 기관인 승정원과 반역 죄와 같은 중범죄인을 다스리는 국왕직속의 사법 기관인 의금부가 있다.

이밖에 역사를 편찬하는 춘추관, 서울의 행정과 치안을 담당하는 한성부가 있다.

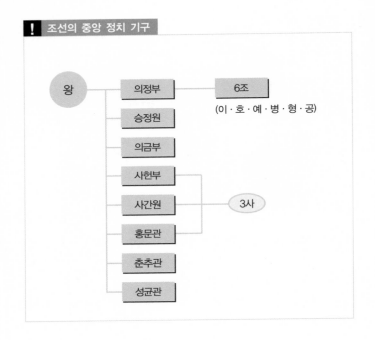

! 조선의 중앙 정치 기구

- 왕
  - 의정부 — 6조 (이 · 호 · 예 · 병 · 형 · 공)
  - 승정원
  - 의금부
  - 사헌부 ┐
  - 사간원 ┼ 3사
  - 홍문관 ┘
  - 춘추관
  - 성균관

10. 암행어사의 파견

→ 마패는 역참에 있는 말을 탈 수 있는 이용권으로써 암행어사(暗行御史)가 아니어도 공무집행 중인 관리라면 누구나 가지고 다니던 것이다.

고려는 통신 수단으로 역참제(驛站制)와 파발제(擺撥制)를 실시했다. 주요 지점에 역참을 두어 말을 기르게 했고, 중요한 소식이나 왕명을 전할 때에는 역참의 말을 타고 목적지까지 달려갔다. 이때 역참에 있는 말을 마음대로 이용할 수 있는 이용권이 발급되었는데, 그것이 바로 마패

마패 [허가번호 : 중박 200906-260]

(馬牌)다.

　이 제도는 그대로 조선 시대에 계승되어 세종 17년(1435)에는 새로 마패를 만들어 왕족, 관찰사, 수군절도사, 개성유수 등에게 발급하고 구패(舊牌)는 회수했다. 이 신패는 조선 후기까지 똑같은 형태로 유지되고, 다만 주조(鑄造)만 거듭되었다. 지름이 10센티미터쯤 되는 구리쇠로 만든 둥근 패에 연호 및 연월일과 '상서원인(尙書院印)'이라 새기고, 뒤쪽 면에는 말을 새겨 넣었다. 말의 수가 한 마리 새겨진 것에서 열 마리 새겨진 것까지 여러 종류가 있었는데, 이는 급마(給馬) 규정에 따라 지급되었다.

　조선 시대는 선조 이전까지만 하더라도 상당히 오랫동안 평화가 지속되었으며, 백성들은 살기가 좋았고 관리의 부정부패도 많지 않았다.

　그러나 시대가 지남에 따라 지방관들의 잘못이 나타났으며, 이에 왕은 백성의 실생활을 파악할 필요를 느끼게 되어 암행어사를 파견하기에 이른 것이다. 암행어사를 파견하는 일은 철저히 비밀을 유지하기 위하여 파견될 당사자도 미리 언제 어디로 파견될 지 알 수 없었다. 어느 날 갑자기 왕이 불러서 입궐해 보면 임금은 아무런 설명 없이 봉서(封書)를 주었다. 다만 "도성 밖에서 볼 것이로되, 곧바로 시행하라!"는 어명만 받을 뿐이었다.

이 봉서를 받은 사람은 도성 밖으로 나가 뜯어보아야 했으므로 봉투를 열어 보고 나서야 비로소 자신이 갈 목적지와 수사 대상을 확인할 수 있었다.

바로 이때 암행어사가 의정부에서 별도로 지급받는 것 중에 마패가 있었다. 이 마패는 암행어사가 국가의 공적인 일을 수행하러 가는 출장자이므로 당연히 지급받는 것이다. 그러나 특히 이것은 말의 대여 말고도 역에 딸린 포졸들을 부릴 수 있는 권한을 증명해주는 것과 아울러 암행어사로서의 공무를 하는데 없어서는 안 되는 중요한 신분증이었다.

암행어사 제도는 고종 29년(1892)에 폐지되었다. 이로써 조선 후기 상하이에서 김옥균(金玉均)을 살해하고 돌아온 자객 홍종우(洪鍾宇)가 전라북도 순창에서 마패를 훔쳐 서울까지 도망친 일은 마패에 얽힌 최후의 사건이었다.

11. 화폐 제도

→ 돈, 즉 화폐는 상품 교환의 매개물로써 어떤 물건의 가치를 매기거나, 물건값을 치르는 도구를 말한다.

조선통보
[허가번호 : 중박 200906-260]

상평통보

우리나라는 고조선 시대에 이미 화폐를 사용한 것으로 보고 있다. 이는 고조선의 〈8조 법금〉에 '도둑질한 자는 노비로 삼는데, 만약 용서를 받으려면 많은 돈을 내야 한다.'는 조항이 있는 것으로 알 수 있다. 또한 마한과 진한, 동옥저에서도 동전을 사용했다고 하지만 확실한 근거는 없다.

삼국 시대에도 상품의 거래는 물물교환으로 이루어져 화폐가 사용되었다고 보기는 어렵다. 신라에서는 금이나 은, 무문전을 화폐로 사용했지만 오늘날의 화폐와는 성격을 달리하고 있다.

우리나라에 본격적으로 화폐가 등장한 것은 고려 시대로, 송나라 화폐의 영향과 산업의 발달로 화폐의 필요성이 제기되어 성종 15년(996)에 건원중보(乾元重寶)라는 철전(鐵錢)을 만들었다. 그러나 자급자족 경제이기에 많이 사용되지는 않았다.

그 뒤 숙종 때에 송나라에서 유학하고 돌아온 대각국사(大覺國師) 의천(義天)에 의하여 화폐가 만들어졌다. 은 한 근으로 만들어진 은병은 최하 쌀 10섬에서 최고 50섬에 이르는 높은 가치를 지닌 화폐였다. 실생활에는 은병의 가치가 너무 높아 적은 가치를 지닌 동전인 해동통보·해동중보·삼한통보·삼한중보·동국통보·동국중보 등이 만들어졌다.

은병은 처음에는 많이 사용하는 듯하였으나, 위조 은병이 나타나자 가치가 떨어졌다. 이를 대신할 화폐로 지폐인 저화(楮貨)가 공양왕 때 만들어졌으나 이 또한 위조지폐가 만들어져 오래 사용되지 못하였다.

이처럼 화폐를 만든 목적은 중앙집권의 강화에 있었다. 법전인 화폐를 사용하게 하고 국가 재정을 늘리기 위함이었다. 그러나 자급자족 경제에서 백성들은 화폐의 필요성을 느끼지 못했으므로 고려의 화폐 정책은 실패했던 것이다.

조선 시대 초기에도 화폐는 널리 사용되지 못했다. 성리학이 지배하던 조선 시대는 상공업을 천시하였다. 그러므로 상공업이 발달하지 못해 화폐의 필요성을 백성들은 느끼지 못했다. 하지만 나라에서는 화폐를 꾸준하게 주조하였다. 유사시에 대비한 전폐(箭幣)를 만드는가 하면 조선통보(朝鮮通寶)와 십전통보 등을 주조하였다.

본격적으로 화폐가 등장한 것은 조선 후기이다. 인조 11년(1633)에 김육(金堉)이 화폐의 사용을 주장하면서 상평통보(常平通寶)가 주조되었다. 초기에는 사용이 부진하다가 대동법이 확대 실시됨에 따라 공인이 등장하고, 나아가 상공업이 발달하는 계기가 되어 상평통보가 필요했다. 상공업이 발달함에 따라 화폐가 필요해져 유통이 활발해졌다.

최초의 서양식 화폐는 고종 때 만들어졌으며, 나중에 전환국(典圜局)을 설치해서 독일에서 기계와 기술을 도입해 신식 화폐를 만들었으나 이 역시 널리 유통되지 못했다.

현재 우리가 사용하는 화폐는 1962년 6월에 시행된 화폐 개혁에 따라 유통 단위를 '원'으로 한 것으로, 그 종류는 5만원, 1만원, 5천원, 1천원, 500원, 100원, 50원, 10원, 5원, 1원의 10종이다.

12. 예비군 제도

→ **조선 시대의 잡색군(雜色軍)은 오늘날의 예비군이었다.**

1968년 1월 21일 북한의 무장 간첩이 청와대를 쳐들어온 사건과 2일 후인 1월 23일의 푸에블로 호가 북한으로 끌려가는 사건 등으로 북한이 쳐들어올 위험이 높아지자, 우리나라를 스스로 지키기 위해 1968년 4월 1일 향토예비군(鄕土豫備軍)이 만들어졌다.

오늘날은 군대에서 임무를 마친 뒤에 5년까지 예비군으로 병역의 의무가 주어지고 있다. 이러한 지역을 방위하는 예비군 제도는 조선 시대에도 있었다. 조선 시대 군대 구성의 하나로 잡색군(雜色軍)이 곧 오늘날의 예비군이라고 할 수 있다.

생원(生員), 진사(進士), 품관(品官), 교생(校生) 등 지방의 힘있는 사람들과 향리(鄕吏), 공사천(公私賤) 등의 역(役)을 가진 사람들은 평상시에는 병역의 의무가 없었으나, 유사시(有事時)에 대비하여 잡색군이라는 형식상의 군대에 편입되어 있었다. 따라서 잡색군은 중앙에 번상(番上, 시골 군사를 골라 뽑아 서울의 군영으로 보내는 일)도 하지 않았거니와 매달 한 번 각 진(鎭)에서 진법(陳法) 연습을 하는 것도 면제되었다. 서울에서도 1467년 (세조 13)에 잡색군 제도를 두기로 했으나 활발히 운영되지는 못했다.

이러한 제도는 해방 후 1948년에 생업에 종사하면서 정규군에 편입할 수 있는 호국군으로 계승이 되었다. 1년 후인 1949년 8월 병역법이 공포됨에 따라 호국군이 해체되었고, 그 해 11월 초에 청년 방위대가 예비군의 성격을 띠고 편성되기 시작해 1950년 5월 말에 전국적인 조직으로 완성되었다. 한국전쟁 중의 예비군으로는 국민 방위군이 있었는데,

중간에 이들의 부정부패 사건이 터지자 1951년 국회 결의에 의하여 해산되었다가, 1968년에 다시 만들어져 오늘날까지 지속되고 있다.

13. 공무원(관리)들의 봉급

→ **일 년에 네 번, 계절이 바뀔 때마다 봉급을 받았다. 조선 시대 숙종 때부터 달마다 받는 월급으로 바뀌었다.**

'월급쟁이' 라는 말이 있다. 매달 정해진 날이 되면 자신이 일한 대가를 받는 사람들을 일컫는 말이다. 공무원이나 회사원이 이에 해당된다.

옛날에도 매달 월급이 지급되었을까?

《삼국사기》에 보면, 신라에서는 왕권이 약할 때에는 식읍(食邑)이나 녹읍(祿邑)을 주었는데, 이는 토지뿐만이 아니라 그 토지를 경작할 노비까지 주는 것이니 오늘날의 공무원과 비교해볼 때 매우 높은 수준의 대우라고 할 수 있다. 녹읍이나 식읍은 정복 국가에서 전해 내려오는 풍속으로, 전쟁에서 승리한 장군에게 정복한 땅의 일부분과 그곳에 사는 정복민의 일부분을 노비로서 하사한 것에서 비롯되었다. 그 뒤 점차 왕권이 강화되면서 노비를 제외한 토지만이 지급되었으니, 신문왕 때의 관료전(官僚田) 제도가 그것이다. 그러나 신라 말기에 왕권이 약화되면서 다시 녹읍과 식읍이 부활되었다.

고려 시대에는 태조 23년(940)에 역분전(役分田)을 만들어 관리에게 봉급을 지급했다. 국가 체제가 정비되는 경종 1년(976)에 관리의 등급에 따라 토지와 임야를 봉급으로 지급하는 전시과(田柴科)를 제정했다. 경종 때 실시한 전시과를 시정전시과라고 한다. 이 제도는 관리의 등급에 따라 토지와 임야를 지급하는데, 인품을 반영하는 한계가 있었다. 이를 보완하기 위하여 목종(998년) 때에 관리의 등급에 따라 전·현직 관리에게 지급하는 개정전시과가 실시되었다. 그러나 시대가 지남에 따라 토지가 부족하여 문종 30년(1076)에 현직 관리에게만 토지를 지급하는 경정전시과로 바뀌었다. 이로써 고려 시대의 토지 제도가 완성되었다.

그러나 이러한 관리의 봉급 제도는 무신이 집권한 뒤부터 매우 문란해졌다. 고려 말기까지 문란한 토지 제도는 이성계가 위화도 회군으로 집권한 후 실시한 과전법(科田法)으로 정비되었다.

과전법은 오늘날의 연금과 비슷하게 퇴직자에게도 지급하여 낭비가 많았으므로 지급할 토지가 부족해 재정비가 필요했다. 그리하여 세조 12년(1466)에 현직 관리에게만 봉급을 지급하는 직전법(職田法)을 실시하게 되었다. 나중에 관리의 수가 증가함에 따라 토지가 부족해지자 직전도 제대로 실시하지 못하고 성종 때 나라에서 조세를 거두어 관리에게 지급하는 관수관급제(官需官給制)가 실시되었다. 토지 대신 봉급을 주었으니, 쌀·보리·명주·베·돈 따위로 지급하는 녹봉(祿俸)으로 바뀌었다.

녹봉에는 중앙의 관원에게 국고(國庫)에서 주던 관록(官祿)과 지방의 관원에게 그 지방 수입에서 주던 관항(官項)이 있었다. 숙종 27년(1701)에는 급여 주기가 바뀌어 매삭(每朔, 매월)을 기준으로 지급하되 전월(前月)에 미리 주었다. 녹봉으로 준 물건은 쌀·현미·콩·밀·명주·정포(正布)·저화(楮貨) 등이었다. 그러나 후기에 이르러 저화와 정포의 지급은 중단되었다.

고종 32년(1895)에는 관리의 봉급을 정할 때 책임관은 1등에서 4등까지, 주임관은 1등에서 6등까지, 관임관은 1등에서 8등까지 합 18등으로 나누어 지급하였다.

! 과전법의 과전 분급 액수

등급	지급 결수	등급	지급 결수	등급	지급 결수
1과	150결	7과	89결	13과	43결
2과	130결	8과	81결	14과	35결
3과	125결	9과	73결	15과	25결
4과	115결	10과	65결	16과	20결
5과	106결	11과	57결	17과	15결
6과	97결	12과	50결	18과	10결

14. 과학 기술의 발달(1)

→ 앙부일구(仰釜日晷)라는 해시계를 주로 사용했으며, 밤이나 비가 올 때
에는 물시계인 자격루와 추시계로 시간을 알 수 있었다.

옛날부터 시간을 알려고
하는 사람들의 노력은 동서
양을 막론하고 끊이질 않았
다. 이 때문에 물이나 모래
또는 해의 방향을 이용한 자
연 시계가 많이 발달했다.

우리나라에서 시계에 관
한 기록이 처음으로 보이는
문헌은 《삼국사기》이다. 삼
국 시대에 물시계가 사용되
었으며, 이때에 자연 시계가

앙부일구(앙부일영)

널리 보급되었던 것으로 미루어 생각할 수 있다.

이러한 시계 문화는 조선 시대에 들어와 획기적으로 발전하게 되는
데, 세종 16년(1434) 앙부일구(仰釜日晷)라는 해시계를 만들면서부터이
다. 앙부일영(仰釜日影)이라고도 하는 이 시계는 공을 반으로 잘라놓은
반구형으로 둥근 면 한가운데로 솟아 나와 있는 바늘이 구면(球面) 안에
이동하는 그림자를 만드는 것을 보고, 그때그때 시각을 알 수 있게 되어
있었다. 또한 24절기를 알려주는 선이 그어져 있어 농사에도 많은 도움
을 주었다. 그 뒤에 서울 종로에 앙부일구 두 개가 설치되어 백성들에게

자격루

혼천의

시간을 알려주었다. 그런데 해시계는 해가 없을 때, 즉 밤이나 날씨가 흐리거나 비가 올 때 시간을 측정하기가 곤란한 점이었다.

이에 세종은 같은 해에 자격루(自擊漏)를 만들었다. 이것은 오늘날 만 원짜리 지폐에 그려져 있어 우리가 흔히 접할 수 있다. 물을 이용하여 만든 자격루는 '스스로 울려주는 물시계'란 뜻을 가지고 있듯이, 4개의 물 항아리와 2개의 원통형 청동 물받이로 구성되어, 항아리에 물이 가득 차면 살대가 올라가 격발 장치를 건드려 시간을 알려주는 소리를 낸다. 게다가 오늘날의 디지털 시계처럼 그 시각을 나타내주는 동물 인형이 솟아나와 있다. 세종 때의 자격루는 자시(子時), 오시(午時) 등으로 십이간지를 시간으로 나타냈다. 경회루 남쪽에 설치되어 여기에서 시간을 알리면 경복궁 정문의 문지기에게 이어지고, 이것을 종루(鐘樓)에서 다시 받아 종을 쳐서 시간을 알려주었다.

이런 종류의 시계와 함께 추가 움직이게 하여 시간을 잰 추시계도 있다. 여러 개의 톱니바퀴를 장치해 시각을 나타내 주는 추시계는 필요한 수만큼 종을 울려주는 멋진 시계로써 1669년에 만들어졌다고 한다. 이 시계는 시간뿐만 아니라 해와 달의 움직임, 24절기 등 천체 운동 상황을 알려주고 있다. 또 간단하게 세계 지도도 그려져 있어 일명 '혼천시계(渾天時計)'라고도 하는데 외국인도 이 시계를 보고 우리 천문학의 우수성에 감탄을 했다고 한다.

우리나라에 처음으로 서양식 시계가 소개된 것은 1631년으로, 명나라에 사신으로 갔던 정두원(鄭斗源)이 귀국하면서 자명종을 가지고 왔다. 그 뒤 사신으로 갔던 많은 사람들이 자명종을 들여오기 시작했고, 또한 그것에 대한 연구도 활발해졌다.

15. 과학 기술의 발달(2)

→ **측우기는 서양보다 약 200년이나 앞서 발명된 세계 최초의 우량계다. 제방을 쌓거나 저수지를 축조하거나 농사지을 때 주로 활용했다.**

예로부터 우리나라는 농업을 다른 어느 산업보다 중요하게 여겼다. 특히 농업 중에서도 벼농사가 주된 산업이었으므로 비가 온 뒤의 강우량을 측정하는 것은 더욱 중요했다.

측우기(測雨器)는 세종 23년(1441) 8월에 호조(戶曹)에서 우량계 설치를 건의함으로써 개발에 들어갔는데, 2년 동안 여러 차례 실험을 하고 나서야 완성했다.

세종은 측우에 관한 제도를 제정해 서운관(書雲觀)에서 이 기구로 우

측우기

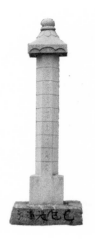

수표

량을 측량해 기록하게 하였다. 또한 지방에도 각 관가의 뜰에 측우기를 설치해 수령이 직접 우량을 측정, 기록하게 하였다.

측우기가 쓰이기 이전에는 각 지방의 강우량을 알아내고 통계를 내기가 매우 불편했다. 즉 비가 내림으로써 흙속 깊이 몇 치까지 빗물이 스며들었는지를 일일이 조사해보아야 하는데, 이때 흙의 마르고 젖은 정도가 일정치 않아 강우량을 정확히 알아낼 수 없었던 것이다. 이러한 단점을 한꺼번에 해결한 기구가 바로 측우기이다.

서양에서 우량계는 1639년에 이탈리아의 가스텔리에 의해 발명되었다. 이를 놓고 볼 때 우리가 사용한 측우기는 서양의 우량계보다 약 2백년이나 앞서는 것으로 세계 최초의 우량계라 할 수 있다.

세종 때의 측우기는 안지름이 14.7센티미터, 높이 약 30센티미터의

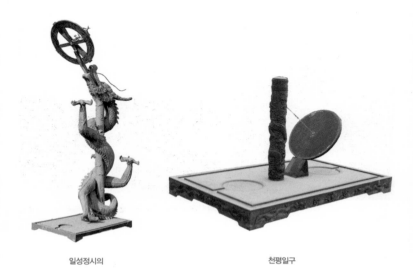

일성정시의   천평일구

원통형이다. 예로부터 우리나라에서는 자연현상을 수량적으로 측정해
통계를 내는 방법을 택했다. 그래서 우리나라의 우량 관측 기록은 세밀
하고 자세했던 것이다.

　조선조의 측우 기록인 《풍운기(風雲記)》를 보면 비오는 강도를 8단계
로 구분해서 기록하고 있으니, 미우(微雨) · 세우(細雨) · 소우(少雨) · 하
우(夏雨) · 쇄우(瑣雨) · 취우(翠雨) · 대우(大雨) · 폭우(暴雨)가 그것이다.
여기에 비가 땅속 어느 정도 스몄는가 하는 우택도(雨澤度)까지 측정했
으니, 이를 통해 우리나라의 우량 관측 기록이 얼마나 세밀했는지를 알
수 있다.

　이러한 것은 모두 농사와 관계가 있으며 농본 정책의 결과라고 할 수
있다. 농업, 특히 벼농사를 잘 지으려면 물을 충분히 확보해야 하므로

세종대왕 동상

세종대왕릉 (영릉)

비가 오면 강수량을 측정한 다음 이 기록을 이용해 제방을 쌓고, 규모를 정하여 저수지를 축조했던 것이다.

세종이 측우기를 발명한 날은 5월 19일인데, 이를 기념해 발명의 날로 정했다. 이것은 측우기가 우리나라의 대표적인 발명품이라는 것을 증명하는 것이다.

16. 조선 전기의 편찬 사업

→ 조선 전기에는 나라의 기틀을 확립하고 훈민정음(訓民正音)을 널리 보급하기 위하여 많은 서적들이 편찬되었다.

한자를 문자로 쓰던 세종대왕 이전에는 주로 지배층을 중심으로 한 한

문학이 발전하였다. 세종대왕에 의하여 만들어진 훈민정음은 우리나라 국문학이 발전하는 계기가 되었다. 세종대왕은 훈민정음을 창제한 뒤에 실험과정에서 책을 간행하였다. 바로 〈용비어천가(龍飛御天歌)〉와 〈월인천강지곡(月印千江之曲)〉이다.

훈민정음해례본

이에 백성들 중에서 글을 아는 인구가 늘어났으며, 백성들은 더 알고자 하는 마음에 책을 읽게 되어 많은 책들이 만들어지는 계기가 되었다.

용비어천가

조선 전기에 편찬된 서적은 나라의 기틀을 안정시키기도 하였다. 정치의 거울로 삼은 역사책으로는 《조선왕조실록》을 비롯하여 《동국통감》, 《고려사》, 《고려사절요》 등이 편찬되었다.

월인천강지곡

또한 조창(漕倉)이나 봉수(烽燧)의 설치에 필요한 지리를 얻기 위하여 《팔도지리지》, 《동국여지승람》 등의 지리책을 편찬하였다. 그리고 숭유억불 정책에 따라 유교 질서를 확립하기 위하여 《경국대전》, 《국조오례의》, 《치평요람》, 《삼강행실도》 등

농사직설

을 간행하였다.

우리 문학에 대한 관심도 높아졌다. 중국 문학이 최고인 것으로 생각한 양반들에게 우리 문학의 우수성을 알려주어 주체성을 일깨우기 위한 작품으로 《동문선(東文選)》이 간행되었다.

농업을 장려하기 위한 것으로 전국 농민들의 경험담을 수령으로 하여금 수집하게 하여 《농사직설》도 간행하였다.

분야	내용
문학	• 15세기 : 훈구파 중심, 왕조 찬양 (용비어천가, 월인천강지곡), 　　　　　자주의식 (서거정의 동문선) • 16세기 : 경학을 중시하여 한문학 쇠퇴
건축	• 15세기 : 궁궐, 관아, 학교 건축 중심 • 16세기 : 서원 건축
그림	• 15세기 : 독자적 화풍 – 안견 (몽유도원도), 강희안 (고사관수도) • 16세기 : 선비들의 이상 세계 표현 – 이상좌 (송하보월도), 신사임당 (초충도)
자기	• 15세기 : 분청사기 • 16세기 : 순백자
서예	• 15세기 : 안평 대군 (조맹부체) • 16세기 : 양사언, 한호 (왕희지체)
과학	• 과학 기구 : 혼의, 간의, 자격루, 앙부일구, 측우기, 　　　　　　　인지의 · 규형 (토지 측량 및 지도 제작) • 천문도와 역법서 : 천문도 (천상열차 분야지도), 역법 (칠정산) • 의학 : 향약집성방, 의방유취 (의학백과사전) • 활자 인쇄술 : 금속 활자 개량 (계미자, 갑인자)
농서	농사직설, 금양잡록 (강희맹)

! 조선 전기의 문화

17. 봉수 제도

→ 사적으로는 편지를 보냈고, 공적으로는 파발을 띄웠다. 그것보다 더 급한 일이나 정기적인 상황 보고는 봉수(烽燧)로 했다.

오늘날에는 급한 일이 있으면 전화나 전신으로 연락을 한다. 그러나 전화나 전신이 없던 옛날에는 봉수를 이용해 급한 소식을 전했다. 봉수는 낮에는 연기로, 밤에는 불빛으로 신호를 했는데 이러한 제도는 삼국 시대부터 실시되었다고 한다.

봉수에 관한 가장 오래된 기록은 《삼국사기》에 나와 있는데 '백제 온조왕 10년에 왕이 친히 군대를 거느리고 봉현(烽峴)에서 말갈족을 격파했다.'고 기록되어 있다. 그곳이 어디인지는 모르나 '봉현(烽峴)'이라는 지명의 한자 표기로 보아 봉수대가 설치된 언덕으로 생각할 수 있다.

고려 시대 의종 3년(1149)에 서북면 병마사 조진약(曹晉若)의 제의에 따라 봉수 제도가 정식으로 실시되었다. 그 뒤 북방 민족과 왜구가 여러 번에 걸쳐 자주 침범해 오자 봉수 제도는 더욱 강화되어 이들의 침입을 막아내는 데 가장 중요한 노릇을 하였다.

봉수 제도는 조선 시대에 들어와서는 세종 때에 더욱 정비되어, 평시에는 횃불을 한 개, 적이 나타나면 두 개, 적이 국경에 접근하면 세 개, 국경을 넘어오면 네 개, 접전을 하면 다섯 개를 올리기로 하였다. 구름이 끼거나 바람이 불어서 연락을 할 수 없을 때에는 봉수대 관리 병사가 차례로 말을 달려서 연락을 취했다. 평화시에도 변방의 소식을 전하기 위해 하루에 한 번씩 봉화를 올렸다고 한다.

변방 국경에서 서울까지 봉수가 도착하는 데에는 열두 시간쯤 걸렸다

수원 화성의 봉수대

고 한다. 그렇기 때문에 처음 변방에서 보낼 때는 연기로 신호를 보내기 시작해 서울에 가까워질수록 날이 어두워져 봉화로 바뀌었다고 한다.

조선 시대에 봉수가 서울로 올라오는 길은 다섯 군데였는데, 북쪽에서는 함경도와 평안도에서 출발하는 길이 있었고, 남쪽에서는 동남, 서남 해안에서 출발하는 길 등이 있었다. 이 길은 전국을 돌아 서울에 이르도록 되어 있었다.

변방의 봉화가 서울에 올라오는 동안 각 지방의 봉수대에서는 그날의 봉수 결과를 그 지방의 군지휘관이나 수령에게 보고했다. 서울에서는 병조(지금의 국방부)에서 목멱산(지금의 남산)의 경봉수대(京烽燧臺)를 지켜보고 아무 일이 없으면 그 다음날 아침에 왕의 비서 기관인 승정원 (承政院)에 알려 보고했으며, 만약에 병란이 있으면 밤중에라도 보고를 해야 했다.

이러한 국가의 중요한 통신 기관인 봉수대는 국방과 밀접한 관련이 있었으므로 서울에서는 병조에서 맡아보았고, 지방에서는 군 지휘관들이 관장했다.

봉수대는 20리~40리 정도의 사이를 두고 주변에서 잘 보이는 산봉우리에 설치했는데, 시대에 따라 약간의 차이는 있으나 전국적으로 약 630개소가 있었다. 높이가 3미터 정도이고, 밑면은 사각형으로 널찍하며 위로 가면서 좁아지고, 불을 때는 아궁이는 밑에 있었다. 조선 성종 5년(1475) 이후 모든 봉수에 반드시 연통(煙筒)을 만들어 바람이 불어도 연기가 흐트러지지 않도록 하였다.

또한 국경 지대에 설치된 연변 봉수대는 높이 7.7미터, 둘레 21미터의 대를 쌓고, 대 주위에 폭 9미터 정도의 공간을 두고 그 바깥에 적의 침입을 막기 위하여 깊이 3미터, 폭 3미터 정도의 정사각형 참호를 파고, 다시 그 바깥에는 폭 3미터 정도의 지대에 위를 뾰족하게 깎은 나무를 꽂았다. 그러나 내륙 봉수대는 적의 침입 위험이 없었으므로 높은 대와 참호 등을 설치하지 않았다.

봉수대 관리 병사(봉군 또는 봉졸이라고 한다.)는 다른 군역에 종사하지 않으며, 오직 망보는 일에만 종사했다. 이들 봉졸을 연대지기라고 하는데, 등대지기에 못지않게 고독한 직업으로 불이나 연기가 꺼지면 곧장 백 대를 맞고 유배를 당했다. 만일 통신을 게을리하거나 거짓으로 봉화를 올리면 참형을 당했다.

이들은 비나 바람에도 연기를 유지하려고 늑대 똥을 줍거나 염소 뿔, 물고기 머리뼈를 가루로 만들어 비축하였다가 연료로 사용했다.

이 봉수대는 국가를 지키는 중요한 역할 말고도 모든 국민들은 자기 지방의 가장 높은 산봉우리에서 매일 피어 오르는 봉화를 바라보며 국가에 변란이 없는 편안함 속에서 자신의 생활에 열중하도록 하는 상징적 의미도 매우 컸다고 한다.

18. 조운과 역원 제도

→ **지방에서 거두어들인 세곡을 서울로 운반하는 조운(漕運)과 공무 여행자에게 교통과 숙박의 편의를 제공하는 역원 제도가 있었다. 이러한 제도들은 모두 중앙집권 강화를 위한 것이었다.**

오늘날처럼 조세의 금납제나 은행의 온라인 제도가 발달하지 못한 옛날에는 세금을 대부분 현물로 거두어들였다. 특히 많은 부분에서 쌀로 거두어들였다. 이렇게 세금을 쌀로 거두어들인 세금을 '세곡(稅穀)'이라고 하는데, 이것을 서울로 운반해야만 했다. 이 길을 조운이라고 한다. 주변의 세곡을 강이나 바다 근처의 한 곳으로 모아 두었다. 강에 설치한 창고를 강창(江倉), 해안에 설치한 창고를 해창(海倉)이라고 한다. 강창이나 해창의 세곡은 선박을 통하여 서울에 있는 경창(京倉)까지 운반하였다. 그러나 함경도와 평안도는 군사비와 사신 접대비로 많은 비용을 지출하였으므로 경창으로 세곡을 운반하지 않고 자체적으로 사용하였다. 이러한 지역을 '잉류 지역'이라고 한다. 잉류 지역에는 교통이 불편하고 쌀의 생산이 거의 없는 제주도도 포함되어 있다.

국가 공무 여행자에게 편의를 제공하기 위하여 역원 제도(驛院制道)도 마련하였다. 30리 간격으로 역을 설치하여 역졸을 배치하고 마패를 가지고 있는 공무 여행자에게 역마를 이용하도록 하는 제도이다. 그리고 공무 여행자가 숙박을 할 수 있도록 교통의 요지나 한적한 장소에 원을 설치하였다. 현재 장호원, 조치원, 사리원은 과거 원이 설치되었던 곳에서 유래된 지명이다.

이러한 제도들은 모두 중앙집권을 강화하기 위한 조치로 실시되었던 것이다.

19. 무기의 발달

→ 고려 말기 최무선이 화약을 개발하면서 발명된 '주화(走火)'가 우리나라 로켓탄의 시초이며, 그 뒤 조선 시대에는 '신기전(神機箭)'이 개발되어 실전에 사용되었다.

우리나라 사람들은 걸프 전쟁이 한창일 때 언론을 통해 '패트리엇'이라는 단어를 수도 없이 들었다. 이 패트리엇 미사일은 정확도가 매우 뛰어난 요격 미사일로 전 세계인이 그 기능에 감탄을 했었다.

로켓이란, 고체 또는 액체 연료를 폭발시켜 다량의 가스를 분사하여 그 반동으로 추진되는 비행체를 가리키는 말이다. 로켓의 시초는 중국에서 1232년에 '날아다니는 불의 창'이라는 뜻의 비화창(飛火槍)에서 시작되었으며, 뒤이어 아랍과 이탈리아에서 꽁지에 불을 붙인 채 적진을 향해 날아가는 로켓이 개발되었다.

옛날에는 화약을 분사 장치로 하여 로켓을 쏘아 올렸다. 우리나라에서 화약을 발명한 사람은 고려 시대의 최무선(崔茂宣)이다. 이전에 화약이 필요할 때는 중국에서 수입하여 썼다. 중국에서는 화약 제조법을 일급 비밀로 하였기에 화약 만드는 방법을 알아내는 것이 매우 어려웠다.

최무선은 화약 제조법을 알아내기 위하여 중국에서 오는 상인을 통하여 염초(焰硝) 만드는 법을 알아냈으며, 많은 실패를 극복하고 화약 만드는 법을 터득하게 되었다. 그리하여 세계에서 네 번째로 '주화(走火, 달리는 불)' 라는 로켓 병기를 개발하였다. 기록으로 남아 있는 중국의 비화창에 비하여, 설계도가 남아 있는 주화는 조선 시대에 더욱 발달된 로켓을 만들 수 있었다.

'신기전(神機箭)' 이라고 불리는 로켓은 조선 시대에 만들어졌다. 세종의 아들인 문종을 책임자로 종이로 약통(藥筒)을 만들었는데 성능과 종류에 따라 대(大)신기전, 산화(散華)신기전, 중(中)신기전, 소(小)신기전으로 나뉘었다.

대신기전은 길이가 5미터 58센티미터이며 사정거리는 1킬로미터를 넘었다. 앞부분에 원통형 종이통을 부착하여 로켓 엔진 역할을 했다. 화약을 채운 종이통과 그 아래에는 분사 구멍이 뚫려 있어 이곳으로 종이통 속 화약의 연소 가스가 밖으로 분출되며 로켓이 스스로 날아가는 것이다. 종이통의 앞부분에는 종이통 폭탄인 대신기전 발화통이 부착되어 있어서 목표 지점에 가서 터지도록 했다. 기록에 의하면 북방의 국경 지역에 약 90개가 배치되어 압록강 건너편의 적진을 향해 발사했다고도 한다.

중신기전과 소신기전은 사정거리가 각각 150미터와 100미터로 추정되는데, 이 중에서 소신기전은 폭발물은 없었으나, 약통의 분사력을 이용하여 화살을 발사함으로써 보통의 화살보다 위력적인 화살이었다.

1451년에는 신기전을 발사하는 화차(火車)가 만들어졌다. 화차는 두 개의 바퀴가 달린 수레 위에 신기전기(神機箭機)를 장착해 중신기전과 소신기전을 한 번에 백 발씩 장전하여 발사했다. 신기전기는 백 개의 소신기전을 장전한 나무통을 7층으로 쌓은 것으로 발사 각도를 정한 뒤 각 통의 점화선에 불을 붙이면 15개씩 맨 위층에서 아래층까지 차례로 발사되도록 하였다.

이 로켓은 임진왜란 때 권율 장군이 행주산성에서 싸움에 이용해 왜적을 물리치는데 크게 공헌하는 등 실제 전투에 이용되었다.

? 알고 넘어가기

읍성(邑城)의 설치

화성의 화서문

화성의 장안문

조선 시대에는 군사상 중요한 지역에 읍성(邑城)을 설치하였다. 특히 왜구의 침입에 대비하여 읍성을 건설하였다. 건설 후 5년 안에 무너지면 죄로 삼았으며, 견고히 쌓으면 상을 주는 규정까지 마련한 것으로 읍성의 중요성을 알 수 있다.

읍성에는 옹성(甕城, 출입문을 공격하는 적을 제압하기 위해서 문의 주위를 둘러쌓은 작은 성), 치성(雉城, 성벽에 근접한 적을 성곽 위에서 공격할 수 있도록 성벽 바깥에 네모꼴로 튀어나오게 쌓은 시설), 해자(垓字, 성벽의 둘레에 판 도랑) 등을 갖추도록 중앙정부에서 지시하였다.

현존하는 읍성으로는 정조 때에 건설된 화성이 대표적이며, 이밖에 충청남도 서산의 해미 읍성, 전라북도 고창의 모양성, 전라남도 순천의 낙안

고창 읍성

낙안 읍성 동문

읍성, 부산의 동래성, 충청남도의 홍주성, 경상남도의 진주성 등이 있다.

일단 외적이 침입하면 고을 백성들이 이곳으로 피난하게 하였으므로 대피 인원의 생활을 위한 활동 공간과 충분한 식수원, 그리고 수령이 고을 일을 돌보는 행정 기관인 동헌(東軒)과 수령과 가족이 생활하던 내아(內衙), 지방에 공무상 출장 오는 관리나 사신들이 숙박할 수 있는 객사(客舍), 향리들의 집무처인 작청(作廳), 지방 양반들이 수령을 보좌하면서 향리들을 감시하는 향청(鄕廳)이 갖추어져 있다.

조선 중기 이후 대외 정세가 안정되어감에 따라 읍성은 군사 시설로서의 기능보다는 지방 행정 기능의 중심지 역할을 하게 되었다.

20. 모내기의 보급

→ 고려 후기부터 보급된 모내기가 조선 초기에는 법으로 금지했다. 모내기를 할 시기에 비가 오지 않으면 한 포기의 모도 심을 수 없었기 때문이었다.

옛날에는 계절에 따라 좋은 날을 택하여 여러 가지 행사를 거행했는데, 이것을 가일(佳日) 또는 가절(佳節)이라 하며 시간이 지남에 따라 명절로 바뀌었다.

우리나라에선 거의 매달 명절이 있었으니, 정월의 설날과 대보름, 이월의 한식, 사월의 초파일, 오월의 단오, 유월의 유두, 칠월의 백중, 팔월의 추석, 십일월의 동지 등을 들 수 있다. 이 중에서 단오는 씨앗을 뿌리는 파종제(播種祭)에서, 추석은 추수 감사제에서 유래된 명절이다.

우리나라에 벼농사가 도입된 것은 청동기 시대이다. 모내기(이앙법)를 실시하기 전에는 직파(直播)라 하여 직접 볍씨를 논에 뿌렸다. 밭 상태의 논을 고르고 볍씨를 뿌리는 것이다. 이것은 가뭄으로 인한 피해가 적다는 장점이 있다.

그러나 모판에서 모를 길러 논에 옮겨 심는 이앙법(移秧法)이 우리나라에 도입된 것은 고려 후기이다. 《세종실록》에 '이앙법이 오래전에 전해온 것'이라고 적고 있으며, 고려 시대 공민왕 때의 학자인 백문보(白文寶)도 이앙법에 대해 거론한 적이 있는 점으로 미루어 알 수 있다.

고려 시대에 도입된 이앙법을 조선 초기에는 법으로 금지시켰다. 왜냐하면 모를 내려면 물이 있어야 하는데, 만약 비가 오지 않으면 한 포기의 모도 심지를 못해 큰 피해를 입었기 때문이다. 그래서 경상도 일부 지역을 제외하고는 이앙법이 이용되지 않았다.

이앙법이 널리 보급된 것은 임진왜란이 끝나면서부터이다. 이앙법의 보급으로 각지에서는 '이앙가'가 유행하기도 하였다. 경상도 기장 지방에 전해오는 이앙가의 일부는 다음과 같다.

- 아침나절에

마당 같은 이 논자리 장구판만 남았구나.
판이사 있다마는 어느 장부 장구떠리.

전나라 댓잎은 이슬받아 스러졌네.
맹앗대 후아잡고 이슬 털러 가자스라.

- 점심나절에

서울이라 남정자야 점심참이 더디온다.
미나리야 수금채야 밧본다고 더디온다.

서울이라 앙대밭에 금비들기 알을 낳아
그 알 한 개 주었던들 금년가게 내할거로

서울이라 멍이 없어 죽절 비녀로 다리를 놓아
그 다리로 건너가니 정절쿵쿵 소리난다.

찔레꽃은 장개가고 석류꽃은 상각가네.
만 인간아 웃지마라 씨동자 하나 보러가네.

구월이라 국화꽃은 구름 속에 피어나네.
미나리야 세필꽃은 가지가지 은빛이네.

- 저녁나절에

서울 갔던 선부님요 우리 선부 오시던가.

오기사 온다마는 칠성판에 실려온다.

해 다지고 저문 날에 어떤 행상 떠나오노.
이태백이 본처 죽고 이별행상 떠나온다.

해 다지고 저문 날에 산골 마주 연기나네.
우리 할미 어디 가고 저녁할 줄 모르는고.

이앙법이 널리 보급된 데에는 광작의 경영에 따른 일손의 부족을 해결하기 위해서다. 이앙법은 벼 포기와 포기 사이가 넓어 잡초를 제거하기가 적합하여 일손을 줄이는 효과가 있었다. 그리고 이앙법 기술의 발달로 생산량이 증가함으로써 많은 지주들이 이앙법을 선호하게 되었다.

그러나 지주들 아래에서 소작을 하던 농민들은 땅을 잃게 되고 일을 할 곳마저 없어져 실업자가 되었다. 결국 이앙법은 부농의 출현을 가져와 농촌사회의 분화를 촉진시켰다. 그리하여 소작농이었던 농민들은 화전민이 되거나 도둑의 무리가 되어 각종 사회적 문제를 발생시켰다.

21. 과거 제도

→ 과거는 3년마다 실시하는 식년시(式年試)와 나라의 경사가 있을 때 보는 별시(別試)가 있었다. 또 문관을 뽑는 문과와 무관을 뽑는 무과, 그리고 기술직 관리를 뽑는 잡과가 있다.

과거(科擧)란, 옛날 중국과 우리나라에서 시행한 관리 채용 시험 제도다. 즉 '과목(科目)에 의한 선거(選擧)'를 말하는 것으로, 여기서 선거란 관리 등용법을 뜻한다. 일찍이 이 제도는 중국의 한대(漢代)에 매년 지방에서 선발한 약간 명을 중앙정부에 추천하여 시험을 통해 우수한 사람을 뽑아 관리로 임명한 것에서 비롯되었다. 그 뒤 위(魏)나라 때에 '구품중정(九品中正)'이라 하여 덕행이 있는 사람을 뽑으려고 제도를 만들어 놓았으나 선발 기준이 주관적이어서 정실에 흐르는 경우가 많았다. 이에 수나라 때에 이르러서 '선거'라는 객관적이고 공평한 시험 제도를 시행하게 되었다. 이후 중국에서는 원나라 때를 제외하고는 거의 모든 시대에 이 과거 제도를 실시했다.

우리나라 과거 제도의 시초는 신라 원성왕 4년(788)에 실시한 독서출신과(讀書出身科)이다. 왕권 강화에 목적을 둔 이 제도는 국립대학인 국학(國學)의 성적을 3품(상·중·하품)으로 구분하여 인재 등용의 원칙을 등용했지만 진골 귀족의 반대로 실패하고 말았다. 이후 고려 광종 9년(958)에 후주(後周) 사람 쌍기(雙冀)의 건의로 본격적인 과거 제도가 실시되기에 이르렀다.

고려 시대에는 제술과(製述科, 진사과), 명경과(明經科), 잡과(雜科)를 두고 이 가운데 제술과를 가장 중시했다. 이 밖에 승과(僧科)가 있었으나 관료 선발 기능과는 거리가 멀었다.

과거 응시 자격은 양인(良人) 이상에게 주어졌으나, 사실상 농민은 응시하기가 어려웠다. 1년에 한 번 실시하였으나, 성종 때에는 식년시로 3년에 한 번씩, 현종 때는 한 해 걸러 한 번씩, 그 뒤에는 매년 또는 격년으로 실시했다.

조선 시대의 과거 제도는 고려 시대와 약간의 차이가 있었다. 그 중요

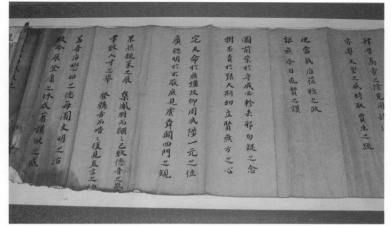

성이 훨씬 높아져 크게 문과(文科), 무과(武科), 잡과(雜科)로 나뉘었다. 다시 문과는 생원과 진사를 뽑는 소과(小科)와 3차(초시·복시·전시)에 걸쳐 시험을 보는 대과(大科)로 구분이 되었으며, 무과는 문과의 대과처럼 3차에 걸쳐 실시했다.

응시 자격은 수공업자, 상인, 무당, 승려, 노비, 서얼(庶孼)을 제외하고는 누구에게나 주어졌다. 실시 시기는 3년마다 보는 식년시가 원칙이었으나, 1401년 태종 때부터 큰 경사가 있을 때 증광시(增廣試)가 실시되었고, 1457년 세조 때는 별시(別試)가 있었다.

고려 시대의 제술과와 조선 시대 진사과의 시험 문제는 문예(文藝)를 보는 것이었다. 이 시험에선 시(詩)와 여섯 글자로 하나의 구(句)를 만드는 한시(漢詩)를 짓는 부(賦), 임금이나 충신의 공덕을 기리는 송(頌), 정치에 관한 대책을 물어보는 책(策), 논설식으로 글을 적게 하는 논(論) 등이 있었다.

이러한 과거 제도는 이조에서 실시하여 관리를 임용하였다.

고려 시대에는 과거 이외에 관리 채용 방법으로 음서(蔭敍) 제도가 있었다. 음서 제도는 할아버지와 아버지가 세운 공에 따라 그 자손을 벼슬에 임명하는 제도로 고려 전기가 문벌 귀족사회였음을 규정하는 근거가 되고 있다. 《고려사》 권75, 선거 3 전주 '범음서'를 보면 다음과 같은 기록이 있다.

현종 5년 12월에 양반의 직사(職事) 5품 이상 자손 이하 제질(弟姪)들 한 명에게 벼슬길에 나가는 것을 허락하였다. 또 예종 3년 2월에 조서를 내려, 양경(兩京)의 문무반 5품 이상의 관료에게 각기 자식 한 명의 음관(蔭官)을 허락하고, 직계 아들이 없는 자는 수양아들 및 손자에게 허락하게 하였다.

신종이 즉위하여 조서를 내리길, 선대의 6공신과 삼한 공신의 자손에게는 다같이 벼슬길에 나설 수 있도록 하라고 하였다.

숙종이 즉위하여 조서를 내려, 태조의 후예로 군적에 들어 있는 자는 군역을 면제해주고 무직자는 벼슬길에 나갈 수 있도록 하였다.

22. 도화서의 변천

→ **임금의 초상화인 어진(御眞)을 그리기 위해 화가를 양성하였다.**

오늘날은 사진 기술이 발달해 얼마든지 자신의 모습을 그대로 남길 수 있다. 그러나 우리나라 사진의 역사는 백 년이 조금 넘어서 1880년

태조

영조

단오풍정 (신윤복)

대에 김용원이 저동에 촬영국을 설치하면서 처음으로 사진을 찍기 시작
했다. 그래서 사진이 나오기 이전에는 사람들이 초상을 남기려면 화가
에게 그리게 하는 수밖에 없었다. 이것이 바로 초상화다.

　초상화 가운데 특히 중요한 것이 왕의 초상화다. 왕의 초상화를 그리
기 위해 고려 시대와 조선 시대에는 공식 관청을 두어 화가를 양성했다.
왕의 초상화는 어진(御眞)이라고 하는데 그 제작 과정이 크게 셋으로 구
분된다. 도사(圖寫), 추사(追寫), 모사(模寫)가 그것이다. 도사는 왕이 살
아 있을 때 왕의 얼굴을 직접 보면서 그리는 것이요, 추사는 왕이 승하

(昇遐, 임금이 세상을 떠나는 것)한 뒤에 그리는 것이며, 모사는 이미 그려진 어진이 훼손되었거나 새로운 진전(眞殿, 조선 시대 역대 임금의 초상을 보관하던 전각)에 봉안하게 될 경우 기존본을 토대로 다시 그리는 것이다.

어진을 도사하거나 모사할 때에는 도감(都監, 고려·조선 시대에 국상

서당도 (김홍도)

이 나거나 궁궐을 짓는 등 큰일이 있을 때 임시로 설치했던 관아)을 설치했다. 왕의 어진에 대해서는 《왕조실록》이나 《승정원 일기》 등의 문헌에 제작 과정이나 참여 화가 등이 자세히 씌어 있다. 이 기록을 보면 어진을 제작할 때에는 당시의 도화서(圖畵署) 화원 이외에 전국에서 그림에 뛰어난 사람들을 모아 그 가운데서 화가를 선정했다. 당대의 가장 뛰어난 화가에게 왕의 얼굴을 그리게 했던 것이다.

하지만 이러한 복잡한 과정을 거쳐 그린 왕의 어진 가운데 오늘날까지 남아 있는 것은 고종 9년 (1872)에 그려 전주 경기전에 남아 있는 태조 전신상과 광무 4년(1900)에 다시 옮겨 그린 영조의 반신상, 그리고 철종과 고종의 어진 그리고 영조의 연잉군 시절 도사본 등 몇 점 안 된다.

몽유도원도 (안견)

거의 모든 왕이 자신의 초상화를 그리게 했지만 왜란과 호란, 그리고 최근의 한국전쟁으로 소실되었던 것이다.

이들 어진을 당대 최고의 화가가 그렸다고는 하지만 실질적으로는 주로 도화서에 소속된 화가가 그렸다.

도화서는 고려 시대에는 도화원이라고 했으며, 조선 시대에 와서도 이 이름을 그대로 쓰다가 1392년에 도화서로 이름을 바꾸었다. 주로 그림에 관한 업무를 맡았던 도화서의 가장 주요한 임무는 역대 왕의 어진과 진영(眞影)의 제작, 개국 공신의 초상을 그리고 제작하는 것이었다. 따라서 화원들은 초상에 관해서만큼은 조선에서 제일이 되려고 노력했다. 이와 함께 화원의 육성을 위하여 도화서에서 그림을 가르치기도 했다.

도화서 출신의 화원 중 유명한 인물로 조선 전기의 안견(安堅)과 후기의 정선(鄭敾, 1676~1759), 김홍도(金弘道, 1745~?), 신윤복(申潤福, 1758~?) 등이 있다. 그 당시에는 일반적으로 '화가'는 '그림쟁이'라 하여 천대를 받았는데도, 이들은 별제(別提)라든가 교수(敎授), 선화(善畵), 선회(善繪) 등 궁정화가로 재임하면서 중인의 대우를 받으며 안정된 생활을 보장받았다.

23. 조선 시대의 지방 자치제

→ **지방 향리의 잘잘못을 감찰하는 유향소(留鄕所)가 바로 지방의회로 지방 자치제라 하겠다.**

지방 자치는 단체 자치(團體自治)와 주민 자치(住民自治)가 결합된 것으로써 자신이 속한 지역의 일을 주민 자신이 처리한다는 민주정치의 가장 기본적인 요구에 기초를 두고 있다. 그렇기 때문에 J. 브라이스는 '지방 자치란 민주주의 최상의 학교이며, 민주주의 성공의 보증서라는 명제를 입증해준다.'고 하였다. 이 밖에도 J. S. 밀은 '지방 자치는 자유의 보장을 위한 장치이고, 납세자의 의사표현 수단이며, 정치의 훈련장이다.'라고 하였으며, J. J. 스미스는 '지방 자치 정부는 민주주의의 고향이다.'라고 하였다.

이와 같이 민주주의의 결정판이라고 하는 지방 자치제를 우리나라에선 1949년 지방 자치법이 제정되면서 시작됐다. 전쟁 중이던 1952년 시 · 읍 · 면의회 의원선거와 시 · 도의회 의원선거가 실시된 것이다. 4년 후 1956년에는 시 · 읍 · 면장을 선출하는 기초 자치 단체장 선거가 치러졌다. 그러나 1960년 시장과 도지사 선거를 실시함으로써 명실상부한 지방 자치의 틀을 갖추기까지는 4년의 시간이 더 걸렸다. 이처럼 6 · 25 전쟁과 4 · 19 혁명 등 역사의 격동기를 거치면서 태동한 지방 자치의 싹은 다음 해인 1961년 5 · 16 군사 정변으로 실시가 미루어지고 말았다. 중단된 민주주의가 35년 만인 1995년에야 실시되었다. 우리나라에서는 지방 자치 단체의 장과 이들을 견제하는 지방 의회로 구성되어 있다. 지방 자치 단체장에는 서울특별시와 6개 광역시의 시장, 그리고 9개 도의 도지사를 뽑는 광역 단체장과 이들을 견제하는 시, 도의원으로 구성된 광역 자치의회와 시, 군, 구의 단체장과 시, 군, 구의 의원으로 구성된 기초 자치의회로 구성되어 있다.

2006년부터 제주에서는 기초 단체장과 교육, 그리고 경찰 부문까지 지방 자치를 실시하여 진일보한 모습을 보이고 있다.

그렇다면 조선 시대에도 지방 자치제가 실시되었을까? 물론 실시되었으나 지금과 달리 자치 단체의 장은 임금이 임명하였고, 이들을 견제하는 의회의 역할을 하는 지방 양반으로 구성된 유향소(향청)가 있었다. 유향소는 고려 시대 지방 호족을 감시하기 위해 파견했던 사심관(事審官) 제도이다.

조선 초기만 하더라도 수령의 임기는 3년이었다. 하지만 《경국대전》이 완성된 성종 이후 수령의 임기는 5년이었다.

그러나 5년의 임기를 다 채우는 수령은 드물었다. 대개 6개월 이상이면 근무지를 바꾸는 경우가 많았다. 즉, 자신이 다스리는 지역을 알 만할 때면 다른 지역으로 이동하는 것이다. 그러므로 고을의 행정실무는 향리라는 사람이 맡아서 처리하였다. 흔히 6방으로 불리는 향리들은 수령의 통치 스타일에 따라 백성들을 가렴주구(苛斂誅求)하는 일이 있었다. 이러한 향리들의 횡포를 견제하면서 수령을 도와주는 역할을 하는 사람들이 바로 유향소에 소속된 지방 양반들이었다. 이들은 대개 덕망이 높고 집안이 좋은 사람을 임명하였다. 유향소의 대표는 벼슬을 한 경험이 있는 양반이 되었다.

이처럼 중앙정권과 대립되는 유향소이다 보니 태종 6년(1406)에 한때 폐지되기도 하였으나, 세종 10년(1428)에 다시 부활되었다. 그리고 세조

13년(1467)에 함경도에서 일어난 이시애(李施愛)의 난이 유향소와 관련되어 다시 폐지하였다가 성종 19년(1488)에 다시 부활되었다.

유향소에는 향임(鄕任), 혹은 감관(監官)·향정(鄕正)의 임원을 두게 되었는데, 이들 임원은 주(州)·부(府)에 4~5명, 군에 3명, 현에 2명의 정원을 두었으나 후대에는 창감(倉監)·고감(庫監) 등의 직책이 생겨 10명이 넘는 경우도 있었다.

유향소에서는 자주 바뀌는 수령들에게 그 지방의 특성을 설명하며 도와주고, 향리들을 감시·감독하며, 잘못된 풍속은 고치는 역할을 하였다. 특히 향리들의 잘잘못을 감시하는 기능은 오늘날 지방의회의 역할과 같다 하겠다.

장현광이 지은 《여헌 선생 문집》에 유향소의 성격에 관한 글이 있다.

국가가 향소를 설치하고 향임을 둔 것은 그것을 중요히 생각해서이다. 수령이란, 나랏일에 대한 걱정을 나누어 어떤 지역의 사람을 다스리는 사람이다. 그러나 수령의 임기는 한정되어 있어 늘 바뀌고 있다. 늘 새 사람이라는 것은 일을 함에 잘못을 저지르기 쉬운 것이다. 비록 백성의 일에 뜻을 둔다 하여도 먼 곳을 거쳐 상세히 살필 겨를이 없다. 그러므로 반드시 각 고을에 명령을 내려, 충성스럽고 부지런하고 일을 익숙하게 처리할 수 있는 사람을 택하여 한향의 기강을 바르게 하고 그 맡은 바를 살피도록 한다 ……(증략)……

백성들에게 이로워 마땅히 일으킬 것은 일으키도록 하고, 백성들에게 해로워 없앨 것은 반드시 알려 없애도록 하는 것이 그 할 바이다.

24. 훈구파와 사림파

→ 고려 말기에 도입된 성리학은 신진사대부(士大夫)라는 새로운 계층을 출
  현시켰다. 신진사대부는 조선이 건국되면서 훈구파(勳舊派)와 사림파(士
  林派)로 분열되었다.

고려 충렬왕 때 안향(安珦)에 의하여 도입된 성리학은 고려 26대 충선
왕이 연경(燕京, 중국 베이징(北京)의 옛 이름)에 만권당(萬卷堂)을 세워
원나라의 성리학자인 요수 · 염복 · 조맹부(趙孟頫) 등과 교류하고, 고려
의 이제현(李齊賢)을 초청하여 이들과 교류하게 하면서 성리학이 발전
하였다.

성리학을 공부한 학자들은 주로 지방의 중소 지주 출신들이었다. 이
들은 실력을 바탕으로 과거에 합격하여 관리가 되었다. 성리학자들 중
에 관리가 된 사람들을 일컬어 신진사대부(士大夫)라고 불렀다. 신진사
대부는 몰락하는 고려를 중흥시키려는 온건 세력과 고려를 무너뜨리고
새로운 국가를 세우려는 급진 세력으로 나뉘었다. 전자는 정몽주(鄭夢
周)와 이숭인(李崇仁) · 길재(吉再) 등을 가리키며, 후자는 조준(趙浚) · 정
도전(鄭道傳) 등을 가리킨다. 전자를 사림파라고 하며, 후자를 훈구파라
고 한다.

훈구파는 조선의 건국에 참여하면서 자신들의 학문적 성과를 정치에
반영하였다. 이들은 막대한 토지를 소유하였으며 조선 초기에 문물을
정비하는데 크게 기여하였다. 시가와 문장을 중시하고 타 학문에 대하
여 관대하였기에 조선의 문화 발전에 기여하였다.

사림파는 조선 건국에 반대하고 자신의 고향으로 내려와 후학을 양성

한 학자들로 도덕과 의리를 바탕으로 왕도 정치를 주장하면서 타 학문을 배척하였다. 이들은 성종이 기존의 훈구파들의 정치에 회의를 갖고 새로운 정책을 펴고 온건한 유교 정치를 회복하기 위하여 김종직과 그 제자 등 사림 세력을 삼사(사헌부, 사간원, 홍문관)를 비롯한 언론 기관에 배치하였다.

사림파가 정치에 나서면서 훈구파들의 비리가 드러나자, 훈구파들은 불안을 가지면서 사림파들을 정권에서 쫓아내려고 하였다. 바로 연산군 4년(1498)에 무오사화(戊午士禍)로 사림파들은 모두 조정에서 쫓겨나게 되었다. 연산군의 아버지인 성종이 승하하자, 김일손은 성종의 실록을 편찬하면서 조선의 7대 임금이며 조카인 단종을 쫓아내고 임금이 된 세조의 잘못을 지적하기 위하여 스승인 김종직(金宗直)이 지은 '조의제문(弔義帝文)'을 실록에 끼워 넣었다. '조의제문'은 김종직이 세조 3년(1457) 10월에 밀양에서 경산(오늘날의 성주)으로 가다가 답계역에서 잠을 자게 되었는데, 그날 밤 꿈에 신인이 칠장복을 입고 나타나 전한 말을 듣고 슬퍼하며 지은 글이다. 서초패왕 항우를 세조에, 의제를 노산군(단종)에 비유해 세조가 단종을 쫓아내고 임금에 오른 것을 비난한 내용이다.

세조는 연산군에게는 증조할아버지가 되는 사람이었다. 이 사실을 김일손(金馹孫)에게 원한을 가졌던 유자광(柳子光)이 알게 되었다. 유자광은 연산군에게 말하여 김일손을 비롯한 사림파들을 죽이거나 귀양을 보냈다. 심지어는 이미 세상을 떠난 김일손의 선생님인 김종직의 무덤을 파내어 목을 베는 부관참시를 하였다. 이를 '무오사화(戊午士禍/戊午士禍)'라고 한다.

연산군은 박원종(朴元宗)·성희안(成希顔)이 일으킨 중종반정(中宗反正)에 의하여 쫓겨났다. 임금이 된 중종은 박원종을 비롯한 반정 공신들이 간섭하자, 이를 피하기 위하여 조광조(趙光祖)를 비롯한 사림파들을 등용하였다.

조광조가 중종의 신임을 두터이 받으며 새로운 정책으로 국민들의 신망을 받자, 노골적으로 조광조를 미워하고 적대시하는 사람들이 있었으니 그들은 바로 훈구세력으로서 관직을 가지면서 토지와 노비를 대규모로 소유하고 있는 남곤(南袞)과 심정(沈貞) 일당들이었다.

자신들의 뜻으로 귀양을 가게 된 김정(金淨)과 박상(朴祥)이 조광조의 한마디 말에 의하여 풀리게 되고, 나랏일을 온통 조광조의 무리들이 점령하다시피 하게 되었으니 자기들의 자리가 자못 불안하고 초조한 것이었다.

더군다나 형조판서에 임명되었던 심정이 별안간 조광조에 의하여 하루아침에 쫓겨나는 신세가 되었고, 조광조는 중종 14년(1519)에 부정한 관리들을 찾아내는 사헌부의 수장인 대사헌에 임명되자, 이들은 중종의 후비로 있는 홍영주의 딸이 거처하는 처소의 나무에 '주초위왕(走肖爲王)'의 글자를 새겨 넣어 벌레가 파먹자, '조광조가 왕이 된다.'는 사실을 허위로 중종에게 보고하였다.

그리하여 조광조는 능주에 귀양을 갔다가 곧 사약을 받고 죽었으며, 조광조와 함께 개혁을 주도하였던 김구(金絿) 등 많은 젊은 학자들이 귀양을 가거나 벼슬에서 쫓겨나게 되었다. 이를 '기묘사화(己卯士禍)'라고 한다.

4차례의 사화로 쫓겨났던 사림파들은 농업의 발달과 향약, 서원과 유향소를 기반으로 선조 때 다시 정계에 진출하여 주도권을 잡게 되었다. 정계에 진출한 사림파들은 주도권을 가지고 다투게 되니 바로 붕당이 발생하게 된 것이다.

! 훈구파와 사림파

구분	출신	기반	정치 형태
훈구파	조선 건국에 참여(정도전, 조준)	대지주	중앙집권, 부국강병
사림파	조선 건국에 불참(정몽주, 길재)	중소지주·서원·향약	향촌 자치, 왕도 정치

! 사림의 계보

25. 이기이원론과 이기일원론의 차이

→ 퇴계는 사단(四端)은 이(理)에서 일어나고 칠정(七情)은 기(氣)에서 일어 난다는 이기이원론을, 율곡은 사단칠정이 '발하는 것은 기이며, 발하는 까닭이 이' 라는 이기일원론을 주장하였다.

이황 《주자대전》

어제와 어필(오죽헌)

사단은 《맹자》에서 인간의 본성이 선하다는 사실을 증명하기 위해 제시된 것으로 측은지심(惻隱之心)=인(仁)의 단서, 수오지심(羞惡之心)=의(義)의 단서, 사양지심(辭讓之心)=예(禮)의 단서, 시비지심(是非之心)=지(智)의 단서 등 4개의 정을 말한다. 칠정은 《예기》 〈악기〉편에 나오는데, 인간의 자연스러운 정감으로서 희로애락애오욕(喜怒哀樂愛惡欲)을 가리킨다.

퇴계는 사단은 이에서 일어나고 칠정은 기에서 일어난다고 하였다. 퇴계는 〈사칠논변〉 제2서에서 "사단은 이가 발함에 기가 따르는 것이고, 칠정은 기가 발함에 이가 타고 있는 것이다.(四則理發而氣隨之 七則氣發而理隨之)"라고 말했다. 사단은 이와 기가 함께 있는

이이의 제사를 지내는 자운서원 (경기도 파주시 법원읍 동문리 소재)

가운데에 '이를 주로 하여 말한 것(主理而言)'이며, 칠정은 '기를 주로 하여 말한 것(主氣而言)'으로써 이를 귀하고 기를 하찮게 생각하였다. 퇴계는 도덕 수양의 이론적 근거가 감성을 중시하는 칠정보다 이성을 중시하는 사단에 근거를 해야 한다고 보았다. 이것은 연산군 이후 훈구 세력에 의한 사림 세력의 탄압으로 일어난 사화로 말미암아 무너진 유교적 도덕 윤리를 바로 세우려는 시대 배경을 담고 있다. 이황의 사상은 정구(鄭逑)와 허목(許穆)을 거쳐 이익(李瀷), 그리고 북인의 안정복(安鼎福)과 남인의 권철신(權哲身), 정약용(丁若鏞)으로 계승되었다.

이이는 사단칠정에 관하여 '발하는 것은 기이며 발하는 까닭이 이'라고 하여 '기발이이승지'의 한 길〔一途〕만을 주장하면서 사단칠정이 모두 이것으로부터 생기는 것이라고 하였다. 단지 칠정은 정(情)의 전부이며,

이이가 태어난 오죽헌 뜰의 오죽

사단은 칠정 중에서 선한 것만을 가려내 말한 것이라고 하여 칠정이 사단을 포함한다는 '칠정포사단'의 논리를 전개하였다.

이이의 경우 이와 기는 논리적으로는 구별할 수 있지만 현실적으로 분리시킬 수 있는 것이 아니며, 모든 사물에 있어 이는 기의 주재(主宰) 역할을 하고, 기는 이의 재료가 된다는 점에서 양자를 분리의 관계에서 파악하고, 하나이며 둘이고 둘이면서 하나인 이들의 관계를 '이기지묘(理氣之妙)'라고 표현하였다.

이러한 이이의 사상은 인식과 실천의 통일이라는 개혁사상으로 나타난다. 이이는 당대를 '경장기(更張期)' 즉 개혁의 시대로 규정했다. 그는 선조에게 올린 〈진시폐소(陳時弊疏)〉에서 '오늘 전하께서는 전 시대의 폐단을 이어받으셨기 때문에 마땅히 경장의 정책을 실행하셔야 함에도 불구하고 전 시대의 폐법을 고치기가 어렵다고만 하시면서 폐법의 변혁을 전혀 받아들이지 않고 계십니다.' 라고 하여 전 시대의 모순을 척결하고 현실과 거리가 먼 법과 제도를 개혁할 것을 강력히 건의하였다. 그는 구체적으로 파벌·신분을 초월한 인재의 등용, 세제의 개혁, 지방장관의 장기근속제 등을 제시하였다.

그러나 제도를 만들고 개혁하는 것은 인간이다. 그러므로 참다운 개혁은 의식의 전환을 통하지 않으면 불가능하다. 이이는 〈진시폐소〉에서 '모든 것은 결국 전하의 마음가짐에 달렸을 뿐인데 누가 억제하고 있기에 훌륭한 정치를 못하는 것입니까?' 라고 하여 군주의 마음가짐이 개혁의 열쇠가 된다고 단언하고 있다. 즉 의식의 개혁을 토대로 제도의 개혁을 비롯한 정치·경제적인 개혁이 이루어지며, 여기에서 사회의 참다운 경장이 가능하다고 본 것이다. 이이의 사상은 김장생(金長生)과 김집(金集)을 거쳐 송시열(宋時烈)로 이어져 노론과 소론으로 나누어졌다.

26. 향약

→ **향촌의 자치 규약으로 서원과 더불어 사림의 지위를 강화하는데 기여하였다.**

조광조(趙光祖)가 중종(中宗) 때 향약을 처음 실시한 것은 훈구파의 지위를 약화시키기 위하여, 훈구파와 연결된 토호들의 향권을 빼앗기 위한 것이다. 조광조 일파는 신분보다 나이를 존중하는 중국의 《여씨향약》을 《소학》과 함께 한글로 번역하여 전국적으로 보급하였다. 그러나 조광조의 향약이 너무 진보적이라 보수파의 반발로 쫓겨나 실시되지 못했다.

향약을 본격적으로 보급한 것은 이황(李滉)과 이이(李珥)이다. 이황은 도덕 질서와 계급 질서를 강조한 향약을 영남 지방에 널리 전파하였으며, 이이는 전통적인 계조직을 흡수하여 소농민의 생활 안정에 기반을 둔 향약을 보급하였다.

그러나 향약은 시대가 지남에 따라 사림 양반의 지방 통제를 위한 수단으로 변질되었다. 계와 두레 등 농촌에서 상부상조의 공동체적인 측면이 약해지면서 유교적 도덕규범에 따른 백성들의 처벌만을 강조하여 향촌 통제의 기능이 강화되었다.

그리하여 후기의 향약은 향촌 교화와 공동체적인 조직이 아닌 사림 양반이 백성들을 통제하면서 약탈하는 수단으로 변질되어 버렸다.

27. 붕당 정치

→ **붕당은 현대식 정당보다 더 발달한 정치 이념 집단이었다. 붕당 정치를 단지 비생산적인 당쟁으로만 인식하는 것은 식민사관의 영향을 받은 탓이다.**

'당(黨)'이란 말은 중국의 주나라에서 5백 호를 가리키는 말이었다. 이때에는 향당(鄕黨)이란 말을 썼다. 그런데 이와는 달리 현대적인 정당(政黨)의 의미는 '정치적 의견을 같이하는 사람들의 집합체'라는 뜻이다. 그러므로 정당원은 사상이나 이념, 정책 등을 같이하는 사람들이라고 할 수 있다.

우리나라에서도 조선 시대에 접어들면서 붕당(朋黨)이 형성되었다. 붕당이란, 이해(利害)나 주의(主義) 따위를 함께 하는 사람끼리 뭉친 정치적 동아리라고 할 수 있다.

붕당이 일어난 것은 선조 때 김효원(金孝元)을 이조전랑으로 임명하려 하자 심의겸(沈義謙)이 반대하여 뜻을 이루지 못하였다. 후에 심의겸의 동생인 심충겸을 이조전랑에 임명하려 하자 이번에는 김효원이 반대하였다. 이조전랑은 정랑과 좌랑으로 삼사의 관리를 추천할 수 있는 자리였기에 서로 견제를 하였던 것이다. 김효원의 집이 궁궐에서 동쪽에 있어 따르는 무리를 동인, 심의겸의 집은 궁궐의 서쪽에 있어 따르는 무리를 서인이라고 불렀다.

선조 때는 동인이 집권을 하였다. 그러나 정여립(鄭汝立) 사건이 일어나자 동인은 이황의 제자를 중심으로 한 남인과 조식의 제자를 중심으로 한 북인으로 나누어졌다.

북인은 광해군 때 정권을 잡아 실리적인 중립외교 정책을 추진하고, 임진왜란 후의 나라를 안정시키려고 노력하였다. 하지만 후금과 명나라 사이를 동등하게 대우하는 정책에 반대한 서인이 인조반정을 일으키면서 서인이 집권을 하게 되었다.

서인의 집권으로 북인에 눌려 지내온 남인들에게 정권에 참여할 기회가 주어졌다. 비록 소수였지만 남인들은 서인과 함께 정권에 참여하여 중립 외교가 아닌 친명배금 외교를 펼쳐나갔다. 정묘호란과 병자호란을 맞이하면서 정권에 큰 타격을 받았지만 인조가 지원하였기에 큰 위기는 없었다. 사이좋게 정권을 이끌던 서인과 남인 사이에 분열이 생긴 것은 1659년의 효종의 죽음이었다. 효종은 인조의 둘째 아들로 조선의 17대

임금이었다. 큰 아들이 죽으면 어머니도 아들과 똑같이 상복을 입었지만 둘째 아들부터는 경우가 달랐다. 효종이 죽자 인조의 계비인 자의대비의 상복을 송준길(宋浚吉)과 송시열(宋時烈) 등 서인은 큰 아들이 아니라는 이유로 1년을, 허목을 비롯한 남인은 3년을 입어야 한다고 주장하여 남인이 승리하였다. 이를 '기해예송'이라고 한다.

15년 후인 1774년에 효종의 비인 인선 왕후(仁宣王后)가 죽자 서인은 9개월을, 남인은 1년을 주장하여, 남인의 의견이 채택되었다. 이를 '갑인예송'이라고 한다.

두 차례의 예송을 거치면서 서인과 남인은 치열하게 대립하였으며, 현종은 왕권 확립을 위하여 붕당의 대립을 이용한 것이다.

붕당의 대립이 다시 시작된 것은 숙종 때이다. 남인 출신의 영의정 허적(許積)이 궁중의 천막을 마음대로 사용하였기에 남인들은 모두 처벌을 받게 되었다. 이때 같은 서인에서도 송시열을 중심으로 한 세력은 강경한 처벌을 주장하였으며, 윤증(尹拯)을 중심으로 한 세력은 관대한 처벌을 주장하였다. 송시열을 따르는 무리는 나이가 많은 송시열로 인하여 노론(老論), 윤증을 따르는 무리는 윤증의 나이가 어려 소론(少論)이라고 부르면서 서인의 분열을 가져왔다. 이를 '경신대출척(庚申大黜陟)'이라고 한다.

그 뒤 노론과 남인은 인현 왕후와 장희빈을 내세워 세력 다툼을 벌이며 정권 교체를 이루었으나, 숙종의 왕권 강화를 위해 이루어진 것이다.

붕당의 대립이 다시 나타난 것은 영조 38년(1762)에 사도 세자의 폐위와 아사(餓死)를 둘러싸고 일어났다. 세자가 억울하게 뒤주 속에서 굶어 죽은 소위 임오사건(壬午事件)이 있자, 세자를 동정하는 파와 세자의 죽

융릉(사도 세자의 묘)

음을 당연하게 여기는 파로 갈라지게 되었다. 전자를 시파(時派), 후자를 벽파(僻派)라고 하는데, 이에 따라 붕당 정치는 더욱 악화되었다. 정조 때에는 시파가 득세하고 벽파가 물러갔으나, 순조 때에는 벽파가 정권을 잡고 시파를 억누르게 되었다.

위에 적은 세 가지의 붕당은 전부 지배층과 관련된 것으로써 일반 백성과는 상관없는 문제였다. 다시 말하면 성리학의 형식적인 면이 지나치게 명분과 의리를 내세워 융합하지 못했기 때문에 일어난 것이다. 그러나 이것은 겉으로 드러난 모습이고 실제로는 국가 정책을 결정하는 데 각기 다른 주장과 의견을 활발하게 내놓아 장점을 수렴하는 쪽으로 나아간 사례가 훨씬 많았다.

정권을 잡고 있는 붕당은 언제나 잡지 못한 붕당의 견제를 받았다. 반대당에게 약점을 잡히지 않으려고 부정부패가 거의 없었던 것이다. 다시 말해 붕당 정치는 공도(公道)와 공론(公論)을 존중하는 사림(士林)의

정치 이념에 바탕을 둔 것으로, 관료들의 정치 비판 기능이 커지고 개인의 의견보다 집단의 의사인 공론이 정치를 주도하게 되어 정치의 부패가 그만큼 줄어들 수 있었던 것이다. 이 같은 사실은 순조 이후의 일당독재가 있기 전까지는 민란이 발생하지 않은 사실로 증명이 된다. 이런 면에서 볼 때 오늘날의 여당과 이를 견제하는 야당의 관계로 보아도 될 것 같다. 붕당의 폐해라고 지적되는 것들도 대변인들의 상스러운 욕설로 범벅이 되는 요즈음의 정당 싸움에 비하면 오히려 깨끗했다.

물론 붕당 정치에도 감투싸움과 권력싸움이 있었다. 정당이 곧 정권을 차지하기 위한 모임이라는 측면에서 보자면 너무나 자연스러운 일이었다. 또한 일부 도당(徒黨)이니 해서 비판을 받은 붕당도 있었지만 요즘 무조건 출신 지역만 따지는 지역당보다는 훨씬 더 일반적이고 보편적인 정치 이념을 가지고 있었던 것이다.

붕당 정치를 감투싸움이라고 본 이익은 《곽우록》에서 다음과 같이 말했다.

붕당은 싸움에서 생기고, 싸움은 이해관계에서 생긴다. 이해관계가 절실하면 붕당이 깊어지고, 이해관계가 오래될수록 붕당이 견고해지는 것은 당연한 형세이다. 이렇게 되는 이유는 무엇인가? 지금 열 사람이 함께 굶주리고 있는데 한 그릇의 밥을 같이 먹게 되면 그 밥을 다 먹기도 전에 싸움이 일어날 것이다. ……(중략)……

조정의 붕당도 어찌 이와 다를 것이 있겠는가? ……(중략)……

대개 과거를 자주 보아 인재를 너무 많이 뽑았고, 총애하고 미워함이 치우쳐서 승진과 퇴직이 일정하지 못하였기 때문이다. ……(중략)……

이 밖에도 벼슬에 드는 길이 어지럽게 많으니, 이것이 이른바 관
직은 적은데 써야 할 사람이 많아서 모두 조처할 수 없다는 것이다.

28. 양반 제도

→ **족보는 고려 시대부터 만들어진 것으로 보인다. 그러나 한 동족 또는
분파를 포괄하는 족보가 만들어진 것은 조선 시대부터다.**

족보(族譜)는 씨족 간의 계통을 기록한 책으로, 같은 씨족의 시조로부
터 족보 편찬 당시의 자손까지의 계보(系譜)를 기록하고 있다. 이때의
씨족이란, 성과 본관이 같은 부계 친족을 가리키는 말이다. 다른 말로
종보(宗譜), 가보(家譜), 세보(世譜)라고도 한다.

족보는 서양에도 있었다고 하나 동양의 족보와 같은 것이라기보다 대
체로 개인의 가계사(家系史)와 같은 것이다. 동양에서 족보는 중국 한나
라 때, 우리나라에서는 고려 때 등장하고 있다.

처음에 족보는 왕실의 계보에서 시작되었다. 이른바 '왕조실록' 같이
왕실의 계통을 기록한 것으로 시작되었으며, 그 뒤 귀족사회에서 계보
만드는 일이 유행했던 것으로 보인다. 왜냐하면 문벌 귀족이 형성되어
신분에 따라 사회 활동과 출세의 제한은 말할 것도 없고, 문벌이 낮은
가문과는 혼인을 하지 않기 위해서였다. 《고려사》에 의하면 한 동족 또
는 분파 전체를 포함하지는 않지만 소규모의 가계를 기록한 계보가 고
려 시대 이래로 귀족사회에서 작성되고 있었음을 알 수 있다. 이 당시의
계보는 출판 사정이 쉽지 않아 필사로 만들어졌다.

조선 시대에 와서는 초기부터 족보가 더욱 절실하게 필요해져 족보 제작이 급속히 퍼져 나갔다. 나라에서 유교를 통치 이념으로 삼은 데다가 붕당 정치의 영향으로 혈연·학연·지연의 단결을 견고히 할 필요에서 족보가 간행되었다.

최초로 간행된 족보는 문화 유씨의 족보인 〈영락보(永樂譜)〉로 세종 5년(1423)에 간행된 것으로 알려져 있지만 현재 남아 있지 않다. 현재 전해오는 족보 중에서 가장 오래된 것은 성종 때인 1476년에 간행된 안동 권씨의 〈성화보(成化譜)〉이다.

이러한 조선 시대의 족보는 일종의 혈연적 신분 보장 장치로써 고려 시대와 달리 신분의 이동이 거의 없는 조선사회의 신분적 폐쇄성을 보여주다 보니 족보 간행에 따른 폐단도 많이 발생했다.

즉 조선 시대에는 양반이 그 후손에 이르기까지 대우를 받게 되자 족보를 위조했고, 또 족보 위조를 중개하는 일종의 사기꾼까지 등장했으며, 신분적 폐쇄로 사회 계급이 고정화됨으로써 지배층과 피지배층의 대립을 조장하는 면도 나타났다.

그러나 오늘날 우리나라뿐만 아니라 일본, 더 나아가 서구 각국에서도 조상에 대한 뿌리 찾기의 일환으로 족보에 대해 많은 관심을 가지고 있다.

29. 임진왜란의 발발

→ 우리나라와의 무역에서 많은 적자를 보고 각종 무역제재를 당하니, 이의 해결과 도요토미 히데요시(豊臣秀吉)의 무모한 정복 야욕이 임진왜란(壬辰倭亂)의 한 원인이 되었다.

명나라로 가는 비단길[허가번호 : 중박 200906-260]

오늘날 세계는 가히 무역 전쟁을 벌이고 있다고 해도 과언이 아닐 것이다. 무역에서의 이익과 손해에 따라 상대국에게 위협을 가하기도 하고 우호적이기도 한다. 예컨대 거대 공룡이라고 할 미국이 우리나라에 '슈퍼 301조'를 내세우며 위협과 협박하는 것을 우리는 자주 본다.

가공 무역국이면서 중계무역국인 우리나라로서는 여간 곤혹스러운 일이 아닐 수 없다. 우리나라가 중계무역을 통하여 이익을 올린 것은 오래전부터의 일이다. 즉 고조선 시대에 한반도 남부 지역과 중국과의 사이에서 중계무역을 함으로써 한나라의 침입을 받게 되었으니, 이것으로 미루어 알 수 있다.

조선 시대에 접어들어서는 일본과 명나라 사이에서 중계무역을 했다. 일본으로부터 우리나라에 수입된 상품은 남방산의 소목(蘇木), 후추와 일본산 구리, 납, 은 등이었다. 반면에 명나라에서 수입된 것은 비단, 면포, 도자기류였다. 일본산 은(銀)과 구리는 우리나라 상인에 의해 압록강변의 의주로 운반되어 중국으로 수출되었다. 그 대신 중국에서 들여온

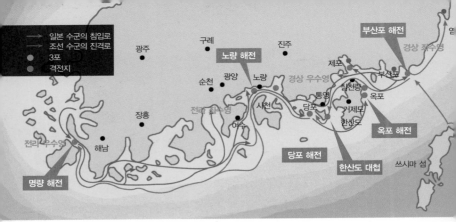

임진왜란 해전도

생사(生絲)와 고급 견직물은 부산의 왜관을 거쳐 일본으로 수출되었다.

또한 일본으로 수출된 것은 비단뿐 아니라, 면포와 곡물도 주요한 품목이었다. 이러한 수출에 대한 대가는 구리로 지불되었다. 그러나 일본에서 무역 대금으로 지불할 수 있는 구리의 양은 한정되어 있었으므로 부족할 수밖에 없었다. 정상적인 무역으로는 적자를 보완하기가 어렵게 되자 일본은 을묘왜변(乙卯倭變)과 삼포왜란처럼 부산 지역을 침범하거나, 해안 지역에서 노략질 행위를 하였다. 이에 조선에서는 일본과의 무역을 반란이나 약탈을 막기 위해 규제를 하였고, 명나라에서는 조공무역을 중지시키게 되었다. 일종의 무역 규제인 셈이었다.

일본은 무역 적자인데다가 우리나라와 명나라와의 무역 관계에서 고립을 당하니 경제 사정은 더욱 어렵게 되었다. 이것을 타개하기 위하여 해안 지역에서 왜구의 행위를 중지시켜 주는 조건으로 조공무역과 무역 규제를 해제해줄 것을 협의하고 있었다. 그러는 와중에 명나라를 정복하여 어려움을 해결함과 아울러 일본 전국을 통일하려는 야망을 불태우던 도요토미 히데요시가 무사들의 관심을 해외로 돌리고자 임진왜란을 일으켰던 것이다. 한 사람의 무모함이 평화적인 무역 재개를 무역 전쟁으로 바꾸는 계기가 되었으며, 많은 희생자를 낳게 한 것이다.

❓ 알고 넘어가기

김치는 언제부터 먹었을까?

김치는 상고 시대부터 먹어 온 우리 고유의 음식이다. 그러나 예전에도 오늘날과 같이 고춧가루를 넣어서 만들지는 않았다. 김치에 고춧가루가 들어가기 시작한 것은 조선 시대 중기부터다.

김치는 우리나라 특유의 채소 가공 식품으로 아주 오랜 옛날부터 즐겨 먹던 반찬이다. 배추, 무, 오이 등을 소금에 절여서 고추, 마늘, 파, 생강, 젓갈 등의 양념을 넣어 자연 발효를 시킨 뒤 먹는다. 오늘날에는 다이어트 식품이며 영양의 보고(寶庫)라 하여 세계인들이 즐겨 먹는 음식이 되었다.

김치는 상고 시대부터 먹기 시작했다. 겨울이 긴 동북아시아에서 썩기 쉬운 채소를 오랫동안 보관하면서 먹을 수 있도록 개발해낸 식품인 것이다. 당시에는 무, 오이, 가지, 부추, 죽순, 마늘 등을 소금으로 절이거나 술이나 술 지게미, 소금을 함께 넣어 절였는데, 오늘날의 김치와는 달리 거의 장아찌에 가까웠다.

문헌에 나오는 최초의 김치는, 고려 고종(재위 1213~1259) 때의 문장가 이규보(李奎報)가 지은 〈가포육영〉이라는 시 속에 나오는 것이다.

> 무장아찌, 여름철에 먹기 좋고
> 소금에 절인 순무, 겨우내 반찬 되네.

위의 구절로 보아 고려 시대에 오늘날의 물김치 같은 무소금절이가 있었음을 알 수 있다. 이 밖에 고려 시대에는 나박김치와 동치미도 개발되었다고 한다. 이때 양념으로는 천초(川椒, 산초나무 열매의 껍질), 생강, 귤껍질 등이 쓰였다.

고려 시대의 김치는 원나라에도 전해져, 고려 여인으로서 원나라의 황후가 된 기황후를 중심으로 퍼진 고려양(高麗樣, 원나라에 유행한 고려식 풍습으로 한복, 버선, 신발 등이 원나라의 귀족 문화를 이루었다.)의 하나가 되었다.

김치에 고춧가루를 넣기 시작한 것은 임진왜란 이후의 일이다. 고춧가루를 사용하기 전에는 김치에 맨드라미꽃을 넣어 붉은 색을 띠게 하는 정도였다고 한다.

고추의 원산지는 원래 열대 아메리카로 임진왜란을 전후해 우리나라에 들어왔다.

고추의 등장으로 김치 담그는 방법은 다양해졌다. 고추의 매운 성분이 비린내를 없애주었기 때문에 젓갈류가 양념으로 사용되기 시작한 것이다. 궁중에서는 조기젓, 육젓 등 비교적 비싸고 귀한 것을 넣었고, 민간에서는 멸치젓이나 새우젓을 주로 사용했다.

1715년에 홍만선(洪萬選)이 지은 《산림경제(山林經濟)》에는 오늘날의 김치가 거의 보이지 않으나, 그로부터 50년이 지나 편찬된 《증보산림경제(增補山林經濟)》에는 오늘날의 김치 종류가 거의 다 등장한다. 배추김치, 오이소박이, 동치미, 겨울가지김치, 전복김치, 굴김치 등이 소개되어 있다.

이로 미루어 보아 처음에는 딱딱한 오이나 무 등속만 김치 재료로 쓰이다가 조선 시대 후기에 이르러서야 배추 등 부드러운 재료도 이용하게 되었음을 알 수 있다. 그러고 보면 우리가 잘 먹는 배추김치는 그 역사가 3백 년도 안 되는 셈이다.

김치는 필요할 때마다 그때그때 담가 먹기도 하고, 겨우내 먹기 위해 가을철에 한꺼번에 많이 담그는 김장이 있다. 김장의 종류로는 배추김치, 동치미, 깍두기, 총각김치 등이 있으며, 고춧가루, 마늘, 파, 생강, 젓갈류가 양념으로 들어간다.

김치는 '영양의 집합체'로써 장내 소화를 돕는 유산균 성분까지 들어 있어 현대에 와서 그 진가를 더욱 높이 인정받고 있다.

30. 의병의 활약

→ 임진왜란은 의병(義兵)과 관군, 그리고 명군의 원병으로 승리를 거두었다.

임진왜란은 조선 건국 후 200년 만에 일어난 전쟁이다. 이 전쟁은 사전에 여러 가지 징후를 보였으나 오랫동안 평화를 유지하던 조선에서는 전혀 신경을 쓰지 않았고, 특히 붕당에 의한 국론의 분열로 전쟁에 임했을 때 더욱 어려움을 당하게 되었다.

일본에 의한 과대망상으로 일어났던 임진왜란은 1592년~1598년까지 계속된 전쟁으로 초반에는 일본이 우세하다가, 중반에는 소강상태를 맞이했으며, 종반에는 도요토미 히데요시의 죽음으로 쫓겨나는 일본군에게 철퇴를 내리는 큰 승리를 거두었다.

그러나 초반에도 일본군이 부산에서 서울로 진격하는 기간, 즉 부산진 전투, 동래성 싸움, 이일과 신립의 패배 후에는 우리나라가 전세를 뒤집었다.

초반 열세의 배경으로는 일본군의 조총에 대한 부적응과 국방 대비책의 부진 그리고 장수들의 전략 부족

이순신 영정

을 들 수 있다. 더욱이 신립의 탄금대(彈琴臺) 전투가 패배로 끝나자, 선조는 백성들의 생사는 아랑곳하지 않고 혼자 줄행랑을 쳐버리니 백성들의 사기는 땅에 떨어지게 되었다.

전쟁에서는 수도를 정복하면 항복을 의미하는데, 조선은 그렇지 않은 데다가 온 국민이 벌떼처럼 일어서니 일본도 전략의 차질로 많은 문제에 부닥치게 되었다.

이런 와중에 이순신과 원균(元均)이 남해안에서 왜군의 진입과 군량 수송을 차단하니, 일본의 사기는 떨어진 반면 우리나라의 사기는 올라가게 되었다. 관군이 거둔 임진왜란의 3대 승리는 이순신의 한산도 싸

관군과 의병의 활동

움, 권율의 행주 싸움, 김시민의 1차 진주성 싸움을 말한다.

더욱이 국가가 위기에 처하면 백성들이 앞장을 섰으니, 이들이 바로 의병이다. 의령의 곽재우(郭再祐), 나주의 김천일(金千鎰), 광주의 김덕령(金德齡), 담양의 고경명(高敬命), 금산의 조헌(趙憲), 길주의 정문부(鄭文孚) 등이 자기 고을의 백성과 협력하여 익숙한 자연 지리를 이용하여 때로는 유격전을 전개하기도 하고, 때로는 직접 맞아 싸웠다.

이에 일본인은 식량 부족과 추위, 그리고 의병의 기습에 곤경을 당하게 되자 승기를 우리나라에 넘겨주는 척하면서 계책을 썼다. 그것은 다름 아닌 휴전 협상이었다. 그러나 이것은 우리를 제외한 일본과 명나라의 휴전 협상이었으니 어처구니가 없는 일이다. 일본이 명나라에 '명나라의 황녀를 왜왕의 후궁으로 줄 것, 무역을 재개할 것, 조선 8도 중 4도를 할양할 것, 조선 왕자와 신하들을 인질로 보낼 것' 등의 무리한 요구를 하니 협상은 결렬되었고, 소강상태에 빠졌던 전쟁은 일본의 침략 재개로 다시 발발하니, 이것이 곧 정유재란(丁酉再亂)이다.

정유재란이 일어났을 당시 조선에서는 힘의 대결이 벌어져 이순신이 쫓겨나고 원균이 등장했는데 그의 부대가 칠천량 해전에서 패배하자 한때 승기가 일본에 기우는 듯했으나, 이순신의 재기용으로 명량과 노량에서 일본군을 격퇴하고 도요토미 히데요시의 죽음으로 전쟁은 우리나라의 승리로 끝났다.

임진왜란에서의 해전 승리는 해양국으로의 발전을 꾀하는 우리 민족의 진취적 기상을 보여주는 쾌거였다.

? 알고 넘어가기

〈조헌전서〉에 나오는 의병 모집 통문

만력 20년(1592) 6월 12일에 조헌(趙憲)은 고하노라.

남의 아이들을 고아로 만들고, 남의 아내를 과부로 만드는 것도 나라의 화평을 손상시키고 천재지변을 불러오게 하는 것인데, 민족을 죽이고 백성들의 재산을 불태우면서, 어찌 악(惡)이 극심하면 죄에 죽는 줄을 생각

못하는가?

요즈음 우리 군사를 지휘하는 사람은 그 대부분이 황금 허리띠만 띠고 있을 뿐이며, 교지만 중하게 여길 뿐이다. 영남과 호남 사이를 돌아다니면서 임금과 아버지의 걱정은 알지 못하고, 서울, 경기에 머뭇거리면서 원수들의 군사력만 강하게 만들고 있다. 삼도의 임무를 가지고도 먼저 싸움에 나아간 사람을 구원하지 않고, 한차례 싸우면서 패전한 뒤로는 다시 일어날 기세마저 잃었다.

나는 원하노니 우리 동지의 의사(義士)들은 이 얻기 어려운 기회를 아끼라. 무리들이 활시위를 저들에게 당기면 저들은 스스로 놀라 흩어질 것이고, 백성들은 다시 고향에 돌아와 밭을 갈고 집을 수리하게 될 것이다. 우리가 싸움을 할 때 힘을 다하는 것은 후손들에게 좋은 결과를 끌어내는 업보가 될 것이다.

31. 정문부와 북관대첩비

→ 일본은 러·일 전쟁 중에 임진왜란 중 관군도 아닌 의병에게 당한 치욕적인 패배를 감추려 북관대첩비를 가져가 침략 역사의 상징인 야스쿠니 신사에 그대로 방치하였다.

2005년 10월 20일 오후 4시 12분 인천공항에 도착하여, 드디어 100년 만에 조국의 품안에 무사히 돌아온 북관대첩비(北關大捷碑), 이 역사적인 감격은 우리 민족의 영광이요, 100년 동안 잊고 살아온 민족의 자존심을 되찾은 계기라 할 것이다.

임진왜란이 일어나고 선봉장인 가토 기요마사(加藤淸正)는 함경도 해안선을 따라 북쪽으로 진군하였다. 선조는 의주로 피난을 가고, 선조의 첫째 아들인 임해군(臨海君)은 함경도 회령으로 피난을 갔다. 이때 죄를 짓고 이곳에서 귀양살이를 하던 아전 국경인(鞠景仁) · 국세필(鞠世弼) 숙질(叔姪)이 왜군과 내통하여 임해군을 가토에게 넘겨주고, 그 대가로 일본의 병사(兵使) 벼슬을 얻어 회령과 경성 고을을 다스렸다.

이를 보고 평사(評事) 정문부(鄭文孚)는 의병 100여 명을 모집하여 국경인과 국세필 숙질을 비롯하여 일본과 결탁한 두만강 근처의 친일파들을 모조리 잡아 처형했다. 그러자 정문부를 따르는 의병수가 7천여 명으로 늘어났다. 정문부는 길주성에 머무는 왜군을 공격하러 가다가, 조선 의병이 온다는 소식을 듣고 성을 빠져나오던 왜군을 크게 물리쳤다. 이에 왜군이 길주성으로 들어가자 정문부는 성을 완전 포위하였다. 성안에 갇힌 일본군은 추위에 동사한 사람이 나왔고, 땔감과 군량이 부족하여 길주성을 버리고 마천령으로 넘어가는 적을 쫓아 단천 말티 고개에서 세 번에 걸친 싸움 끝에 왜군을 물리쳤다. 이로써 정문부가 함경도 지방을 왜군으로부터 완전히 회복했는데 이를 통틀어 '북관대첩(北關大捷)'이라 한다. 당시 이들 길주 지역에서의 전투는 정문부 의병대장의 탁월한 지략과 전술에 의해 임진왜란 전쟁사에 길이 남을 만한 큰 승리로 평가받고 있으며, 조선조 숙종 때 이 전투를 기념하여 함경북도 길주에 북관대첩비가 세워졌다.

정문부는 왜군을 몰아낸 후 백성들에게 공평한 세금과 부역을 부과하면서 어려운 백성들을 살피는데 힘썼다. 원래 함경도는 이징옥(李澄玉)과 이시애(李施愛)가 반란을 일으킨 후에 중앙으로부터 차별을 많이 받아 의병이 일어나기 어려운 지역이었다. 그러나 정문부의 신망을 바탕으로 의병이 일어났고, 왜군을 물리칠 수가 있었던 것이다.

정문부는 임진왜란 이후에 장례원판결사, 호조참의, 예조참판, 동지 중추부사 등의 벼슬을 했으며, 1615년 병조참판에 임명되었으나 당시의 당쟁에 몰두하는 정치를 비판하며 거절했다. 1624년에 이괄(李适)의 난 때 윤탁연(尹卓然)의 모함으로 모진 고문을 받던 중 이를 견디지 못하고 60세의 일기로 끝내 숨을 거두었고, 후에 신원되어 좌찬성(左贊成)에 추증되었다.

일본은 러·일 전쟁 중에 임진왜란 중 관군도 아닌 의병에게 당한 치욕적인 패배를 감추려 북관대첩비를 가져가 침략 역사의 상징인 야스쿠니 신사에다 그대로 방치하였다. 역사를 왜곡하는 일본의 속내를 그대로 드러내는 행위이다. 우리나라의 영광과 아픔을 간직했던 북관대첩비뿐만 아니라 해외에 유출된 7만4천여 점의 소중한 우리 문화재가 하루빨리 돌아와야 할 것이다.

32. 조선 통신사

→ **임진왜란 이후 일본에 문화를 전해주기 위해 파견된 사절단이다.**

전쟁이 끝난 뒤 조선과 일본의 외교는 단절되었다. 따라서 경제적으로 큰 타격을 받은 쓰시마 도주가 우리나라와의 무역 재개를 요청해 왔다. 도쿠가와 막부에서도 포로로 잡아간 조선인을 보내주면서 통상을 요청하였다. 이에 조선 정부는 승려인 사명대사를 보내 조선인 포로를 돌아오게 하고 외교 협상을 한 뒤에 선조 40년(1607)에 국교를 재개하였다. 이후 조선은 일본에 통신사(通信使)를 파견하여 조선과 일본은 19

세기에 일본에서 메이지 유신이 일어나 막부 정권이 무너질 때까지 평화적인 관계를 지속하였다.

그러나 일본 사신들은 서울로 올라오지 못하게 하고 동래에만 머물도록 제한하였다. 우리나라의 통신사가 일본에 파견된 횟수는 12회나 되었다. 통신사 일행은 대표인 정사를 포함하여 300명에서 500명 내외로에도 막부로부터 국빈(國賓)으로 대접받았는데, 통신사 영접은 막부의 가장 크고 성대한 의식이었다.

이 사실은 통신사 일기와 함께 일본 측에서 그려놓은 현존하는 40미터 내외의 원색 두루마리로 된 통신사 행렬도에서도 엿볼 수 있다.

그러나 일본으로 가는 통신사는 그리 환영받지 못했다. 중국으로 가는 사행길은 육지길이라 위험하지도 않았으며, 중국의 발달된 문화와 귀중한 책자를 가져올 수 있는데 비하여, 일본은 위험한 뱃길에다가 우리가 얻을 만한 것이 없었기 때문이었다.

조선 통신사는 오사카와 같은 큰 도시에서는 보통 6~7일을 머물렀는데, 상업이 발달한 지역이기에 문화에 관심이 많았던 지역이었다. 그리하여 자신들보다 선진문화를 지닌 조선 학자들에게 유학과 시문(詩文), 그림, 서예 등을 배우기 위해 통신사가 머무는 객사에 줄을 서서 기다리곤 하였다. 신유한(申維翰)이 쓴 기행문인 〈해유록(海遊錄)〉에 '통신사들은 새벽닭이 울 때까지 잠을 못 자는가 하면 배우고자 하는 사람이 많아 밥을 먹지 못할 지경이다.'고 할 정도로 많은 일본인이 우리나라의 문화를 배우려고 하였다.

33. 양반의 증가

→ **양반의 숫자는 그리 많지 않아 조선 초기에는 전체 인구의 3~4%에 지나지 않았다.**

양반이란 오늘날 점잖고 예의바른 사람을 일컫는 말로 널리 쓰인다. 또한 나이 든 남자를 일컫는 일반 호칭으로도 쓰이고 있다.

그렇다면 양반은 어떤 사람을 지칭하는 것이며 언제부터 사용되기 시작한 말일까?

양반은 고려, 조선 시대의 지배 계층을 가리키는 말로, 문반(文班)과 무반(武班)의 두 반열을 통칭한다. 이러한 관제상의 문·무반이라는 의미의 양반 개념은 양반 관료제를 처음으로 실시하기 시작한 고려 시대 초기부터 있었다.

훗날 문반과 무반은 조회(朝會)를 받을 때 남쪽을 향해 앉은 국왕에 대하여 동쪽에 서는 반열인 문반을 동반(東班), 서쪽에 서는 무반을 서반

(西班)이라고 부르기도 했다.

조선 시대 초기만 해도 양반은 고려 시대와 같은 뜻으로 문·무반 관직자를 가리키는 말이었으나, 이후에는 '벼슬할 수 있는 신분'이라는 의미로 바뀌게 되었다.

조선 초기에 양반 계층은 전 인구의 3~4퍼센트 정도에 지나지 않았다. 이 당시 양반은 4민(四民), 즉 사(士), 농(農), 공(工), 상(商) 가운데 사족(士族) 곧 선비에 해당되었다. 이들은 대개 유학(儒學)을 직업 삼아 공부하면서 관리가 되고자 노력하는 지식층이었다.

양반들에게는 기득권(旣得權)이 많이 부여되었다. 높은 벼슬길에 나아가 권력을 잡을 수 있었으며, 조세 혜택 등 경제적인 이득도 많았다. 그러자 이들은 기득권을 계속 유지하면서 평민, 천민과 차별화하기 위하여 가계(家系)별로 족보(族譜)를 만들기 시작했다. 서자로 태어난 사람을 차별한 것도 양반의 숫자가 늘어나는 것을 막기 위한 방책이었다. 그러다 보니 자연히 조상의 가문과 혈통을 중시하게 되었던 것이다.

이러한 양반 개념은 조선 후기에 이르러 크게 변화했다. 즉 납속책(納粟策, 군량 등 궁핍한 국가 재정을 메우기 위해 돈이나 물건을 내게 하고 그 대신 관직을 주거나 신분을 해방시키거나 형을 감면해주는 정책), 공명첩(空名帖, 궁핍한 국가 재정을 보충하거나 빈민을 구제하기 위하여 국가에서 명예직을 팔아 이에 충당하려는 목적으로 실시한 제도로, 그 명예직이 쓰여 있는 임명장), 관직 매매, 족보 위조 등을 통하여 양반의 수가 크게 증가했다. 그래서 '돈이 양반이다.'라는 말이라든가 '양반이면 다 같은 양반인 줄 알아!' 하는 등 양반을 얕잡아보는 말이 나돌 정도였다.

이렇게 숫자가 계속 늘어난 양반은 점점 세분화되었다. 즉 대가(大家),

세가(世家), 향반(鄕班), 잔반(殘班) 등이 그것이다. 나라에 공로가 없다거나 벼슬을 하지 못한 양반은 제대로 대우를 받지 못했으며, 조선 후기에 이르러 잔반, 곧 몰락 양반들이 민란(民亂)을 주도하기도 했다. 또한 이들을 중심으로 동학(東學, 천도교)과 서학(西學, 천주교)이 널리 유행하게 되었다.

특히 잔반은 평민이나 천민들에게 관직이나 족보를 팔기도 했는데, 잔반들의 이러한 양반 매매 행위로 양반이 급격히 늘어났다.

서자처럼 멸시와 차별을 받은 계층으로 중인을 들 수가 있다. 중인은 넓은 의미로는 양반과 상민의 중간 계층으로 조선의 통치 체제 속에서 지배층의 말단을 차지하였다. 중인은 좁은 의미로는 기술직 관리만을 뜻한다. 넓은 의미의 중인은 15세기부터 형성되어 조선 후기에 이르면 하나의 독립된 신분층으로 나타났다. 중인들은 관청과 가까운 곳에 거주하였으며 자손 대대로 직역을 세습하였다. 중인은 대개 통역이나 의술 등 전문 기술이나 행정 실무를 담당하였다. 특히 통역을 담당하는 역관들은 중국을 왕래하면서 밀무역을 통해 많은 돈을 벌어 조선 후기에 큰 부자가 많이 나왔다.

이 당시 양반이 어느 정도로 급격히 증가했는가는 다음 자료를 보면 알 수 있다.

일본 사람 시카다가 조사한 대부분 호적 조사에 따르면 1760년에 9.2퍼센트이던 양반 호(戶)가 그로부터 백 년쯤 뒤인 1858년에는 70.3퍼센트로 대폭 늘어났다.

김영모(金泳謨) 교수가 조사한 신분 변화의 자료를 보면, 1684년에 4.6퍼센트이던 양반 호가 약 2백 년 뒤인 1870년에는 0.8퍼센트로 감소한데 비해 준양반 호가 14.8퍼센트에서 41.7퍼센트로 증가했다고 나온다.

양반은 1894년의 갑오개혁(甲午改革)으로 신분제가 타파되면서 공식적으로는 사라졌지만, 그 관습은 1945년 해방이 될 때까지 계속 남아 있었다.

34. 교육 제도

→ 사립 초등 교육기관인 서당을 졸업하면 지방 학생은 향교로 진학했고, 서울 학생은 사부학당으로 진학했다.

서당은 지금의 초등학교와 같은 교육 기관이다. 오늘날 초등학교를 졸업하면 중학교에 진학하듯이, 옛날에는 서당을 졸업하면 지방 학생은 향교(鄕校)로, 서울의 학생은 사부학당(四部學堂)으로 진학했다. 향교는 지방에 설립된 관학 교육 기관으로 지금도 지방에 가면 조선 시대의 향교가 많이 남아 있다.

고려 인종 5년(1127) 3월에 '제주(諸州)는 학교를 세워 널리 교도하라.'는 조서가 내려졌다고 《고려사》에 기록되어 있는 것으로 보아 이때부터 향교가 설립되기 시작한 듯하다.

향교에는 문묘(文廟)와 명륜당(明倫堂)이 있다. 문묘는 공자 등 선현을 모시는 제사 기능을 가졌으며, 명륜당은 학생들이 유학(儒學)을 배우고 연구하던 곳이다.

이러한 기능은 조선 시대 향교에도 그대로 계승되었다. 학생의 수는 부·목에 90명, 도호부(都護部)에 70명, 군에 50명, 현에 30명으로 정하

최초의 서원인 백운동서원이 사액으로 받은 현판 소수서원

고 직원으로는 교수(敎授)와 훈도(訓導) 각 1명과 교예(校隷)가 있었다. 향교의 입학 자격은 양반의 자제 또는 향리로서 16세 이상을 원칙으로 하나, 16세 이하가 입학하기도 하였다.

교육과정(교과서)은 《소학(小學)》, 사서인 《논어(論語)》, 《맹자(孟子)》, 《중용(中庸)》, 《대학(大學)》과, 오경인 《시경(詩經)》·《서경(書經)》·《역경(易經)》·《예기(禮記)》·《춘추(春秋)》가 주였고, 《근사록(近思錄)》 등이 추가되기도 했다.

향교의 모든 교육 활동을 평가하는 책임은 수령과 관찰사가 맡고 있었는데, 여기에는 학생들의 성적 평가도 포함되어 있었다. 수령은 학생의 일과와 학습 결과를 매월 말에 관찰사에게 보고하고, 관찰사는 시험을 치르게 하여 학생을 평가함과 동시에 교사의 근무도 평가했다.

향교의 운영 경비는 국왕이 하사한 학전(學田)과 이 밖에 지방의 유지로부터 희사받은 기부금으로 사들인 땅과 어장, 산림 등의 수세(收稅)로써 충당했다. 이에 따라 향교의 학생들은 수업료를 내지 않아도 되었다.

그러나 조선 중기 이후 향교는 서원이 생겨나면서 쇠퇴의 길로 접어들었다. 그 뒤 향교는 교육 기관으로써의 기능을 잃어버리고, 선현을 모시는 문묘로써의 기능만 가지게 되어 지금까지 남아 있다.

한편 서울에 설립된 사부학당은 고려 시대의 오부학당이 발전된 것이다. 《고려사》에 '원종 2년 3월에 동서학당을 세워 별감을 두어 학문을 가르치며 지도했다.' 고 기록되어 있는 것으로 보아 고려 후기에 설립되었음을 알 수 있다. 그러나 이것은 강화도에 설립된 것이고, 개경에는 원종 13년(1272)에 세워졌다. 이후, 고려 말기 공양왕 3년(1391)에 정몽주(鄭夢周)의 건의로 동서남북과 중앙에 오부학당이 세워졌다고 《고려사》에 전해진다.

학당은 향교와 달리 문묘로써의 기능은 없었고, 학생을 교육하는 기능만 있었다. 고려 시대의 오부학당이 조선 시대에도 계승되어, 비로소 세종 때에 사부학당이 완전한 모습을 드러냈다. 이 사부학당은 다른 말로 사학(四學)이라고도 했다.

교육 내용은 향교와 동일하고, 직원으로는 교수 2명과 훈도 2명이 있었으며, 주로 성균관 직원이 겸임하였다. 학생 정원은 100명이며 입학 자격은 10세 이상의 양반과 서민의 남자아이로 제한되었다. 수업료는 향교와 마찬가지로 무료였으므로 나라에서 교육비 조달을 위해 학전을 지급했다. 학생들은 5일마다 시험을 치렀으며, 매월 시험도 치렀다. 일 년 동안의 성적이 왕에게까지 보고되었다고 한다.

이들 학당은 입학하는 학생의 수가 정원보다 적었다고 하는 기록으로 미루어 교육 활동은 다소 부진했던 것으로 보인다. 그 뒤 임진왜란 때 불에 탄 학당 건물을 다시 지었으나 학생 수가 줄어듦에 따라 유명무실해졌다.

향교나 사부학당의 학생 중 우수한 학생에게는 생원 및 진사과의 복시(覆試)에 응시할 자격이 주어졌다.

! 교육 제도의 변천

		중앙	지방	기타
삼국 시대	고구려	태학	경당	
	백제	의박사, 역박사, 오경박사를 두어 교육		
	신라	청소년 교육 단체로 화랑도에서 교육(세속오계)		
남북국 시대	통일신라	국학		
	발해	국자감		
고려		국자감	향학	사학(私學)의 발달 – 최충의 문헌공도를 비롯한 12도가 있음
조선		성균관(최고학부) – 사부학당(중등교육기관)	향교(중등교육기관) – 서당(사립초등교육기관)	지방에 서원발달(최초의 서원 – 주세붕의 백운동서원)

35. 경제 조직

→ 대출하는 곳으로 고리대금과 전당포가 있으며, 예금하는 곳으로는 전재가(廛在家)가 있었고, 대출과 예금을 함께 하는 곳으로는 객주(客主)가 있었다.

돈을 필요로 하는 사람에게 빌려 주거나 여유 있는 사람이 이자를 받기 위하여 맡겨 두는 장소를 은행(銀行)이라 한다.

철기 시대 이후 화폐의 대종을 이루던 것은 은(銀)이었다. 이 때문에 은본위(銀本位) 제도가 널리 자리를 잡게 되었고, 은 자체가 화폐와 동일시되어 '돈행'이 아닌 '은행'이 된 것이라 한다.

옛날에도 은행이 있었을까? 금융의 대표적인 형태는 고리대금(高利貸金)이다. 고리대금이 발생한 원인으로는 과중한 세금의 부담을 들 수 있다.

전 근대사회에서 고리대금은 소농민, 수공업자, 노비 등의 잉여 생산물을 수탈하는 수단으로 이용되었다. 빌려 주는 것은 쌀과 베였는데, 쌀인 경우 흔히 장리(長利)로 불렸다.

우리나라에서는 고려 시대부터 고리대금이 성했다. 자비(慈悲)를 행해야 할 승려가 불보(佛寶)의 전곡(錢穀)을 각 주군(州郡)에 나누어 주고 장리 행위를 하여 백성들을 괴롭혔다. 고리대는 사찰, 국가의 공공기관, 왕실, 관료들이 행했다. 심지어는 국가에서 빈민 구제를 목적으로 설치했던 의창(義倉) 또는 흑창(黑倉)과 상평창(常平倉)까지도 고리대금 행위를 하였다.

은행 업무를 했던 또 다른 곳으로 전당포(典當鋪)와 객주(客主)를 들 수 있다. 전당포는 물품, 유가증권 등 유가물(有價物)을 보관하고, 이를 담보로 하여 자금을 빌려주고 이자를 얻는 금융 기관이었다. 전당이라는 어원에 관하여 중국의 기록은 《삼국지(三國志)》에서 볼 수 있으며, 우리나라 역사상에 전당이라는 용어가 보이는 것은 고려 시대부터다.

이때는 인신(人身)을 채무의 담보로 하여 생계의 수단으로 이용했다. 그리하여 인신의 전당에 의한 대차 관계를 방지하기 위하여 충렬왕 3년(1308), 충숙왕 5년(1318), 공민왕 1년(1352)에 각각 인신의 전당에 대한

금령을 반포하고 있다. 그러므로 이때부터 인신의 전당에서 물품의 전당으로 바뀌었으리라 추정된다.

그 이후 근대적·전업적 전당업이 발생한 것은 조선 후기 이후의 일이며, 전당포가 발전하는 계기가 된 것은 갑오개혁이었다. 당시의 군국기무처의 개혁안이나 홍범 14조 개혁안의 대부분이 전당업 발달의 전제 조건이어서 갑오개혁 이후 종래 대금업자와 상공업자의 겸업 내지 부업이었던 전당업이 분리하여 독립하는 경향을 가지게 되었으며, 1898년 11월에 전당업에 관한 법규가 처음으로 제정되었다.

객주는 기원이나 유래는 확실하지 않지만, 고려 시대부터라고 추정된다.

본래 객상주인(客商主人)이란 뜻으로 물상객주(物商客主)와 보행객주(步行客主)의 두 종류가 있다. 그 중에서 물상객주가 금융 기관의 역할을 했다. 이들은 입체(立替), 대부(貸付), 어음(於音) 발행과 인수, 환표(換票, 지금의 수표와 비슷함)의 발행·인수·예금 등의 금융 업무를 담당하여 자본을 축적함으로써 개항 후 새로운 자본 계급을 형성하게 된다.

돈을 맡겨 두는 곳도 있었다. 대개 전재가(廛在家)에 맡겼으며, 특별한 거액(巨額)은 제일 큰 재가인 선전재가(縇廛在家), 백목전재가(白木廛在家)에 맡겼다. 이때에 이자는 없었으며, 재가에서 그 돈으로 장사하여 이익이 많으면 물품으로 선사를 많이 하였다. 돈을 맡기면 재가에서는 유치표를 써주었다. 예를 들면 액면 중간에 '선전재가조(縇廛在家組)'인 (印)을 찍는다. 그런 뒤에 액면 중간을 분할하여 오른쪽 반분은 재가에서, 왼쪽 반분은 돈을 맡긴 사람이 가져갔다. 또한 예전에는 사문서에 붉은 인주를 쓰지 않고 솜에다 먹물을 놓고 치유(稚油)를 부어 사용하므로 빛이 누르스름했다. 도장은 정방형이고, 전서로 '○○廛在家之組'라고 양각한 것이고, 수결(手決)은 사람마다 다른 것이 현대인의 사인(sign) 제도와 똑같으며, 유치표에 수표를 하는 것도 지금 은행의 책임자가 서명 날인하는 제도와 같으나 다만 성만 쓰고 이름은 쓰지 않았다. 출금표의 예는 예금한 사람의 도장이 있으면 액면에 찍는다. 이것도 유치표와 같이 액면에 반할하여 왼쪽은 재가에 두고 오른쪽은 지참인이 가져다가 전주(廛主)에게 준다. 출금표를 받은 사람은 그 수표가 정확한 것인가 전주에게 물어본 뒤에 돈을 내었다. 이때 돈에 대한 숫자는 본자(本字)를 쓰지 않고 별자를 사용했다. 즉, 일(壹), 이(貳), 삼(參), 사(肆), 오(伍), 륙(陸), 칠(柒), 팔(捌), 구(玖), 십(拾), 백(佰), 천(仟)으로, 만(萬) 등의 본자를 썼다.

우리나라에 근대적 은행 제도가 도입된 것은 1878년 부산에 일본 제일은행이 들어오면서부터다. 이때부터 민족 자본으로 생겨난 은행이 곳곳에 생겨났는데 1897년의 한성은행(지금의 조흥은행), 1899년의 대한천일은행(지금의 상업은행) 등이 그것이며, 1909년 10월에는 우리나라 최초의 중앙은행인 한국은행이 설립되었다.

? 알고 넘어가기

옛날에도 가게가 있었을까?

▶ 조선 시대에 이미 가게가 있었으며, 이전에는 장시에서 난전(亂廛)을 하였다.

가게는 조선 시대 태조 1년(1392)에 서울에 처음 설치되었다. 이 말은 본래 한자어 '가가(假家)'에서 온 말이다. 가가(假家)란, 제대로 지은 집이 아니라 임시로 지은 가건물을 가리키는 말이다. 조선 시대 종로의 저잣거리로 유명한 종로통에 관청 물품을 조달하는 지금의 도매상인 전(廛)과 조금 큰 상점인 방(房), 그리고 소매상인 가가(假家)들이 많았는데, 이 가가들은 번듯한 상점이 아니라 허름하게 임시변통으로 지어

놓은 가건물들이었기에 여기서 나온 이름이다.

그러나 반론도 있다. 원래 '가개' 가 쓰이다가 '가가' 로 바뀌고, 또 '가게' 로 바뀌었을 때에 '가가' 나 '가게' 를 한자로 적으려고 그것을 취음하여 '가가(假家)' 를 끌어다 쓴 것이라는 주장이다. '가가(假家)' 는 '가게' 라는 뜻보다는 임시로 지은 집이라는 본뜻대로 쓰이는 것을 20세기에 들어서 《조선어사전》(1938년)에 '가게' 의 뜻으로 쓰인다고 한 것이다.(정재도, '국어사전 바로잡기')

실제로 농가월령가 10월령에 양지에 '가가(假家) 짓고 짚에 싸 깊이 묻고' 라는 가사가 나오고, 임진왜란 때 한양으로 돌아온 선조가 환도한 후 경복궁에 가가(假家)라도 지을 것을 명하였다는 기록이 있는 것으로 보아 어느 정도 타당성이 있는 주장이다.

이전에는 장시를 중심으로 난전이 벌어졌다. 조선 시대에 들어서서 서울에서는 육의전(六矣廛)과 시전상인들에게 국가에서 필요로 하는 물건을 납품하는 대신에 난전을 금하는 금난전권(禁難廛權)이라는 특권을 부여함으로써 상공업의 발전을 가로막았다. 그리하여 조선 중기 이후에 잉여 농산물이 생기면서 장시가 들어섰고, 이곳을 중심으로 보부상들이 활동을 했다. 보상은 상품을 보자기에 싸서 들고 다니거나 질빵에 걸머지고 다니며 판매하였고, 부상은 지게에 얹어 등에 짊어지고 다니면서 판매했다. 이에 따라 보상을 '봇짐장수' 부상을 '등짐장수' 라고도 했다.

부상의 기원은 고대사회에서부터 비롯된 것으로 보이나 부상단(負商團)이 조직된 것은 조선 초기이다. 상점 점포가 발달하지 않았던 조선 시대에 행상은 상품 유통의 주된 담당자였다. 장시(場市)가 없었던 조선 초기 행상은 촌락을 돌아다니며 매매하였고, 장시가 발생한 이후에는 점막(店幕)에서 잠을 자고 5일마다 열리는 장날에 맞추어 장시를 순회하면서 매매했다. 객주가 발생한 이래에는 객주를 주인으로 삼고 긴밀한 유대관계를 유지했다.

보부상은 단체를 이루어 행상 활동을 조직적으로 영위하기도 했다. 보부상단은 거부(巨富)에 의해서, 또는 영세한 행상들의 자구적인 노력에 의해서 조직되었다. 보부상의 조직에서 가장 특징적인 것은 민주적인 투표를 통해 임원을 선출하였고 안건 심의를 위해 정기총회를 개최하였다는 사실이다. 보상단은 1879년에, 부상단은 1881년에 정부의 주도에 의하여 전국적인 조직을 결성하기에 이른다. 1883년에는 혜상공국(惠商公局)6을 설립하여 보상과 부상을 완전 합동하여 관장하게 했다.

1885년에는 혜상공국이 상리국(商理局)7으로 전환되면서 부상단은 좌단(左團), 보상단은 우단(右團)으로 재정비되었다.

정부가 이처럼 보부상단의 활동에 직접 개입한 것은 행상업을 관장하고 장시세(場市稅)와 같은 상품 유통세를 징수하기 위해서였다.

한편 보부상은 정부의 보호를 받음으로써 관리의 수탈을 피할 수 있었고, 전국적인 조직으로 발전함에 따라 보부상의 지역 조직이 한층 강화되고 보부상단의 가입자도 증가했다. 그러나 1895년 상리국과 각 도의 임방을 폐지한 이래 보부상의 세력은 약화되었다. 이즈음의 보부상은 보수적인 집단으로 자리했는데, 갑오 농민전쟁 때에는 농민군과 대립했는가 하면, 황국 협회가 독립 협회를 분쇄하는 데 관여하기도 했다.

서울에서 상공업이 발달한 시기는 대동법 실시 이후이다. 대동법의 실시는 특산물을 현물로 내는 대신에 쌀이나 베, 돈으로 내게 하는 제도이다. 그리하여 국가에서 필요로 하는 물건을 전문적으로 납품하는 상인이 나타났으니, 바로 공인(貢人)이다. 공인의 등장으로 상공업이 발달하게 된 것이다. 또한 정조 15년(1791)에 실시한 육의전을 제외한 시전상인들의 금난전권을 폐지했기 때문이다. 금난전권의 폐지로 상품 · 화폐 · 경제가 발달하는 계기가 되었다.

36. 광공업의 발전

→ 조선 후기에 들면서 자기 자본을 바탕으로 수공업과 광산을 개발하는
  사람들이 늘어났다.

조선 전기의 수공업은 관청에 등록되어 왕실과 관청에서 필요로 하는 물품을 생산하는 관영수공업 체제였다. 수공업자는 농민들이 부담하는 전세, 역, 특산물 대신에 직접 부역을 하여 물건을 생산했던 것이다. 부역 기간이 끝나면 일반 백성들이 필요로 하는 물건을 생산할 수도 있었지만, 그 발달은 아주 미미했다.

17세기에 접어들면서 관청에서는 민간수공업자를 고용하는 방법으로 물품을 제조하게 되었으므로 점차 민영수공업으로 서서히 바뀌어 가고 있었다. 민영수공업자들은 면포를 장인세로 납부하고 부역을 면제받았다. 그들은 자신의 기술력에 의하여 경쟁력이 살아났으므로 왕실이나 관청에서 필요로 하는 물건들을 생산하여 납품하는 형태로 바뀌게 되었다. 이러한 흐름에 맞추어 나라에서도 장인들을 등록하던 공장안을 폐기하여 완전하게 민영수공업체제로 전환되게 되었다. 민영수

공업이 발달하는 초기에는 상인들에 의하여 지배를 받는 선대제수공업이 이루어졌다. 그러나 18세기 후반에 자기 자본으로 물건을 생산, 공급하는 자영수공업으로 성장하였다. 이들은 대동법의 실시와 소비가 증가하면서 소비자들의 만족도를 높여 자신의 브랜드 가치를 향상시킴으로써 조선 후기의 새로운 경제 세력으로 등장하였다.

조선 초기의 광업은 국가가 직접 경영하였으므로 개인적으로 광업 개발을 허가하지 않았다. 국가에서 필요로 하는 광산물을 광산 인근의 백성들을 역으로 동원하여 채취하게 하였다. 그러나 땅 속으로 들어가 작업하는 광부들의 위험이 높아 이를 거부하는 백성들이 많아졌다. 이에 따라 나라에서는 개인적으로 광산을 개발하는 것을 허가하였다. 이들은 '설점수세(設店收稅)'라고 하여 광산을 개인적으로 개발하는 대신에 나라에 세금을 내는 방식이었다. 개인 광산업자는 청나라와의 무역에서 은의 수요가 많아지자 은광을 개발하였고, 18세기 중엽 이후에는 금광도 개발하였다. 세금을 내지 않고 광산을 개발하는 잠채(潛採)도 이루어졌으며, 상인의 자본을 끌어들여 광산을 개발하는 덕대(德大)도 나타났다. 이들은 농업기술의 발달로 일터를 잃은 농민들을 노동자로 고용하여 광산을 개발하였다.

37. 광해군의 외교 정책

→ 광해군(光海君)은 명나라와 청나라의 복잡한 국제관계 속에서 자주적이고 이익을 얻는 외교를 펼쳐 전쟁이 일어나는 것을 미리 막았다. 이 밖에 대동법 실시, 호패법 실시 등 국가 경제를 튼튼히 하고 국민들의 생활을 안정시키는 등 많은 업적을 남겼다.

조선 시대 27명의 왕계표를 보면 묘호가 없는 왕이 2명이 있다. 곧 10대 연산군(재위 1494~1506)과 15대 광해군(재위 1608~1623)이다. 연산군은 왕위에서 쫓겨날 만한 여러 가지 이유가 있었다고 하지만, 광해군은 별다른 이유가 없었다. 오히려 왜란 이후에 왕권과 국력을 공고히 하고자 노력했던 왕이었으며, 왜란 중에는 분조(分朝, 임시로 의주의 행재소에 기거하던 원조정의 선조와 별도로 두었던 조정)의 책임자로 맹활약을 하였다.

왜란 중에 그의 활동은 관군을 동원하여 왜군을 무찌르는가 하면, 함경·전라도 등지에서 의병을 모집하고 독려하면서 민심을 수습했으며, 군량미의 조달 등으로 왜란의 수습을 위해 힘썼다. 바로 이때에 광해군은 세자가 되었던 것이다.

그러나 세자가 된 광해군에게는 왕위에 오르기에 앞서 두 가지 해결해야 할 난관이 기다리고 있었다. 첫째는 광해군이 선조의 둘째 아들이라는 점이었다. 즉 광해군에게는 임해군이라는 형이 있었다. 그러나 임해군은 성질이 난폭하여 민심이 광해군에게로 돌아갔다. 당시에 영의정이며 임진왜란이 일어났을 때 총지휘자였던 유성룡(柳成龍)의 《서애문집(西厓文集)》에 '선조가 피난을 가자 서울 사람들이 여러 왕자의 궁을 모두 불태웠지만, 광해군의 궁만은 태우지 않았다.'고 기록된 것으로 알 수 있다.

두 번째 난관은 선조의 후비인 인목 대비(仁穆大妃) 김씨가 적자인 영창 대군을 낳음으로써 서자인 광해군의 왕위 계승에 논란이 생기게 된 것이다. 이러한 난관을 뚫고 왕위에 오른 광해군은 왕권을 위협하는 요소인 임해군과 영창 대군을 제거하기에 이르렀다.

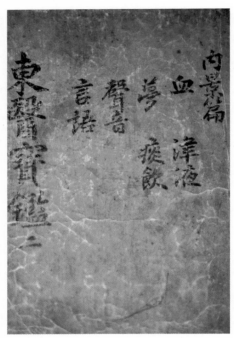

내경편
血 혈
夢 몽
聲音 성음
津液 진액
痰飮 담음
言語 언어

東醫寶鑑 二

동의보감 표지

일단 왕권을 안정시킨 광해군은 제일 먼저 민심을 수습하는 데 나섰다. 당시에 농민에게 가장 부담스러웠던 공납의 폐단을 시정하여 공물 대신 현물로 세금을 바치게 하는 대동법을 경기도에 시험적으로 실시했다.

그러고 나서 외교에 관심을 돌려 쇠퇴하는 명나라 대신 중국의 새로운 지배 세력으로 등장한 후금에 대하여 등거리 외교를 펼침으로써 전쟁을 막았다는 점이다. 후금의 침입을 받고 속수무책이던 명나라는 조선에 구원군을 요청했다. 이때 광해군은 임진왜란 때의 의리로 구원군을 보내주긴 했지만 구원군의 총사령관인 강홍립(姜弘立)에게 적당한 시기가 되면 후금에 항복하면서 구원병이 온 뜻을 정확히 전달하라고 특명을 내렸다. 이것은 약소국이 강대국에게 취한 실리적인 외교라 할 수 있다.

광해군을 내쫓고 왕위에 오른 인조(仁祖)가 시대착오적으로 친명 외교를 펼치는 바람에 정묘호란(丁卯胡亂)과 병자호란(丙子胡亂)이 야기되었으니 광해군의 외교 전술이 적절했다고 할 수 있다.

광해군의 외교 · 민생 안정책과 더불어 《신증동국여지승람(新增東國輿地勝覽)》의 찬술, 《동의보감(東醫寶鑑)》 편찬의 문화적 업적과 인경궁(仁慶宮) · 경덕궁(慶德宮)의 개축, 성곽과 병기의 수리, 호패법의 실시 등 여러 분야에서 많은 업적을 남겼다.

광해군의 많은 업적, 특히 당시의 미묘한 국제관계 속에서 자주적이고 중립적인 실리 외교를 펼친 점은 더욱 빛난다고 할 수 있으며, 광해군에 관한 그릇된 평가도 다시 생각해봄 직하다.

광해군의 중립 외교 정책을 알 수 있는 내용이 《인조실록(仁祖實錄)》 중 '인목 대비 교서'에 보인다.

인조 원년 3월 우리나라가 중국 조정을 섬겨온 것이 2백여 년이다. 의리로는 군신이며 은혜로는 부자와 같다. ……(중략)……

임진년(1592)에 입은 은혜는 만세토록 잊을 수 없는 것이다. 광해군은 배은망덕하여 천명을 두려워하지 않고 속으로 다른 뜻을 품고 오랑캐에게 성의를 베풀었다. 기미년(1619) 오랑캐를 정벌할 때는 은밀히 장수를 시켜 동태를 보아 행동하게 하였다. 끝에 전군이 오랑캐에게 투항하게 함으로써 추한 소문이 세상에 펼쳐지게 되었다. 뿐만 아니라 황제가 자주 칙서를 내려도 구원병을 파견할 생각을 하지 않았다. 예의의 나라인 삼한으로 하여금 오랑캐와 금수가 되게 하였으니, 어찌 통분함을 이루 다 말할 수 있겠는가?

38. 병자호란의 원인과 결과

→ 주전론자(主戰論者)들은 명나라를 버리는 것은 예의와 삼강을 잃는 것으로 명분과 의리가 중요하다고 생각했으며, 주화론자(主和論者)들은 현실적으로 냉철한 판단을 거쳐 전쟁의 피해를 최소화하는데 힘을 썼다.

서인에 의하여 광해군이 쫓겨나고 인조가 즉위하는 '인조반정'이 일어났다. 인조반정 후에 조선의 외교 정책은 명나라와 후금 사이에서 펼치던 '중립 외교'에서 '친명배금 정책'으로 바뀌었다.

이에 후금은 조선을 의심하고 인조반정에 참여했던 이괄(李适)이 반란을 일으켰다가 후금으로 도망가면서 사회가 혼란해지자, 인조 5년(1627)에 압록강을 건너 황해도 지역까지 쳐들어왔다. 이를 정묘호란이라고 한다. 후금의 군사력은 조선을 무력으로 정복할 정도가 못 되었다. 후금은 '후금군은 평산을 넘지 않으며, 맹약 후 후금은 즉시 철병하고, 철병 후 다시 압록강을 넘어서지 말 것이며, 양국은 형제국이 되며, 조선은 후금과 화약을 맺되 명에 적대하지 않을 것' 등의 화의를 맺고 후금으로 되돌아갔다.

황타이지(태종)는 내몽골을 정복하면서 국력을 키우고 난 뒤 스스로 황제라 칭하고, 국호를 후금에서 청으로 바꾸었다. 태종은 조선에 임금과 신하의 관계를 맺으며 왕자와 대신, 주전파를 주창하는 자를 인질로 보내 사죄할 것을 요구하였다. 조선 정부가 이를 거절하자 청나라의 태종은 인조 14년(1636)에 10만여 명의 군사를 이끌고 다시 쳐들어왔다. 인조가 남한산성으로 들어가 힘써 싸웠으나 전세가 불리하자 홍서봉(洪瑞鳳), 최명길(崔鳴吉), 이경직(李景稷) 등이 국서를 오랑캐 진영에 전하고 그동안 명과의 명분과 의리 때문에 일이 이 지경에 이르렀음을 알리고 대국을 신하로서 섬기며 김류와 더불어 화친을 주장하였다.

더구나 강화도로 피난 갔던 봉림 대군(鳳林大君), 빈, 재신들이 포로가 되자 인조는 삼전도에서 청 태종에게 항복하였다. 인조는 청나라와 싸움을 주장한 삼학사(三學士: 오달제(吳達濟), 홍익한(洪翼漢), 윤집(尹集))을 청나라로 압송하였으며, 김상헌(金尙憲)은 자결하였다.

주전론(主戰論)을 주장한 김상헌 등은 명분과 의리를 지켜 끝까지 싸워야 한다고 했다. 청나라에 항복을 하든 싸워서 멸망하든 둘 다 조선이 멸망하기는 마찬가지이며, 힘든 상황이라고 명나라를 버리는 것은 예의와 삼강을 잃는 것으로 명분과 의리가 중요하다는 것이 김상헌을 비롯한 주전론자들의 주장이었다. 그러나 이들의 주장은 현실성이 떨어지는 것이었다.

반면에 주화론(主和論)자인 최명길은 군사적으로 청나라의 상대가 되지 않으므로 조선을 끝까지 지켜나가기 위해서는 명분과 의리를 굽혀야만 한다는 것이다. 최명길은 온갖 어려움을 무릅쓰고 전후의 문제들을 하나하나 해결해 나가면서 위기에서 나라를 구해냈다.

? 알고 넘어가기

주화론과 주전론의 사료

1. 주화론 — 최명길의 《지천집》에서

  '주화(主和)'라는 두 글자가 신의 일평생에 허물이 될 줄 잘 압니다. 그러나 신은 아직도 오늘날 화친하려는 일이 그르다고 생각하지 않습니다. ……(중략)……

신이 이렇게 화친을 주장하는 것은 옳고 그름을 생각하지 않고 단지 이해로만 아뢰어 전하를 잘못 인도함이 아닙니다. 현 정세를 생각하고 의리를 따져보며 역사를 참고도 해보고, 선대왕들이 행하신 사적을 참고하여, 이렇게 하면 백성을 보호할 수 있을 것이며, 이렇게 하면 도리어 해로울 것이고, 이렇게 하면 사리에 합당할 것임을 생각하여 그것이 꼭 옳다는 자신이 서서 아뢴 것입니다. 늘 생각해보아도 국력은 현재 고갈되었고, 오랑캐의 군사력은 매우 강합니다. 정묘년 때 맹약을 아직 지켜서 몇 년이라도 화를 늦춰야 합니다. 그 사이 인정을 베풀어 백성들을 안정시키고 성을 쌓고 군량을 비축해야 합니다. 또 방어를 더욱 튼튼하게 하고 군사를 집합시켜 일사분란하게 해야 합니다. 그런 다음 적의 허점을 노리는 것이 우리로서는 최상의 계책입니다.

2. 주전론 — 《인조실록》 윤집의 상소문 일부

화의가 나라를 망친 것은 어제 오늘의 일이 아닙니다. 옛날부터 그러하였으나 오늘날처럼 심한 적은 없었습니다. 명나라는 우리나라에 있어서 부모의 나라입니다. 형제의 의를 맺고 부모의 은혜를 저버릴 수 있겠습니까? 더구나 임진년의 일은 조그마한 것까지도 황제의 힘입니다. 우리나라가 살아서 숨 쉬는 한 은혜를 잊기 어렵습니다. 지난번 오랑캐의 형세가 크게 확장하여 대도를 핍박하고 황릉을 더럽혔습니다. 비록 자세히는 알 수 없으나 전하께서는 그때에 무슨 생각을 하셨습니까? 차라리 나라가 망할지언정 의리상 구차하게 생명을 보전할 수 없다고 생각하셨을 것입니다. 군사력이 미약하여 정벌에 나가지 못하였지만, 차마 이런 시기에 어찌 다시 화의를 제창할 수가 있겠습니까?

39. 북벌론과 나선 정벌

→ 청나라에 볼모로 잡혀갔던 봉림 대군이 임금이 되어 청나라를 정벌하
자는 북벌론(北伐論)이 일어났으나, 효종의 죽음과 청나라의 국력이 증
강되어 실행되지 못하였다.

청나라와 굴욕적인 강화를 맺은 조선은 소현 세자와 봉림 대군을 비
롯한 192명을 청나라에 볼모로 보내야 했다.

청나라에 볼모로 간 소현 세자는 굴욕을 씻기 위해서는 발달한 청나
라와 서양의 문화를 받아들여야 된다는 생각을 가지고 있었다.

소현 세자의 생각은 청나라에서 긍정적인 지지를 받았다. 청나라가
소현 세자에 대한 긍정적인 생각을 가지고 있다는 사실을 알게 된 인조
는 왕권에 대한 불안한 마음을 가지게 되었다. 소현 세자는 청나라에서
볼모생활을 마치고 귀국한 후에 갑자기 세상을 떠났다. 인조가 죽였다
는 설도 있다. 그리고 소현 세자의 뒤를 이어 왕위 계승자인 소현 세자
의 아들인 석철마저도 제주도로 귀양을 보냈다가 사약을 내려 죽이게
되었다.

결국 인조의 뒤를 이어 왕위를 계승한 봉림 대군은 평소에 꿈꾸었던
청나라 정벌 계획을 세우게 되었다. 효종은 송시열(宋時烈)을 총책임자
로 하여 어영청에서 선발한 군사들을 이완의 지휘하에 훈련도감에서 훈
련하게 하였다.

그러나 효종은 임금에 오른 지 10년 만에 세상을 떠나고, 청나라에 대
한 한족의 반발이 수그러들면서 중국의 지배권을 확실히 하자 북벌 운
동은 실천에 옮기지 못하였다.

효종 5년(1654)에 러시아가 청나라를 침략해왔다. 청나라가 원병을 요청해오자, 북우후 변급(邊岌)은 150여 명의 조선군을 청나라에 보내어 전사자 한 명 없는 큰 승리를 거두었다. 효종 9년(1658)에 다시 패배한 청이 다시 원병을 요청하여 신류와 260여 명의 조선군은 송화강과 흑룡강 합류 지점에서 러시아군을 물리쳐 큰 전과를 올리면서 오늘날 중국과 러시아의 국경선을 확정짓는 '네르친스크 조약(Nerchinsk)'을 맺는 계기를 이루었다. 이를 '나선정벌(羅禪征伐)'이라고 한다.

40. 영조와 탕평책

→ **영조(英祖)는 붕당 정치를 시정하기 위해 탕평책(蕩平策)을 실시했고, 붕당 정치의 잘못된 점을 고치기 위해 탕평채와 신선로(神仙爐)를 만들어 신하들이 먹게 하였다.**

우리가 당파싸움이라고 알고 있는 붕당 정치(朋黨政治)는 영조와 정조(正祖)에게 많은 아픔을 주었다. 영조는 궁녀들의 심부름꾼인 무수리의 자식으로 태어났다. 그리고 형인 경종(景宗)이 아들이 없이 죽게 되자 왕위에 오르게 되었다. 이에 많은 신하들은 영조가 임금이 된 것에 대한 찬성과 반대를 하는 사람들끼리 싸움이 있었다. 당파싸움의 물결은 영조의 아들인 사도 세자를 죽게 하였다. 즉 시파와 벽파가 대립한 것이다. 시파(時派)는 세자를 좋아하는 사람들로 만들어진 모임이고, 벽파(僻派)는 세자를 뒤주 속에 가두어 죽게 한 사람들의 모임이다.

그리하여 영조는 아들을, 정조는 아버지가 죽게 되는 아픔을 맛보게

된 것이다. 이에 두 사람은 싸움을 그만두게 하면서 왕의 힘을 기르기 위해 탕평책(蕩平策)이라는 정책을 쓰게 되었다. 붕당이라는 모임이 벼슬을 얻기 위해 고향과 스승 등을 끈으로 사람들이 모인 것이다. 그리하여 힘있는 사람에 편들고 아첨하고 붙는 사람들의 모임이라고 할 수가 있다. 이 때문에 '어느 쪽에도 편들지 않고(불편부당: 不偏不黨), 모든 일을 공평하게 처리하자(탕탕평평: 蕩蕩平平)'는 것이 탕평책이다. 영조는 이것을 널리 알리기 위해 '탕평비'까지 세웠다.

심지어 붕당의 문제점으로는 음식 · 의복에서도 차이가 났다. 반대 당파에서 먹는 음식은 먹지를 않았으며, 치마와 저고리를 길게 입는 당파가 있으면, 짧게 입는 당파도 있었다.

뿌리 깊은 사색당파에 골치를 앓고 탕평책을 생각하던 영조는 각기 다른 당색의 정승, 판서를 모이게 하여 술상을 자주 내렸다. 즉 우리나라 각 지방에서 나는 모든 반찬과 음식을 신선로에 한데 모아 찌개를 끓여서 관리에게 술과 더불어 하사했다. 서로 반대하는 원인을 없애고 화합의 마당을 마련해야 한다는 취지에서 함께 음식을 나누어 먹도록 만들어진 것이 바로 신선로이다.

"어서 많이들 드시오."

신하들은 임금이 하사한 음식이니 먹지 않을 수가 없었다.

또 다른 음식으로 탕평채(蕩平菜)가 있었다. 원래 봄이 되어 얼음이 녹을 무렵에 먹는 계절 음식인 탕평채는 녹두묵에 고기볶음, 미나리, 김 등을 섞어 만든 묵무침 등 각 지방의 음식을 말한다. 음력 3월 3일 삼짇날에 두견화 부침 · 꽃국수 · 진달래 · 꽃나물 · 향애단(쑥경단)을 먹는 계절 음식이다. 이것 역시 영조 때 여러 붕당이 잘 협력하자는 탕평책을 논하는 자리의 음식상에 술과 함께 나온 음식이다.

영·정조가 얼마나 붕당 정치의 잘못된 점을 고치려고 했으면, 탕평책이라는 정책을 쓰면서 음식까지 만들어 붕당 간의 화해와 국민들의 단결을 꾀했는가를 알 수 있게 해준다.

탕평책은 원래 숙종 때 처음 제기되었다. 숙종은 신권의 강화를 막기 위하여 한쪽 붕당에 치우치는 정책을 추진하였다. 그 결과 발생한 것이 바로 환국(換局)이었다. 환국이란, 정권이 갑자기 바뀌는 것을 의미한다. 즉 서인과 남인이 경신환국·기사환국·갑술환국을 통하여 정권의 교체를 거듭하게 되었다. 이 결과 우리가 흔히 요부(妖婦)로 알고 있는 장희빈(張禧嬪)과 현모양처(賢母良妻)로 알고 있는 인현 왕후(仁顯王后)가 희생되었던 것이다.

인현 왕후가 희생된 뒤에 숙종은 정권의 급격한 교체가 많은 희생이 따른다는 것을 알게 추진하려 한 정책이 바로 탕평책이었다.

이것을 영조가 본격적으로 실시한 것이다. 탕평책은 유교 경전 중의 하나인 《서경》의 내용 중에 '무편무당 왕도탕탕 무당무편 왕도평평(無偏無黨 王道蕩蕩 無黨無偏 王道平平)'에서 탕평의 개념이 생겨난 것이다. 곧 탕평은 붕당을 가리지 않고 능력에 따라 관리를 뽑는다는 정책으로 왕권을 강화하기 위한 정책이다.

영조는 탕평책을 실시한 것 이외에 백성들의 군포를 2필에서 1필로 줄인 균역법과 태종 때 실시했으나 유명무실해진 신문고를 부활했으며, 악형 및 지나친 형벌을 금지시켰고, 《동국문헌비고(東國文獻備考)》와 《속대전》, 《속오례의》를 편찬하는 등 많은 업적을 남겼다.

영조	왕권 강화 (탕평책 실시 – 노론 독주 견제), 경제 (균역법 실시), 사회 (형벌제 완화, 형벌 제도 완화), 문화 (속대전, 속오례의, 동국문헌비고 편찬)
정조	왕권 강화 (탕평책 계승, 규장각 설치, 수원 화성 축조), 경제 (상업의 자유 확대), 사회 (서얼과 노비에 대한 차별 완화), 문화 (대전통편, 동문휘고, 탁지지, 규장전운 편찬)

? 알고 넘어가기

장희빈은 정말 요부(妖婦)였을까?

▶ 장희빈은 요부였다기보다는 붕당의 희생양이었다.

장다리는 한철이나 미나리는 사철이다.
미나리는 사철이요 장다리는 한철이다.
메꽃 같은 우리 딸이 시집 삼 년 살더니 미나리꽃이 다 피었네.

이 노래에서 '미나리' 라 함은 민비를 뜻하고 '장다리' 는 장씨를 뜻한다. 이렇게 볼 때 이 노래는 첩에 빠져 있는 남편에게 첩은 한철, 본처는 사철에 비유해서, 남편에게 그 잘못을 알리고 본처에게 돌아오기를 말하고 있는 것으로 보인다.

왕을 둘러싼 왕비와 후궁들 사이에는 늘 암투와 시기, 질투가 있었으니 그 최고봉이 조선조 최고의 악녀로 알려진 장희빈과 현모양처의 대명사로 존경을 받던 인현 왕후에 얽힌 이야기라고 할 수 있다. 그런데 숙종을 사이에 둔 이 두 여인은 사실 서인과 남인의 당파싸움으로 희생된 것이었다.

인현 왕후는 본관이 여흥(驪興)으로 여양부원군 민유중(閔維重)의 딸이다. 인현 왕후는 덕이 높고 인자하며 아량이 넓어 모든 일을 넓은 마음으로 처리해나가는 보기 드문 여성이었다. 15세인 숙종 7년(1681)에 천연두로 세상을 떠난 인경 왕후 김씨의 뒤를 이어 왕비가 되었다. 숙종의 후비로 궁궐에 들어간 지 6년이 지나도록 왕자를 생산하지 못하니 나라의 큰 걱정이었고, 왕비 자신에게도 큰 걱정이었다. 그리하여 늘 생각하기를, '기왕 나 자신이 왕자를 생산하지 못할 바에야 차라리 임금께서 늘 마음에 두시는 궁녀 장 희빈(張禧嬪)을 다시 데려다가 인연을 맺게 하는 것'이 왕비로서 현명한 도리라고 생각하였다.

그리하여 인현 왕후는 대왕대비와 왕대비를 만나 여러 번 간청하였고, 마침내 숙종 12년(1686) 4월에 장 희빈의 재입궐이 결정되었다. 숙종의 전교로 장 희빈을 불러들인 것은 그해 5월 16일이었다.

장 희빈의 이름은 원래 장옥정으로 야망이 컸던 소녀였다. 숙부 장현(張炫)은 비록 중인이었지만 《숙종실록》에 국중(國中)의 거부로 기록될 정도로 부자였다. 그런데 서인들에 의해 일어난 '복창군 복위 사건'으로 집안이 몰락하였다. 그녀는 풍비박산이 난 집안을 다시 일으켜 세우고, 자신의 신분 상승을 위한 방법으로 궁궐에 들어가 왕의 승은(承恩)을 입는 것이라고 생각하였다. 마침내 그녀는 어머니의 애인인 조사석(趙師錫)의 소개로 동평군을 만나 궁인이 되었다. 이렇게 인조의 계비인 자의 대비전의 궁녀가 된 옥정은 짧은 시간에 숙종과의 만남이 이루어졌다.

숙종은 스무 살의 한창 나이에 열한 살 때 얻은 동갑 부인 인경 왕후 김씨를 잃어 외로움에 젖어 있었던 터라, 실록에 자못 얼굴이 아름다웠다고 기록된 미녀 옥정에게 쉽게 사랑을 느꼈을 것이다. 그러나 옥정은 후궁에 봉해지기도 전에 숙종의 모후 명성 왕후 김씨에 의해 강제로 쫓겨나게 되었다.

하지만 인현 왕후의 뜻에 의해 다시 궁궐에 들어온 장 희빈은 궁궐에 들어오자 남인들과 결탁하고 숙종의 국정을 어지럽히면서 단번에 큰 세도를 부리게 되었다. 1688년 후궁 장 희빈이 아들 균(경종)을 낳은 지 두 달 만에 숙종은 신하들의 반대에도 불구하고 균을 원자로 세웠다.

그리고 마침내 숙종 15년(1689) 4월에 숙종은 '투기'와 '무자(無子)'라는 죄명을 둘러씌워 인현 왕후를 폐위시키는 명령을 내리고 만다. 계속해서 송시열을 비롯한 노론을 축출하고, 남인을 대거 등용하였는데 이를 기사환국(己巳換局)이라 한다.

한편 궁녀 최씨는 궁녀들 중 가장 낮은 지위인 무수리로 효자동에 살다가 숙종 때 궁궐로 들어갔다. 최씨는 어느 날 장 희빈의 모략으로 쫓겨난 왕비 민씨를 그리면서 방안에서 민 중전의 생일 음식을 차려놓고 기도를 하다가 암행하던 숙종께 발각된다. 임금이 그 사유를 다 듣고는 최씨의 지성과 인정에 감동하여 그녀를 가까이 하게 되었고, 자신의 잘못 또한 깨닫게 되는데, 궁녀 최씨는 얼마 후 옥동자를 낳았으니, 그가 곧 영조(英祖)이다.

자신의 잘못을 깨달은 숙종은 중전 장씨에 대한 감정이 악화되어 있었고, 반면에 민씨를 폐위시킨 것을 후회하고 있던 중이라 오히려 민암 등의 남인을 축출해 버린다.

그리고 중전 장씨를 다시 빈으로 강등시키고, 폐비 민씨를 복위시켰다. 또 노론계의 송시열, 민정중, 김익훈 등의 관작을 복구시키고, 소론계를 등용하여 정국 전환을 꾀하게 되는데 이 사건이 갑술환국(甲戌換局)10이다.

숙종 27년 인현 왕후가 34세를 일기로 세상을 떠나자 장씨는 재기를 꿈꾸었다. 그러나 서인들은 장씨의 목숨을 끊어놓지 않으면 언제 화를 당할지 모른다고 생각하였고, 기사환국과 같은 일이 다시 일어날지도 모른다고 생각했으며, 숙종도 장씨를 희생양

내명부 품계	이름
정 1 품	빈(嬪)
종 1 품	귀인(貴人)
정 2 품	소의(昭儀)
종 2 품	숙의(淑儀)
정 3 품	소용(昭容)
종 3 품	숙용(淑容)
정 4 품	소원(昭媛)
종 4 품	숙원(淑媛)

으로 삼아 왕권을 강화하기로 마음먹었다. 그리하여 마침내 숙종은 장 희빈에게 자결을 명령하게 되었다.

이처럼 중인으로 신분제에 맞섰던 장씨는 당쟁을 이용해 왕비까지 올랐으나 역시 당쟁 때문에 비참하게 생애를 마감하고 말았던 것이다. 숙종은 이후 빈(嬪)을 후비(后妃)로 승격하는 일을 없애는 법을 새롭게 만들었다.

여기서 빈(嬪)이라 함은 내명부의 품계를 말한다. 왕비인 중전이 정실 부인(본처)이라면 빈을 포함한 내명부의 후궁들은 왕의 후실부인(후처)으로 그 품계는 다음과 같고, 직무는 없었다.

희빈이나 경빈 등의 호칭은 같은 정1품이지만 혼란이 있을 수 있어 편의상 붙여진 작호이며, 먼저 입궁하여 먼저 지위에 오른 사람이 윗사람이 된다. 그러나 빈 이하의 후궁은 품계가 같아도 따로 부르는 이름은 없었다.

후궁으로서 우리에게 가장 많이 알려진 인물로는 숙종 때 경종을 낳은 희빈 장씨, 영조를 낳은 숙빈 최씨, 연산군의 후궁인 장녹수(숙원에서 숙용까지 올라감) 등이 있다. 정5품의 상궁(尚宮) 이하 종9품의 주변궁(奏變宮)까지는 궁녀로서 자기의 직무가 있었으나 종4품 이상의 품계에는 오르지 못했다고 한다.

41. 정약용의 토지 제도

→ 정약용(丁若鏞)이 주장한 여전제(閭田制)는 공동소유에 공동생산, 공동분배를 주장한 우리나라 최초의 사회주의 경제 이론이다.

서양에서 공산주의가 선포된 것은 1847년 마르크스(Marx, Karl)와 엥겔스(Engels, Friedrich)에 의한 '공산당 선언' 이후이다. 공산주의의 경제 이론은 개인이 소유하는 것은 인정하지 않으면서 모든 것을 국가 소유로 한다는 점이다. 마르크스가 사회주의 경제학을 주장할 당시에는 산

다산 정약용

업혁명으로 말미암아 경제가 급속히 발전한 시기였다. 사람들은 신나게 일하고 신나게 소비하면서 경제는 그야말로 호황을 달리고 있었다.

그러나 호황의 그늘에는 자본가들의 횡포와 어린이 노동, 저임금, 과중한 노동 시간 등의 문제점이 드러났으며, 빈부의 격차가 심화되었다.

이를 지켜본 마르크스는 반드시 자본주의는 붕괴될 것이라며, 이를 해결하는 길은 오직 개인의 사유물을 금지하고 모든 것을 국가 소유로 하여 평등한 사회를 형성하자는 것이었다.

서양에서 마르크스에 의하여 정리되기 이전에 우리나라에서 이미 사회주의 경제 이론이 주장되었다. 바로 다산(茶山) 정약용(丁若鏞, 1762~1836)이다. 정약용의 여전제(閭田制)에서 그 기원을 찾을 수 있다.

여전제란 무엇일까? 산과 내를 기준으로 경계로 삼고, 그 경계선 안에 포괄되어 있는 지역을 1여(閭)로 삼는다. 정약용의 여전제는 기본적으로 30가구를 1여로 하여 1단위로 한 농민의 협동농장제 또는 협업농장제를 만드는 것이었다. 이때 1여 안에 포함되는 모든 사유지는 물론 모두 여의 토지에 넣을 것을 대전제로 하고 있다. 즉 자연적 지세로 경계를 정하여 이 경계 안에 포함된 토지와 약 30가구를 1여의 기본단위로 설정한 농민의 협동농장 또는 협업농장을 만드는 것이다. 그리고 행정조직은 여를 출발 단위로 하여 3여=1리, 5리=1방, 5방=1읍으로 하는 행정구역을 만드는 것이다. 여전제의 기본 내용은 전국의 토지를 국유화하고 이 중 여에 위임하여 여민으로 하여금 이를 공동 경작케 하고 이를 통해서 그들을 경제적으로 평등화하려는 것이었다.

이것은 토지가 양반 사족(士族)들에게 집중되어 농민들은 남의 토지를 경작하는 소작인으로 전락하였기 때문이다. 그리하여 높은 소작료를 주다보니 농민들의 생활은 항상 어려움을 겪었다. 이를 해결하는 정책으로 제시된 것이 바로 여전제이다.

정약용은 여전제에서 생산수단에 대한 일체의 사적 소유를 허용치 않고 모든 토지를 국유화하면서 이를 여단위로 분배하게 하는 것이다. 여기서는 지주적 토지 소유는 물론이고 자작농의 개인경영에 의한 소규모 토지의 사유도 없다. 따라서 소작 제도와 토지의 매매도 없다. 여에 분배된 토지의 생산은 여민이 공동으로 하게 하였다. 즉 여민이 공동노동과 공동경작을 수행하여 생산을 여민의 공동으로 하는 것이다.

사회주의 경제와 다른 점은 여 안에 생산은 공동으로 하지만 소비는 가족 단위로 하도록 하여 수확 후에는 생산물을 가족단위로 분배하는 것이다. 생산물의 분배 기준은 생산에 참여한 노동량에 따라서 결정한다. 즉 가을이 되면 수확한 생산물을 여장의 공회당에 모두 갖다 놓고, 먼저 나라에 바치는 공세와 여장의 급여를 공제한 다음, 그 나머지를 여장이 여민의 노동량을 기록한 장부에 따라 분배하는 것이다.

조선 시대 토지 제도의 부작용을 해결하고자 제시한 정약용이 주장한 여전제가 우리나라 최초의 사회주의 경제 이론인 것이다.

조선 전기	조선 후기

• 수리 시설 확충, 벼 품종 개발
• 모내기법과 벼, 보리 이모작 실시
• 특용 작물(약초, 목화) 재배 확대
• 타조법(병작 반수제 : 생산량의 1/2을 지
  주에게)
	• 이앙법 확대 – 노동력 절감, 수확량 증대,
	  이모작 개발
	• 이랑을 이용한 밭농사 발달(견종법)
	• 상품 작물 재배(담배, 인삼)
	• 구황 작물 재배(고구마, 감자)
	• 도조법 대두(생산량의 1/3을 지주에게 :
	  소작료의 금납화)
	• 광작 농업 – 토지 소유의 집중화

! 조선 시대 상공업의 발달

	수공업	상업
조선 전기	• 관영 수공업 : 경공장(중앙 관청 소속, 129종의 직종), 외공장(지방 관청 소속, 27종의 직종) • 민영수공업, 농민의 가내 수공업	• 육의전 번성(금난전권 부여) • 경시서(시전 감독 및 물가 조절) • 장시의 등장 – 16세기 중엽 전국 확대 • 보부상 – 관청 허가 후 장시에서 활동
조선 후기	• 민영수공업의 발달 • 광산의 개발과 분업화	• 장시의 발달 – 5일장 체계 • 공인의 활동 – 도고의 성장 • 금난전권의 철폐 – 사상의 등장 • 상평통보의 유통 • 대외 무역 발달

? 알고 넘어가기

실학자들 중 중농학파들은 많은 토지 제도를 주장하였다.

유형원(柳馨遠)이 지은 《반계수록(磻溪隨錄)》에서 주장한 균전제(均田制)의 내용이다.

토지는 천하의 큰 근본이다. 큰 근본이 확립되면 온갖 법도가 따라서 잘

되어 하나라도 마땅하지 않은 것이 없다. 만일 큰 근본이 문란해지면 온 갖 법도가 따라서 문란해져 하나라도 마땅한 것이 없을 것이다.

……(중략)……

농부 한 명당 농지 1경을 받게 하고 법규에 따라 세금을 받으며, 농지 4 경당 병사 한 명을 내게 한다.

……(하략)……

유형원은 농민들에게 일정한 면적의 농지를 나누어 주자고 주장한 것이 '균전제' 이다.

이익(李瀷)의 《곽우록(藿憂錄)》에서 주장한 '한전제' 의 내용이다.

국가에서는 마땅히 한 집의 생활에 맞추어 재산을 계산해서 한전의 농 토 몇 부를 한 집의 영업전으로 만들어주며…….

……(중략)……

농토가 많아서 팔려고 하는 사람은 영업전 몇 부를 제외하고는 역시 허락 하며, 많아도 팔기를 원하지 않는 사람은 강제로 팔도록 하지 말고…….

……(중략)……

이렇게 되면 가난한 집은 당장에 재산이 없어지는 걱정이 없을 것이니 그들은 참으로 기뻐할 것이고, 부유한 가정은 비록 파산하는 지경에 이 르더라도 영업전만은 남아 있을 것이다.

이익은 세제(稅制) 유지에 필요한 최소한의 토지 소유한도를 정해주고, 이것을 함부로 사고팔지 못하게 한 제도인 '한전제' 를 주장하였다.

42. 실학의 발전

→ 실학(實學)은 중농학파(重農學派), 중상학파(重商學派), 국학파로 발전 하였다. 특히 박제가(朴齊家)는 상공업을 발전시키기 위해서는 소비를 촉진해야 한다는 이론을 주장하였다.

대동여지도 목판
[허가번호 : 중박 200906-260]

현실성이 부족한 성리학에 대한 반성과 임진왜란과 병자호란으로 인해서 신분제가 흔들렸으며 농업 기술의 향상으로 인하여 빈부 격차가 확대되었다. 이에 대한 반성으로 현실 개혁이 필요하여 남인 학자들을 중심으로 전개된 것이 실학(實學) 운동이다.

실학을 처음 일으킨 사람은 이수광(李睟光)과 김육(金堉)이다.

이수광은 선조부터 인조 때까지의 학자이자 정치가이다. 그는 명나라에 사신으로 오가면서 지행일치(知行一致, 아는 것을 실천해야 한다)를 주장한 양명학(陽明學)의 영향을 받아 실학을 일으켰다. 그는 《지봉유설(芝峯類說)》이라는 백과사전을 지어 실생활에 학문을 응용할 수 있게 하였다.

김육은 인조부터 효종 때까지 활약한 정치가로, 특산물을 현물로 내는 세금 제도를 쌀이나 돈, 삼베로 내게 하는 대동법(大同法)을 주장하였고, 상평통보(常平通寶)와 시헌력(時憲曆) 사용을 주장하였다. 그리고 낮은 곳에서 높은 곳으로 물을 편리하게 퍼올릴 수 있는 수차(水車)를 만들었다.

이수광과 김육에 의한 실학은 세 방향에서 발전되었다.

하나는 농업을 중시하는 중농학파이다. 중농학파(유형원-《반계수록》, 이익-《성호사설》, 정약용-《여유당 전서》)는 농촌사회의 안정을 목표로 농민들의 입장에서 농업문제 해결과 토지 제도의 개혁을 주장하였다. 토지 제도로 유형원은 '균전제'를, 이익은 '한전론'을, 정약용은 '여전론'을 주장하였다.

대동여지전도 [허가번호 : 중박 200906-260]

두 번째는 국학의 연구이다. 국학은 역사, 지리, 국어와 관련된 연구를 하는 것이다. 우리나라 역사를 연구하여 한국사의 범위를 넓히려고 하였다. 안정복(安鼎福)은 민족사의 정통성을 밝히면서 중국사에서 독립시키기 위해 《동사강목(東史綱目)》을, 한치윤(韓致奫)은 외국 자료를 인용하여 우리 역사의 폭을 넓힌 《해동역사(海東繹史)》를 펴냈으며, 유득공(柳得恭)은 발해사를 우리 역사로 포함시킨 《발해고(渤海考)》를 지었다. 또한 이긍익(李肯翊)은 조선 시대의 정치와 문화를 정리한 《연려

실기술(燃藜室記述)》을 기사본말체로 남겼으며, 이종휘(李種徽)는 《동사(東史)》를 통해 고구려사를 연구하였다. 이중환(李重煥)의 《택리지(擇里志)》, 정상기(鄭尙驥)의 《동국지도(東國地圖)》, 김정호(金正浩)의 《대동여지도(大東輿地圖)》, 정약용의 《아방강역고(我邦疆域考)》 등은 지리를 연구한 학자와 저서이다. 특히 정상기는 100리를 1척으로 축척한 지도를 만들어 우리나라의 지도 제작 수준을 한 단계 높였다. 신경준(申景濬)의 《훈민정음운해(訓民正音韻解)》, 유희(柳僖)의 《언문지(諺文志)》 등은 한글의 문법을 정리한 책이며, 어휘를 수집한 책으로는 이성지(李成之)의 《재물보(才物譜)》, 권문해(權文海)의 《대동운부군옥(大東韻府群玉)》, 이의봉(李義鳳)의 《고금석림(古今釋林)》 등이 편찬되었다.

세 번째는 상공업을 중시하는 중상학파이다. 이들은 청의 문물을 수입할 것을 주장하여 북학파라고도 불리며, 상공업의 진흥과 기술 개발을 주장하였다. 이들은 놀고먹는 양반들을 강하게 비판하였으며, 현실을 개혁해야 한다는 강한 의욕을 보이고 있었다.

상공업이 경제력의 기준이라는 생각을 가진 유수원(柳壽垣)은 《우서(迂書)》를, 나라를 강하게 하기 위해서는 기술 문화의 진흥, 신분 제도의 철폐 등을 주장한 홍대용(洪大容)은 《담헌연기(湛軒燕記)》를 편찬하였다.

또한 상공업이 발전해야 나라가 발전한다는 생각으로 상공업을 발전시키기 위해서는 수레와 선박을 이용할 것과 화폐를 사용하자고 주장한 박지원(朴趾源)은 《열하일기(熱河日記)》를, 박제가(朴齊家)는 《북학의(北學議)》가 대표적인 저서이다.

특히 박제가는 상공업을 발전시키기 위해서는 소비를 촉진해야 한다는 이론을 주장하였다. 중상학파 학자들은 상공업뿐만 아니라 농업 기술의 향상에도 깊은 관심을 보이기도 하였다. 즉 수리 시설의 확충, 종자와 농기구의 개량, 경작 방법과 시비법의 개선에 관심을 가졌다.

실학 연구는 정치에서 소외된 사람들의 연구였기에 정책에 반영되지 못한 점이 있으나, 18세기 중엽에 일어나는 개화 운동의 주역들인 박규수(朴珪壽)와 오경석(吳慶錫), 유대치(劉大致/劉大癡)에게 많은 영향을 주었다.

! 실학의 발전

	중농학파	중상학파 (북학파)	국학파
주장	농업문제 해결과 토지 제도 개혁	청의 문물 수용과 상공업의 진흥	우리 역사, 지리, 국어 연구
학자	유형원, 이익, 정약용	유수원, 홍대용, 박지원, 박제가	역사 (안정복, 이긍익, 한치윤) 국어(신경준, 유희) 지리(이중환, 김정호)

43. 조선 후기의 문화

→ 조선 후기 문화의 가장 큰 특징은 서민 중심으로 문화가 발달한 것이다.

조선 전기는 양반 중심의 문화가 형성되어 성리학적인 관점에서 만들어져 생활에 필요한 교양이나 심신의 수양을 위한 수단으로 형식과 내용을 중시하였다. 그러나 조선 후기에 들어오면서 양반 중심의 문화가 서민들로 확대되면서 양반들의 부정과 비리를 고발하면서 인간의 감정을 그대로 묘사하는 것으로 형식에 얽매이지 않고 쓰인 작품도 늘

화엄사 각황전

어났다.

　이러한 경향은 문학에서 두드러졌다. 형식에 얽매인 평시조에서 벗어나 형식과 내용을 크게 벗어나 서민들의 감정을 표현한 사설시조가 유행하였으며, 백성들에게 전해오던 내용을 한글로 쓴 한글 소설이 나왔다. 한글소설은 평등을 주제로 한 최초의 한글소설인 〈홍길동전〉을 시작으로, 〈춘향전〉, 〈심청전〉 등이 있다.

　미술에서는 중국의 화풍을 그대로 모방하던 초기와 달리 우리나라의 자연을 사실적으로 그려내는 진경산수화풍이 유행하였다. 정선(鄭敾)은 〈금강전도〉와 〈인왕제색도〉를 통하여 진경산수를 표현하였다. 그리고 백성들의 실생활을 그대로 그려낸 풍속화도 유행하였다. 김홍도(金弘道)는 서민들의 생활상을 사실적이고 익살스럽게 그려냈으며, 신윤복(申潤福)은 양반과 부녀자, 그리고 남녀 간의 사랑을 표현한 그림을 그렸다. 18세기에는 서양 화풍인 원근법을 이용하여 강세황, 김수철 등이 그림을 그렸다. 또한 일반 백성들도 구복적이고 한국적인 정서가 담긴 민화를 많이 남겼다.

건축으로는 수원성이 대표적이다. 수원성은 정약용(丁若鏞)이 설계하고 전통적인 성곽 양식에 서양 건축 기법을 도입하여 건설된 것이다. 그리고 조선 후기에 불교에 대한 규제가 완화되어 만들어진 사원 건축으로 법주사 팔상전 · 화엄사 각황전 · 금산사 미륵전 등이 있다.

! 조선 후기의 문화

분야	내용
문학	서민 문학 (한글 소설, 사설시조), 내방 문학 (혜경궁 홍씨의 한중록, 의유당 김씨)
건축	금산사 미륵전, 법주사 팔상전, 수원 화성, 경복궁 근정전
그림	진경산수화 (정선의 인왕제색도, 금강전도), 풍속화 (김홍도, 신윤복, 김명국), 민화
서예	김정희 (추사체)
과학	의학 (허준의 동의보감, 이제마의 동의수세보원), 곤여만국전도전래 (세계관 확대),
기타	판소리, 탈놀이와 산대놀이, 도자기 (청화백자)

44. 정조와 신도시 건설 사업

→ 정조는 신도시로 수원을 건설하고, 탕평책을 계승하여 붕당의 잘못을 고치려고 하였다. 그리고 규장각을 설치하여 인재를 널리 뽑았으며, 금난전권(禁亂廛權)을 폐지하여 상업을 발달시키는 등 많은 업적을 남겼다.

팔달문

창룡문

오늘날 서울 등 큰 도시의 인구를 줄이기 위하여 신도시가 많이 건설되고 있다. 분당, 일산, 중동, 평촌 등지와 행정 신도시로 과천 등을 들 수 있다. 신도시 건설의 가장 큰 목적은 서울에 몰려 있는 인구를 줄이기 위한 것이다. 그러면 이러한 신도시가 옛날에도 필요했을까? 물론 필요했다.

조선 시대의 신도시로 들 수 있는 대표적인 곳은 수원(水原)이다. 이곳을 신도시로 건설한 사람은 정조(재위 1777~1800) 임금이다. 수원에 신도시를 건설한 목적은 정치 · 군사적인 이유였다. 그의 아버지인 사도 세자는 당파싸움 때문에 억울하게 세상을 떠났으며, 정조가 왕위에 오를 때도 많은 어려움이 있었다. 그리하여 반대파인 벽파를 누르고 왕의 권력을 강화할 목적으로 수원에 행궁(行宮, 임금이 거둥할 때 머무르는 별궁)을 건설하고 성을 쌓게 되었던 것이다.

또 다른 이유로 수원은 5군영의 하나인 총융청(總戎廳)이 있었던 곳으로 군사력을 튼튼히 하기 위함이었다.

이러한 목적 이외에도 정조는 억울하게 죽임을 당한 아버지 사도 세자의 넋을 기리고 동아시아에 새롭게 떠오르는 조선의 모습을 보이려는 목적도 가지고 있었다. 그러나 안타깝게도 도시 이름을 '화성(華城)'으로 한 것으로 보아 정조 임금의 정치사상 밑바탕에는 작은 중국이라는 생각이 깔려 있었음을 짐작하게 한다.

장안문

화서문

화성 신도시는 정조 18년 (1794)부터 정조 20년(1796) 10월까지 2년이 걸렸다. 동원된 사람은 석수 642명, 목수 335명, 미장이 295명 등의 기술자 11,800명이었다. 또 돌덩이만 187,600개, 벽돌 695,000개와 쌀 6,200석, 콩 4,550석, 잡곡 1,050석이 사용되었고, 목재 26,200주, 철물 559,000근, 철엽(鐵葉) 2,900근과 숯 69,000석, 기와 53만 장, 석회 86,000석이 사용되었다. 신도시를 건설하는데 공사비가 873,520냥, 양곡 1,500석이 든 큰 공사였다.

도시는 수도 서울을 그대로 모방하여 4대문을 두고(남-팔달문, 북-장안문, 동-창룡문, 서-화서문), 팔달산 아래 행궁(行宮), 관청(官廳), 사직

채제공 영정

단(社稷壇), 문묘(文廟) 등의 건물들과 5.7킬로미터에 달하는 성곽(城郭)으로 나누어 있다. 특히 성곽은 우리나라에서 성을 쌓았던 방법에다 북학파의 과학 기술 지식이 합쳐진 발달된 성 쌓는 기술의 집합체였다. 영의정 채제공(蔡濟恭)의 지휘 아래 정약용이 건설한 이 성곽은 무거운 물건을 쉽게 들어 올리는 거중기(擧重機)와 운반 기계가 사용되었고, 규격화한 벽돌이 처음으로 사용되었다. 더구나 대개 국가 공사에 동원되는 부역은 인부들에게 임금을 주지 않았으나 정약용의 건의에 따라 능력에 따른 임금을 지급하자 성곽의 진행 속도가 빨라졌다. 그리하여 10년을 계획하여 성곽 공사를 벌인 것이 33개월 만에 완성되었다.

그러므로 수원성의 건설은 개혁을 꿈꾸는 실학자들이 원대한 꿈을 이루는 기회가 될 만했다. 그러나 불행히도 정조는 자신의 꿈을 이루기도 전에 갑자기 세상을 떠났다. 규장각을 설치하여 인재를 뽑아 학문을 연구하고, 탕평책을 실시하였으며, 시전(市廛)상인들에게 주어졌던 독점 판매권을 금지하는 금난전권을 폐지하여 상공업을 발달시켰다. 법전인 《대전통편(大典通編)》을 편찬하고, 서자와 적자의 차별을 완화하는 등

거중기   녹로

많은 업적을 남겼지만 개혁의 완성을 보지 못하고 갑자기 세상을 떠나고 말았다.

또한 군사적 목적의 신도시로는 숙종(재위 1674~1720) 때 건설했던 북한산성이 있다. 북한산성은 인조(仁祖)가 병자호란 때 남한산성에서 청 태종에게 당한 아픔을 다시 겪지 않기 위해, 즉 전쟁에 대비하기 위해, 왕이 임시로 머물게 하기 위한 목적으로 행궁과 식량 창고, 무기고, 장수의 지휘본부인 장대가 세 곳, 성을 관리하는 관청 세 곳, 승병을 위한 사찰 열세 곳, 병사 숙소 143곳 등 다양한 시설을 갖춘 산성으로 당시로서는 최고의 군사 방어 도시라고 할 수 있다.

태조 때에도 계룡산에다 신도시를 건설하려는 계획을 세운 적도 있었다.

임금이 한강을 건널 때엔 임시로 다리를 놓았다

배를 잇대어 길을 낸 주교(舟橋, 배다리)가 있었다. 주교 설치 원리는 오늘날 공병대가 군사 목적으로 설치하는 것과 같다.

한강에는 2007년 현재 30개의 다리가 놓여 있어 강북과 강남을 잇는 주요한 교통로 역할을 하고 있다.

그런데 옛날에도 한강에 다리가 있었을까?

한강에 다리가 생긴 것은 일제 강점기 때이다. 1930년과 1938년 두 차례에 걸쳐 건설된 한강대교가 최초의 교량으로, 서울 용산구 한강로와 동작구 본동을 잇고 있다.

우리 조상은 다리를 놓는 토목이나 가교 기술이 뛰어났다. 수표교(水標橋), 광통교(廣通橋) 등의 돌다리가 그 예다. 그러나 이같이 튼튼한 다리를 한강에 놓는 일을 꺼려했다. 길이 넓은 다리를 놓을 경우 외세의 침략 통로로 역이용될지도 모른다는 염려 때

정조의 현릉원 행차 [허가번호 : 중박 200906-260]

문이었다. 즉 국가 안보를 위하여 한강 위에 영구적인 다리 설치를 피했던 것이다.

그래서 필요한 경우에 임시교를 설치했다가 해체하는 방편을 썼다. 임시교가 설치되는 때는 임금이 강 이남으로 행차할 때였다. 임금이 한번 행차하면 그 행렬은 끝이 보이지 않을 정도였다. 조선 시대 왕의 행차 중 가장 규모가 컸던 것은 1795년 윤 2월 9일에 정조(正祖)가 어머니인 혜경궁(惠慶宮) 홍씨(洪氏)의 회갑연을 기념해 아버지 장조(莊祖, 사도 세자)가 묻혀 있는 경기도 화성군 태안읍에 있는 융릉으로 행차할 때였다. 2천 명의 인원과 1,400마리의 말이 동원된 이 행렬의 길이는 무려 10리나 이어졌다. 선두 행렬이 숭례문(崇禮門)에 다다라서야 후미가 창덕궁을 출발할 정도였다고 한다. 이렇게 규모가 큰 행차였으므로 배로 건너는 것은 상상도 할 수 없는 일이었다.

이에 나라에서는 임시 다리인 부교(浮橋)를 놓는 관청을 설치하니, 이것이 주교사(舟橋司)다. 곧 배를 이용하여 만드는 다리라 하여 주교(舟橋)라 한 것이다.

이 배다리를 놓기 위해 한 달 남짓 동안 수백 척의 배가 강제로 동원되었으며, 자연히 한강의 조운(漕運, 서울로 조세를 운반하는 것)과 정기 수운이 중단되었다. 따라서 이를 생업으로 삼고 사는 사람들의 원망이 대단했다. 이들의 원망이 〈한강 아리랑〉에 잘 나타나 있다.

강원도 뗏목 장수

뗏목 빼앗기고 울고 가고

전라도 알곡 장수

통배 빼앗기고 울고 가고

삼개 객주(客主) 발 뻗고 울고

노나루 색주가(色酒歌)들은

머리 잘라 판다.

정조가 융릉을 행차할 때의 배다리는 그 축조 기술면에서 현대식 배다리에 조금도 뒤지지 않는다. 배다리를 설치할 때 가장 중요한 것은 다리를 놓는 위치인데, 이때 제일 먼저 고려해야 할 사항이 강폭과 유속(流速), 조수(潮水)였다. 이런 조건을 감안한 결과 가장 적당한 위치로 꼽힌 곳이 지금의 한강대교 자리다. 강폭이 340미터인 이곳에 폭이 9미터인 대형 선박 38척이 동원되었으며, 다리의 폭은 7미터로 말 다섯 필이 나란히 지나가도 될 정도였다.

강 중앙은 물살이 빨랐으므로 큰 배를 설치하고 가장자리로 갈수록 점차 크기가 작은 배를 순서대로 배치하여 아치형의 다리를 만들었다. 그 광경이 참으로 장관이어서 배다리가 설치되면 강가에는 구경꾼이 장사진을 이루었다고 한다.

맨 가장자리에 배치된 배는 쇠사슬로 강둑에 연결했으며 배 양측에 닻을 내려놓아 센 물살이나 조수에 대비했다. 배와 배의 연결은 가로 기둥 다섯 개와 나무못을 이용하여 묶는 수단을 썼다. 그리고 배 위에는 세로로 송판을 깔아 바닥을 평평하게 하여 건너기 편하게 했다.

이 배다리의 설치와 완성에는 보통 15일이 걸렸으며, 그 과정이 민요 〈한양가(漢陽歌)〉 중 '주교' 부분에 나와 있다.

> 배 위에 장송 깔고 좌우에 난간 짜고
> 팔뚝 같은 쇠사슬로 뱃머리를 걸어 매고
> 양 끝에 홍전문과 한가운데 홍전문에
> 홍기(洪旗)를 높이 꽂고
> 좌우의 뱃사공은 청의(靑衣) 청건(靑巾) 남전대에
> 오색기(五色旗) 손에 들고 십리 주교 벌였으니
> 천승군왕위의로다.

그러나 이처럼 복잡한 과정을 거치며 정조가 화성 행차를 한 이유는 단지 아버지 사도 세자의 능인 현륭원을 참배하기 위함이었을까?

정조의 화성 행차는 수많은 병력과 인원이 동원되고 많은 돈이 필요한 행사이므로 정조가 군사권과 재정권을 완전히 장악하지 않으면 하기 힘든 것이다.

정조의 화성 행차는 자신의 왕권 장악을 벽파를 비롯한 모든 정치적 적대 세력에게 나타내는 동시에 채제공을 비롯한 새로운 정치 세력의 기반을 다지는 계기가 되는 것이다.

한편, 정조는 화성 행차를 하는 동안에 백성과 대화를 갖는 시간을 자주 가졌으니, 무려 3,355건의 상언(上言)과 격쟁(擊錚)을 처리하였다. 상언이란, 억울한 일을 당한 백성이 직접 왕을 만나 자신의 사정을 아뢰는 것을 말하며, 격쟁은 왕의 행차를 징을 쳐서 멈추게 하고 자신의 억울함을 호소하는 것이다. 글을 모르는 백성이 상소를 올릴 수 없어 자신의 억울함을 풀 수 없는 사정을 널리 이해한 정조의 배려였다.

화성 행차로 인하여 정조가 지나가는 지역에 도로가 건설되었고, 수로가 정비되어 자연스럽게 농업이 발달하여 풍요로운 지역이 되었으며, 군사시설 역시 수시로 점검되어 수도권의 방위 체제가 강화되었다.

그리고 국가 재정을 넘보던 경강상인(京江商人)을 통제하는 수단이 되기도 하였다. 바로 배를 가지고 활동하는 경강상인의 배를 동원함으로써 그들은 국가 통제를 받게 되었다.

이밖에 정조는 영조의 탕평책을 계승하여 왕권을 강화하고, 장용영(壯勇營)이라는 친위부대를 설치했다. 또한 벽파 세력을 억제하기 위하여 수원에 화성을 쌓았으며, 《대전통편(大典通編)》, 《규장전운(奎章全韻)》, 《탁지지(度支志)》 등을 편찬하게 하였다.

45. 세도 정치

→ 어린 나이에 임금이 된 순조, 헌종과 철종 때에 특정한 가문이 왕권을 대신하여 권력을 차지한 비정상적인 정치로 1801년에서 1863년까지 60여 년간 왕권이 약화되었으며 정치가 혼란에 빠졌다.

정조가 갑자기 세상을 떠난 후 1800년 7월에 11세의 어린 나이로 창덕궁 인정문(仁政門)에서 순조(純祖)가 즉위하였다. 관례에 따라 왕이 20세가 되기 전이었으므로 왕실의 웃어른인 대비(또는 대왕대비)가 발을 드리우고 왕을 대신해 정치를 했으니, 이를 수렴청정(垂簾聽政)이라고 한다. 순조 역시 대왕대비 정순 왕후(貞純王后, 영조의 계비 경주 김씨)가 수렴청정하게 되었다.

순조 2년(1802) 10월에 영안 부원군(永安府院君) 김조순(金祖淳)의 딸을 왕비로 맞았다. 정순 왕후는 공노비를 해방시키는 등 업적을 남겼으나 신유박해를 통하여 많은 천주교 신자를 희생시켰다.

순조 4년(1804) 12월에 정순 왕후의 수렴청정이 끝나 순조의 친정(親政)이 시작되었으나, 정조의 유탁(遺託)을 받고 정치에 관여하게 된 장인 김조순 일문에 의한 안동(安東) 김씨의 세도 정권이 확립되어, 안동 김씨가 나라의 요직을 모두 차지하여 전횡(專橫)과 뇌물을 받는 행위를 일삼으니, 인사 제도의 기본인 과거 제도가 문란해지는 등 정치 기강이 무너져 민생은 도탄에 빠지게 되었다.

순조는 1827년 세자(21세의 나이로 세상을 떠난 뒤 문조로 묘호를 받음)에게 자신을 대리해서 나라를 다스리도록 하니, 세자는 어진 인재들을 널리 뽑아서 쓰고, 심한 형벌은 금지시켰으며, 백성들의 생활에 필요한 정책들을 실시하면서 안동 김씨의 세도를 견제하였다. 그러나 1830년 세자가 일찍 죽음으로써 실패하였다.

헌종은 순조 30년(1830)에 왕세손(王世孫)에 책봉되고, 1834년 순조가 죽자 이해 8세의 어린 나이로 경희궁 숭정문(崇政門)에서 즉위하니, 대왕대비 순원 왕후(純元王后, 순조의 비)가 수렴청정을 하였다. 익종의 비인 조대비에 의하여 발탁된 외척 풍양 조씨 일문의 세력이 우세해지면서, 순조 때부터 정권을 전횡해 온 안동 김씨를 물리치고 한동안 세도를 잡았다. 하지만 풍양 조씨끼리의 내분과 1846년 조만영(趙萬永)의 죽음을 계기로 정권은 다시 안동 김씨의 수중으로 넘어갔다.

헌종이 후사가 없이 세상을 떠나자 강화도에서 일반 피지배층과 똑같이 살아온 원범이 왕이 되었다. 원범은 강화도에 유배되었던 사도 세자의 아들 은언군의 손자로 먹고 살기가 힘들어 학문을 익힐 시간이 없었다. 안동 김씨들은 세도 정치에 방해가 되지 않을 인물로 학문을 익히지 않은 원범을 선택한 것이다. 원범은 임금이 되었으나 김문근(金汶根)이 영은 부원군(永恩府院君)이 되어 왕의 장인으로서 왕을 돕게 되니 순조 때부터 시작된 안동 김씨의 세도 정치가 또다시 계속되었다. 철종은 1852년부터 친정을 하였지만, 정치의 실권은 안동 김씨 일족에 의하여 좌우되었다.

세도(勢道) 정치 아래에서 안동 김씨와 풍양 조씨들은 돈을 받고 관직을 사고팔았다. 관직을 사서 관리가 된 양반들은 자신들이 투자한 돈을 찾고자 세금으로 거두어들이던 삼정(三政)에 자신들의 몫을 더하니, 농민들의 부담은 더욱 커지게 되었던 것이다.

❗ 세도 정치와 농민 봉기	
세도 정치	• 특정 가문이 왕권을 대신하는 비정상적인 정치 • 순조, 헌종, 철종의 3대 60여 년간 이루어짐 – 왕권 약화

↓

삼정의 문란	전세(전정), 군포(군정), 환곡(가장 극심 – 빈민 구제)

↓

농민 봉기	• 홍경래의 난 – 세도 정치와 서북 지방 차별에 대한 반발 • 진주 농민 봉기 – 경상우병사 백낙신의 수탈 • 의의 – 농민의 사회적 자각 운동

46. 사회적 자각 운동인 민란의 발생

→ 세도 정치가 원인이 되어 매관매직(賣官賣職)이 성행했으며, 매관매직으로 관리가 된 자들에 의해 세금 제도가 문란해져 백성들의 생활이 도탄에 빠지게 되었다. 이에 농민들은 마침내 1862년 봄 진주 민란(民亂)을 시발로 하여 삼남지방을 중심으로 여러 곳에서 민란을 일으켰다.

왕권을 약화시킨 세도 정치는 특정 가문에 의한 독재 정치가 이루어져 견제 세력이 없어졌다. 왕의 권한이 강할 때에 백성들은 왕과 신하들의 상호 견제 속에서 생활하는데 큰 불편은 없었다. 그리고 백성들이 고통스럽게 살면 왕들은 자신들을 뒤돌아보면서 백성들을 위한 여러 가지 정책들을 펴나갔다.

그러나 세도 정치 아래에서 안동 김씨와 풍양 조씨는 견제 세력이 없어졌으므로 정치 집단이 한낱 이익 집단으로 전락하였다. 백성들에게 이로움을 추구하는 것이 아닌 한 가문이나 개인의 사사로운 이익을 위한 집단이었던 것이다.

이들은 많은 돈을 받고 관리들을 선발하였다. 관리들을 선발하는 것은 공식적인 관리 등용 제도인 과거 제도에서는 시험장에서의 부정과 합격자를 남발하였다. 그리고 사사로이 관직을 사고파는 매관매직이 성행하였다.

관직을 돈을 주고 산 사람들은 자신들이 투자한 돈 이상을 얻어내기 위하여 모든 수단을 동원하였다. 정상적으로 백성들에게 세금을 거두어서는 자신들이 투자한 본전을 찾기는 힘들었다. 그래서 이들은 법에도 없는 세금을 마구 거두어들이고, 죄 없는 사람들에게 죄를 덮어씌우고, 봄에 빌려주었다가 가을에 갚는 춘대추납(春貸秋納)의 빈민구제 제도인 환곡에서도 부정을 저질렀다. 이들이 거두어들인 세금의 문란을 '삼정(三政)의 문란'이라고 한다.

삼정이란, 땅에서 거두어들이는 세금인 전세(田稅, 전정이라고도 함)와 군 그리고 역의 의무를 면제받는 대신에 군포 1필을 내는 군정(軍政), 봄에 빌려주었다가 가을에 갚는 춘대추납의 빈민구제 제도인 환곡(還穀)을 말한다.

전세에서의 부정은 1결(9,900㎡)에서 4두에서 20두 내외의 쌀을 거두어야 하지만, 각종 부가세를 더 내게 하였다. 각종 조세와 잡부금을 추가하여 토지에 부과할 수 없는 세금을 징수하였던 것이다.

군정에서의 부정은 백골징포(白骨徵布), 황구첨정(惶懼簽丁), 강년채

(降年債), 족징(族徵), 인징(隣徵) 등으로 나타났다. 백골징포는 죽은 사람에게 군포를 부과하는 것이며, 황구첨정은 16세 이전의 어린아이에게 군포를 부과하는 것이고, 강년채는 60세 이상된 노인의 나이를 줄여 군포를 부과하는 것이다. 족징은 군포를 내야 할 사람이 도망을 갔으면 그 친척에게 부과하는 것이며, 인징은 도망간 사람의 몫을 이웃에게 부과하는 것이다.

환곡에서의 부정은 늑대, 반작 등이 있다. 늑대는 필요하지 않은 사람에게 강제로 곡식을 빌려 주고 비싼 이자와 함께 거두어들이는 것이며, 반작은 빌려주는 곡식의 반을 모래나 겨를 섞어 주면서 가을에 모래나 겨까지 포함하여 곡식으로 받는 것이다. 환곡은 삼정 중에서 농민들에게 가장 큰 고통을 준 제도이다.

이처럼 백성들은 관리들의 부정과 부패로 생활이 어려워지자 스스로 자신들의 생활을 보호하기 위한 적극적이고 강경한 활동을 하게 되었다. 처음에는 벽서라든지 소청을 통해 자신들의 요구를 주장하던 농민들은 소작료를 거부하는 항조(抗租) 운동과 세금의 납부를 거부하는 거세(拒稅)로 대항하더니, 마침내 민란으로 폭발하게 되었다.

민란의 선구가 된 것은 순조 11년(1811)에 발생한 홍경래(洪景來)의 난이다. 몰락 양반인 홍경래는 서북 지방에 대한 차별 대우와 세도 정치에 반발하여 농민·중소상인·광산 노동자 등 세도 정치 아래에서 어려움에 빠진 피지배층을 규합하여 민란을 일으켰다. 한때 청천강 이북 지역을 장악할 정도로 위세를 떨쳤지만, 결국은 정주성에서 정부군에 의해 진압되었다.

민란이 전국적으로 확대되는 계기가 된 것은 철종 14년(1862)에 일어난 진주민란이다. 임술민란(壬戌民亂)이라고 불리는 진주민란은 진주병사 백낙신(白樂莘)의 부정부패에 대항하여 일어난 민란이었다. 몰락한 양반인 유계춘 등을 중심으로 농민들이 일으킨 민란이었으나 실패하였다. 하지만 진주민란을 계기로 전국적으로 민란이 일어나게 되었다.

조선 후기 세도 정치에 반발하여 일어난 민란은 신분해방을 내세운 고려 시대 민란과는 달리 삼정의 문란과 부정부패한 관리들에게 항거하면서 자신들의 요구를 당당히 밝힌 사회적 자각 운동이라고 하겠다.

❓ 알고 넘어가기

어려운 백성들을 도와주는 빈민구제 제도가 고구려 시대부터 실시되었다

▶ **고구려 시대의 진대법(賑貸法), 고려 시대의 의창(義倉), 조선 시대의 환곡(還穀)이 있다.**

백성들의 대부분을 차지하는 농민들의 생활 안정은 곧 나라의 안정이라고 하겠다. 농민들이 죽는다든지 노비로 전락하면 그만큼 국가 재정에 구멍이 생기는 것이다. 국가 재정의 구멍을 막기 위하여 나라에서는 농민들의 생활 안정에 힘쓰게 되었다.

농민들을 보호하기 위한 정책으로는 가뭄이나 홍수가 났을 때 세금을 감소 또는 면제시켜주는 것이다. 또한 농번기에는 각종 국가 공사에 부역을 동원하는 것을 삼가기도 하였다.

그러나 농민들에게 가장 어려운 것은 봄철에 보리가 수확되기 직전인 3월부터 5월까지 먹을 식량이 부족한 것이다. 이때를 일컬어 '보릿고개' 라고 한다. 농민들은 농사를 짓기 위하여 각종 비용을 지출할 수밖에 없다. 이 비용은 고스란히 돈이나 곡식을 빌려서 해결하는 것이다. 그리하여 가을에 추수한 곡식을 헐값에 팔거나 봄에 빌린 곡식을 갚고 나면 보릿고개 무렵에는 모두가 식량이 부족할 수밖에 없는 것이다.

이러한 제도가 고구려에서는 고국천왕 때 처음 실시된 진대법이다. 진대법을 계승하여 고려 시대에는 의창이 실시되었다. 고려 시대에는 의창뿐만 아니라 물가가 쌀 때에 사두었다가 비쌀 때에 가격을 적정하게 맞추기 위한 물가조절 기관인 상평창도 있었다. 그리고 '보' 라고 하여 일정한 기금을 조성하여 그 이자로 좋은 일을 하는 제도도 있었다. 빈민을 도와주면 '제위보(濟危寶)'이고, 어려운 학생들에게 장학금을 주면 '학보(學寶)'인 것이다. 조선 시대에는 의창(義倉)의 제도가 이어져서 환곡 제도가 실시되었다. 그러나 세도 정치 아래에서 환곡이 문란해지자 흥선 대원군은 경제적으로 여유 있는 부자들을 운영의 책임자로 하여 어려운 사람들에게 곡식을 빌려주는 사창 제도를 실시하였다.

47. 천주교 박해 이유

→ **인간 평등사상을 받아들이고 제사의식을 거부했기 때문이다.**

천주교와 우리나라의 첫 접촉은, 고려 시대 때 당시 교황인 이노켄티우스 4세의 특사와 고려 왕족이 몽골에서의 만남에서 비롯되었다. 몽골 3대 군주인 정종(定宗)의 대관식에 교황은 수도승 카르피니를 파견했는데 당시 몽골에 인질로 잡혀가 대관식에 참석했던 고려 왕족 왕순과 왕전 두 사람을 만났던 것 같다.

우리나라 사람들이 책을 통해 천주교를 처음 접한 것은, 실학의 선구자 중 한 사람인 이수광이 쓴 《지봉유설》에서 소개한 《천주실의》였다. 그 후에 인조의 아들인 소현 세자가 병자호란의 결과 인질로 청나라에 잡혀갔다. 소현 세자는 세자빈인 민회빈 강씨의 도움을 받아 서양 선교사와 접촉을 통하여 성경책을 국내에 들여왔다.

천주교가 처음 들어올 때에 우리나라 사람들은 천주교를 종교가 아닌 학문으로 받아들였다. 그래서 천주교를 서양 학문이라고 하여 '서학'으로 불렀다. 서학은 정권에서 소외된 남인들을 중심으로 연구가 되었으며, 몰락 양반인 잔반(殘班)과 여성으로 전파되다가 평민으로 확대가 되었다. 이들은 서학 중에서 인간은 모두 평등하다는 사상과 내세(來世)

천주실의

사상을 접하게 되면서 정조 때부터 종교로 받아들였다. 내세 사상을 믿게 되자 성리학에서 중요하게 여기는 제사의식을 거부하게 되었다.

제사의식을 거부하는 것을 성리학자들은 용납할 수가 없었다. 조상을 숭배하는 것마저 거부하는 천주교 신자들을 짐승이나 오랑캐이면서 사회 질서를 혼란에 빠뜨리는 것이라고 판단하였다. 그리하여 천주교를 엄하게 금지하였으며, 각 지방의 수령들은 오가작통법(五家作統法)을 실시하여 천주교를 믿는 무리들을 처벌하도록 하였다. 정조는 새로운 문물을 수입하려는 생각으로 천주교에 대한 박해를 심하게 하지 않았다. 그러나 순조가 즉위하면서 벽파들은 자신들의 정권을 유지하고 남인을 축출하기 위하여 천주교에 대한 탄압을 하였다. 순조 때의 신유박해와 헌종 때의 기해박해, 그리고 고종 때의 병인박해(丙寅迫害)가 대표적이다. 특히 병인박해 때에는 프랑스 선교사 12명 중 9명이 학살당한 것을 시작으로 불과 수개월 사이에 국내 신도 8,000여 명이 학살되었다. 이 사건을 빌미로 프랑스가 침입하는 병인양요(丙寅洋擾)가 일어났다.

우리나라 최초의 신부는 누구일까?

▶ **우리나라 최초의 신부는 김대건(金大建, 1822~1846)이다.**

우리나라 최초의 신부는 김대건으로, 한국인 103위 시성(諡聖) 중의 한 명이다.
김대건은 충청남도 당진의 솔뫼에서 김재준과 상흥 고씨 우르술라의 아들로 순조 22년(1822) 8월에 태어났다. 처음 이름은 재복이다. 집안이 천주교에 대한 믿음이 강해, 증조할아버지 김진후는 정조 16년(1791)에 일어난 신해박해 때에 체포되었으며 순조 1년(1801)에 일어난 신유박해 때에 유배되었다가 순조 5년(1805)에 다시 잡혀 충청도 해미에서 10년간 감옥에 갇혔다가 1814년에 순교하였다. 김대건의 할아버지 김택현과 가족들은 1827년경 박해를 피해 충청도 솔뫼에서 용인으로 피신하여 골배마실로 이사하였

절두산 천주교 성지 김대건 신부 동상

다. 이때 김대건의 나이는 7세였다. 아버지 김재준도 천주교 신자였으며, 헌종 6년(1839) 기해박해 때 서울 서소문 밖에서 순교했다.
순조 31년(1831)에 조선교구가 만들어진 후 신부 모방에 의해 신학생으로 뽑혀서 최방제 · 최양업(崔良業)과 함께 15세 때 압록강을 건너 마카오에 있는 파리외방전교회 신학교로 가게 되었다. 그곳 책임자인 신부 리부아의 배려로 마카오에서 중등과정의 교육을 마친 뒤 다시 철학과 신학과정을 공부하였다. 1844년에 부제(신부가 되기 전의 단계로 신학 공부도 하면서 신부 수업을 쌓는 과정)가 되었다.
그 해 말에 압록강을 건너 국내로 들어와 1845년 1월 10년 만에 골배마실로 돌아왔다. 서울에 자리 잡은 뒤 두 번의 박해 피해를 받은 천주교회를 다시 일으켰다. 그때까지 25세가 안 되어 신부가 못된 김대건은 1846년에 상하이로 건너가 완당신학교 교회에서 주교 페레올의 지도로 신부가 되는 의식을 하고 나서 우리나라 최초의 신부가 되었다.
김대건은 신부가 되고 나서 신학생들을 뽑아 비밀리에 교육을 시켰다. 1925년 로마 교황 비오 11세에 의해 복자(가톨릭에서 모든 신도의 모범으로 공경할 만하다고 지정하여 공표한 사람)로 선포되었고, 1984년 성인(가톨릭에서 신앙과 성덕이 특히 뛰어난 사람에게 교

회에서 시성식을 통하여 내리는 칭호)으로 선포되었다. 감옥에 있을 때에는 세계 지도를 그려 나라에 바치면서 국제 정세의 흐름을 말하고, 서양의 문화를 받아들일 것을 관리들에게 말하여 호응을 얻기도 하였다. 그리하여 김대건에게 가톨릭을 믿지 않을 것을 약속하면 관리를 시킬 것이니 외국에서 배운 지식을 나라를 위해 쓰라고 회유하기도 하였다. 심지어 김대건의 지식이 너무 아까워, 그의 죽음을 아쉬워하는 관리들도 많았다 한다.

48. 동학 박해 이유

→ **인내천(人乃天)이라는 인간 평등사상 때문이다.**

동학을 창시한 최제우(崔濟愚, 1824~1864)는 경상도 경주 출신이다. 초명은 제선이었는데 하느님의 계시를 받은 후 제우라는 이름으로 바꿨다고 한다. '제우(濟愚)'는 '어리석은 세상 사람들을 구제한다.'는 뜻이다. 7대조 최진립이 임진왜란 때 공을 세우고 병조 판서를 지냈다고 하나 6대조 이후에는 벼슬길에 오르지 못한 몰락 양반 출신이다.

최옥은 본처가 있었으나 자식을 두지 못하고 양자를 들이고 있다가 60이 넘어 청상과부로 지내던 청주 한씨를 소실로 맞아 최제우를 얻었다. 이처럼 자신이 몰락한 양반의 서출이라는 사실은 최제우가 평생 좌절케 하기에 충분하였다.

최제우가 살았던 시대는 외척 중심의 세도 정치가 기승을 부리면서 과거 제도의 모순, 매관매직의 성행, 법도와 기강의 문란 등 정치가 극히 혼란스러웠고, 삼정의 문란으로 백성들의 생활은 어려움에 빠졌다. 사상적으로는 조선 왕조의 지배 이념이던 성리학이 현실에 전혀 도움이 되지 않는 양반 중심의 학문이었으며, 이에 대한 반성으로 제시되었던 실학은 이단으로 몰려 개혁 사상으로서 실효를 거두지 못하고 있었다.

동학 운동 황토현 전적비

더구나 서학이 지배층에까지 유행하여 위기의식을 느끼게 되었으며 《정감록(鄭鑑錄)》이 백성들 사이에 널리 퍼져 백성들의 마음을 더욱 불안하고 동요하게 하였다.

　동학의 사상은 유교와 불교 그리고 도교의 사상을 종합하고 민간 신앙적인 요소도 포함한 우리 고유의 사상이며 우리 고유의 종교이다. 동학은 서학(천주교)에 반대하여 생겨난 것이다.

　최제우의 동학에서 주장한 사상으로는 '인내천(人乃天)' 사상과 후천개벽(後天開闢) 사상이다. '인내천' 사상은 '모든 사람은 평등하다.' 고 주장한 것으로, 개인적으로 하늘의 명을 알아 성인군자가 되는 것이고, 사회적으로는 성인군자의 이상사회를 만드는 것이라고 했다.

　후천개벽 사상은 왕조를 중심으로 하는 양반사회의 질서는 언제든 변할 수 있는 것이며, 모든 것은 돌고 돌아 주역(周易)의 이치를 빌어 변혁되어 빈곤에 허덕이는 백성들이 부자가 된다는 사상이다.

최제우가 포교를 시작한 지 3년이 지나자 교세가 크게 불어 그 규모가 거의 전국을 망라하기에 이르렀다. 그러자 조정에서도 동학의 교세 확장에 두려움을 느끼고 급기야 1863년 12월 최제우를 잡아들이라는 명령을 내렸다. 관헌의 지목을 받고 있음을 염려한 최제우는 해월 최시형(崔時亨)을 후계자로 임명하고 그에게 모든 일을 맡겼다.

최제우는 피신한 지 1년이 못 되어 혹세무민(惑世誣民)한다는 죄목으로 경주 진영에 체포되었다. 최제우는 1864년 3월 10일 사도난정(사악한 도로 바른 도를 어지럽힌다는 뜻)이라는 죄목으로 4년에 걸친 포교를 끝내고 효수형(梟首刑)에 처해졌다. 이때 그의 나이 41세였다. 그가 처형된 후 그의 제자들이 그의 글들을 모아 기본이 되는 가르침으로 삼게되었다. 한문체로 된 것을 엮어 놓은 것이 《동경대전(東經大全)》이고, 가사체로 된 것을 모아 놓은 것이 《용담유사(龍潭遺詞)》이다.

최제우의 동학사상은 반봉건 운동으로 확대되어 현실 개혁적인 동학 농민 운동으로 나타났으며, 일제 강점기에는 백성들을 계몽하는 애국 계몽 운동의 선봉에 섰다.

? 알고 넘어가기

동학의 경전

동학의 가르침을 담은 경전에는 《동경대전》과 《용담유사》가 있다. 동학의 창시자인 최제우가 갑자기 처형당하자, 신도들이 그의 글을 모아서 기본이 되는 가르침으로 삼은 것이다. 《동경대전》은 한문을 읽을 수 있는 유교 지식인들을 위해 '포덕문', '논학문', '수덕문', '불연기연문' 같은 한문으로 된 글을 엮었다.

또 《용담유사》는 일반 백성들과 부녀자들이 알기 쉽도록 한글 가사체를 빌려 동학의 사상을 나타냈는데 〈용담가〉, 〈안심가〉, 〈교훈가〉, 〈도수사〉, 〈검결〉, 〈몽중노소문답가〉, 〈권학가〉, 〈도덕가〉, 〈흥비가〉 등 9편을 담고 있다.

49. 흥선 대원군의 쇄국 정책

→ 흥선 대원군(興宣大院君)의 쇄국 정책은 나라를 지키기 위한 자주성의
  표현인 동시에 근대화를 지연시켰다는 부정적 평가를 받는 양면성이
  있다.

흥선 대원군은 불우한 시절을 보냈다. 그런 시절이 흥선 대원군에게는 통치의 기술을 배우는 계기가 되었다. 백성들과 함께 어울려 지내다 보니 백성들의 고통을 알게 되어 최고 집권자가 되었을 때 이것을 개혁하는데 앞장을 섰다. 그리고 세도 정치로 인해서 왕권이 실추되었다는 것을 뼈저리게 느낀 흥선 대원군은 왕권의 회복에도 노력을 하게 되었다.

조성하(趙成夏)와 연결하여 왕위 계승자를 지명할 수 있는 문조의 비인 조대비와 연결한 흥선 대원군은 철종이 후사가 없이 죽자, 마침내 자신의 둘째 아들인 명복을 조

흥선 대원군

경복궁 근정전

선의 26대 왕인 고종으로 등극을 시켰다. 그러나 아들의 나이가 12세의 어린 나이였으므로 흥선 대원군이 섭정을 하였다.

흥선 대원군은 왕권을 회복하기 위하여 세도 정치를 타파하고 경복궁을 중건하였다. 경복궁을 중건하는 과정에서 비용을 마련하기 위하여 백성들에게 원납전(願納錢)을 거두어들이고 당백전(當百錢)을 발행하였다. 그리고 백성들을 강제로 부역에 동원하여 거센 원성을 듣기도 하였다.

이어서 국가 재정을 확보하기 위하여 전국에 1,000여 개의 서원이 있던 것을 47개만 남기고 모두 철거하였다. 서원 중에서 임금이 현판을 내린 사액서원(賜額書院)은 국가에 세금을 전혀 내지 않는 면세지이며, 학생들도 군역과 요역을 면제받았으므로 국가 재정에 막대한 손해를 끼치고 있었다. 흥선 대원군이 서원을 철폐한 것이 10년 후에 양반 유생들

의 반발을 받아 결국 하야하는 원인이 되기도 하였다. 그리고 양반들에게 군포를 내게 하는 호포제를 실시하였다.

흥선 대원군이 집권할 무렵 대외 정세는 불안하였다. 청나라는 아편 전쟁으로 불평등한 난징 조약(南京條約)을 체결하였으며, 난징 조약의 이행을 촉구하는 애로호 사건이 일어나 외세의 끊임없는 간섭을 받고 있었다. 일본은 미국의 위협으로 강제로 불평등한 개항 조약을 체결하였다. 그러므로 흥선 대원군으로서는 섣불리 서양 열강에 대하여 문호를 개방할 수가 없었다. 더구나 1868년에 독일인인 옵페르트가 예산에 있는 흥선 대원군의 아버지인 남연군 묘를 도굴하는 사건이 벌어졌다. 서양인의 윤리의식에 실망한 흥선 대원군은 문호 개방에 대한 부정적인 생각을 가지게 하였다.

이러한 결과로 흥선 대원군은 쇄국 정책을 실시한 것이다. 쇄국 정책은 서양 열강의 침략을 일시적으로 막는 자주적인 효과는 있었다. 하지만 우리나라의 근대화가 뒤처져 일본의 침략을 받게 되는 결과를 가져온 것이다.

이밖에 흥선 대원군은 백성들의 생활을 안정시키기 위하여 부잣집의 창고를 열어 가난한 사람을 도와주는 사창제(社倉制)를 실시하였으며, 법을 정비하여 《대전회통(大典會通)》이라는 법전을 편찬하기도 하였다.

? 알고 넘어가기

흥선 대원군과 외세의 충돌

고창 척화비

흥선 대원군이 집권하고 있을 때 프랑스와 미국의 충돌이 있었다.

부동항을 얻기 위하여 호시탐탐 조선을 노리는 러시아의 남하 정책을 막기 위하여 흥선 대원군은 프랑스의 힘을 얻고자 하였다. 그러나 유럽에서 독일을 견제하기 위하여 러시아와 협력 중인 프랑스가 이를 거절하였다.

이에 흥선 대원군은 프랑스 신부를 비롯한 천주교 신자를 처형하는 병인박해가 일어났다. 프랑스 신부가 처형되었다는 소식을 접한 중국 주둔 프랑스 함대는 1866년에 강화도를 침입하였다. 한때 양화진까지 진출하여 조선은 세곡을 운반하는 조운이 차질을 빚기도 하였지만, 양헌수가 정족산성에서 프랑스를 격퇴하여 물러가게 하였다. 프랑스는 강화도에서

물러나면서 왕실도서관인 외규장
각의 문서들을 탈취해가는 만행을
저질렀으며, 아직까지 외규장각의
문서들은 돌아오지 않고 있다.

양헌수 전승비

미국과의 충돌은 제너럴 셔먼호 사
건으로 일어났다. 미국 상선인 제
너럴 셔먼호는 1866년에 평양에
도착하여 통상을 요구하였다. 그러
나 평양유수였던 박규수가 이를 거
절하자 제너럴 셔먼호의 선원들이
평양 시내로 내려와 백성들을 죽이
고 물건을 약탈하였다. 이에 평양
백성들이 배를 불태우고 선원들을
죽이는 불상사가 일어났다. 5년 뒤
에 이 사실을 알게 된 미국의 동양
함대가 강화도를 침입하였다. 초지
진에서 조선군이 패배하였지만 광
성보에서 어재연(魚在淵)이 분전하
여 미국을 물리쳤다.

프랑스와 미국을 물리친 흥선 대
원군은 더욱 쇄국 정책을 공고히
하였다.

광성보

50. 강화도 조약

→ 일본과 맺은 강화도 조약(江華島條約)은 치외법권(治外法權)을 인정한 불
평등 조약이었다.

우리나라가 외국과 체결한 최초의 조약은 일본과 맺은 강화도 조약이
다. 일본이 운요(Unyo)호 사건을 일으켜 체결하게 된 강화도 조약은 근대

적 조약으로 지금까지 추진하던 쇄국 정책이 개국 정책으로 바뀐 것이다.

운요호 사건은 일본이 미국에게 무력으로 개국을 당한 후 메이지 유신을 통해 근대화의 길로 들어섰다. 1875년 4월 운요호 등 3척의 일본 군함이 동해와 남해를 거쳐 황해에 불법으로 들어와 무력 시위와 함께 해안을 측량하였다. 8월 20일 강화도의 초지진 포대에 접근하자 조선군이 즉각 포격으로 대응하였다. 조선군의 공격에 일본군도 맞섰으나 초지진으로의 접근이 어렵다고 생각하여 군사가 주둔하지 않는 정산도와 영종도를 22일과 23일에 연이어 공격하여 30여 명의 조선 주민을 살해하고 파괴와 약탈을 한 후 29일 일본으로 돌아갔다.

일본은 운요호 사건 때 조선의 공격으로 많은 피해를 보았다며 1876년 1월 8척의 군함과 6백여 명의 군사를 부산항에 보내 무력시위를 하였다. 이때 조선은 쇄국 정책을 추진하던 흥선 대원군이 물러나고 개화를 추진하던 명성 황후(明成皇后)가 등장하였으므로 일본의 요구를 받아들였다.

일본과 맺은 강화도 조약의 특징은 불평등 조약이다. 불평등 조약을 나타내는 문구는 곳곳에서 보이고 있다.

제1조 ― 조선은 자주국이며 일본과 평등한 권리를 보유한다.
→ 조선이 청나라를 상국(上國)으로 모시는 것을 부정하고 일본이 조선을 침략하는데 청나라의 방해를 처음부터 막으려는 속셈이었다.

······(중략)······
제7조 ― 조선국 해안을 일본국의 항해자가 자유로이 측량하도

록 허가한다.

→ 일본이 정치적 · 경제적으로 침략을 하는 것 외에 군사적으로도 우리나라를 마음대로 드나들 수 있도록 한 것이다.

……(중략)……

제9조 — 인민은 각자의 뜻에 따라 무역을 하고 양국의 관리는 조금도 이에 관여하지도 못하며, 제한이나 금지하지 못한다.

→ 공업이 발달한 일본이 자유 무역을 주장함으로써 소규모의 수공업에 의존하는 우리나라 상인들과 공장에 대하여 나라에서 보호할 정책을 시행하지 못하도록 한 것이다.

제10조 — 조선 영토에서 발생한 일본인의 범죄는 조선 법률이 아니라 일본 법률로 다스린다.

→ 우리나라의 주권을 부정하는 치외법권(治外法權) 조항이다.

우리나라가 외국과 맺은 최초의 근대적 조약으로, 이를 계기로 서양 열강들과 조약을 맺게 되었으며 본격적인 서구화의 길로 들어서게 되었다.

51. 서양과의 통상을 거부한 위정척사파

→ 모든 종교와 사상을 배격한 성리학을 밑바탕에 둔 위정척사(衛正斥邪) 사상은 서양의 사상과 문화를 오랑캐의 것이라고 하여 거부하면서 전통문화를 지키려고 하였다.

북학파의 한 사람이었던 박지원의 손자인 박규수(朴珪壽)는 역관(譯官) 오경석(吳慶錫), 의관 유대치(劉大致/劉大癡)와 함께 문호 개방을 통해 서양 세력의 침략을 미연에 방지하자는 것이다.

　개화사상은 북학파의 영향을 받았다. 북학파는 청나라가 오랑캐이긴 하지만 우리나라에 이로운 것은 받아들이자는 사상이었다. 개화사상은 청의 문화를 받아들이듯이 서양 문화도 받아들여 우리나라를 발전시키자는 것이다.

　반면에 이항로, 기정진, 최익현 등은 중원 대륙도 오랑캐인 만주족의 지배를 받고 있으므로 진정한 중화는 조선뿐이라는 사상을 가지고 있었다. 그리하여 서양 문화도 모두 오랑캐 문화와 같은 맥락에서 반대하였다.

　강화도 조약 이후에 근대화를 위한 많은 시책들이 나왔다. 개화 정책을 총괄하는 통리기무아문(統理機務衙門) 설치, 신식 군대인 별기군(別技軍)을 설치하였다. 그리고 근대화 문물을 받아들이기 위하여 청나라에 김윤식(金允植)을 대표로 한 영선사(領選使)를, 일본에는 김홍집(金弘集)을 대표로 한 수신사(修信使)와 박정양(朴定陽)을 대표로 한 신사 유람단(紳士遊覽團)을 파견하였다.

　근대화 정책은 위정척사파의 반발을 사게 되었다. 특히 별기군과 구식군의 차별이 그러했다. 밀린 봉급을 주면서 쌀과 모래 등을 섞어놓은 불량미를 주니 구식군들의 불만이 폭발한 것이다. 구식군들은 위정척사파인 흥선 대원군을 대표로 하여 고종 19년(1882)에 거사를 하였다. 이 사건을 임오군란(壬午軍亂)이라고 하는데 개화 정책을 추진하던 민씨 세력들을 쫓아내고 일본인들을 살해하였다. 그리고 명성 황후를 시해하려고 하였으나, 명성 황후는 충주로 피난을 갔다. 충주로 피난을 간 명성 황후는 고종에게 청나라에 구원병을 요청하게 하였다. 결국 청나라의 힘을 빌려 흥선 대원군을 청나라에 압송하고 구식군의 반란을 진압하였다.

그러나 사건의 여파는 매우 컸다. 일본에서는 배상금과 사과단을 파견할 것을 요구하였다. 그래서 조선과 일본 사이에 맺어진 조약이 제물포 조약(濟物浦條約)이다. 이 조약에 따라 일본에 배상금을 지불하고, 박영효를 대표로 일본에 사과단이 파견되었다. 박영효는 일본으로 가면서 태극기를 처음 사용하였다.

임오군란으로 많은 피해를 본 민씨 세력은 개화 정책에 소극적이 되었다. 이때 박규수의 영향을 받은 김옥균(金玉均), 박영효(朴泳孝), 홍영식(洪英植)은 일본의 메이지 유신을 모델로 급진적인 개혁을 시도하려고 하였다. 그러나 민씨 세력들이 반대하자 고종 21년(1884)에 갑신정변(甲申政變)을 일으켰다. 우정국 개국 축하연에서 민씨 세력을 비롯한 개화에 반대하는 세력들을 제거하고 정권을 잡으면서 청에 대한 자주권을 선언하고 신분 제도와 조세 제도의 개혁을 추진하였다. 민씨 세력들은 다시 청나라에 원병을 요청하였다. 개화파들을 지원하기로 한 일본은 청나라의 개입에 개화파를 지원하겠다는 약속을 저버렸다. 결국 갑신정변은 3일 만에 실패로 끝나고 말았다.

갑신정변으로 청나라의 내정 간섭이 강화되었으며, 일본은 정치적으로 밀려나면서 경제적 침략에 힘을 기울였다.

그리고 일본은 배상금을 요구하여 조선과 일본 사이에는 한성 조약(漢城條約), 그리고 청나라와 일본 사이에는 텐진 조약[天津條約]이 체결되었다.

　위정척사파는 한말에 의병 운동을 주도하면서 국권 수호에 앞장을 섰다. 반면에 개화파들은 애국 계몽 운동을 통해 실력을 양성하여 일본의 침략을 막고자 하였다.

❓ 알고 넘어가기

김옥균의 〈갑신일록〉에 나타난 14개 조의 정강

오늘 회의에서 개정한 바를 다음과 같이 대략 기록한다.

1. 대원군을 즉각 환국하도록 한다.
2. 문벌을 폐지하여 인민평등의 권리를 제정하고, 사람으로서 관(官)을 택하게 하고, 관으로써 사람을 택하게 하지 않는다.
3. 전국의 지조법(地租法)을 개혁하여 아전의 간악함을 막고 백성의 곤란을 구제하며 나라의 재정을 풍족하게 한다.
4. 내시부를 혁파하고, 그 중 재능이 있는 사람은 등용하게 한다.
5. 전후 사치스러움이 현저한 관리는 죄준다.
6. 각 도의 환곡은 영구히 폐지한다.
7. 규장각을 혁파한다.
8. 급히 순사를 두어 도둑을 막는다.
9. 혜상공국(惠商公局)을 혁파한다.
10. 전후 유배·금고(禁錮)된 사람은 사정을 참작하여 풀어준다.
11. 4영을 합하여 1영으로 하고 영 중에서 군사를 뽑아 근위대를 설치한다.
12. 재정은 모두 호조에서 관할케 하고, 다른 재무아문은 혁파한다.
13. 대신과 참찬은 합문(閣門) 안의 의정부에서 회의 결정하고 정령을 공

포해서 시행한다.

14. 정부 6조 이외의 불필요한 관청은 모두 혁파하고, 대신과 참찬이 협의하여 처리케 한다.

52. 조 · 미 수호 통상 조약과 한 · 미 FTA의 차이

→ 1882년에 체결한 조 · 미 수호 통상 조약은 우리나라의 주권을 인정하지 않은 미국이 청과 교섭한 조약이지만, 2007년에 체결한 한 · 미 FTA는 미국과 대등한 관계에서 체결한 조약이다.

한국과 미국의 공식적인 첫 수교는 1882년 5월 22일 거행되었다. 당시 조선은 미국과 14개 조항의 조 · 미 수호 통상 조약에 서명했다. 서양 열강과 맺은 최초의 조약이었다. 제물포(인천) 화도진에서 행해진 이 서명의 조선측 대표는 신헌(申櫶), 미국 대표는 로버트 윌리엄 슈펠트(Shufeldt, Robert W.)였다.

그러나 조 · 미 수호 통상 조약을 체결하기 위하여 조선에서는 강화도 조약의 실수를 하지 않기 위하여 만전의 준비를 하였다. 하지만 조 · 미 수호 통상 조약에서 조선측 대표인 신헌이 한 일은 단지 미국이 한국에 쌀을 수출하지 못하도록 한 조치뿐이었다. 조약에 관한 모든 사항은 청나라의 관리인 마건충(馬建忠)이 담당하였다. 미국이 조 · 미 수호 통상 조약을 체결하면서 조선을 철저히 배제한 것은 우리나라의 주권과 외교권을 인정하지 않은 것이었다.

조약이 체결된 다음 해인 1883년 5월엔 초대 미국 전권공사 H.푸트가 입국해 비준서를 교환했고, 조선 정부에서도 같은 해 6월 전권대신

민영익(閔泳翊), 부관 홍영식(洪英植)을 미국에 파견함으로써 양국의 역사적 교류가 시작되었다.

2007년 4월 2일에 체결된 한·미 FTA는 125년 전의 상황과는 전혀 다르다. 단지 같은 내용은 쌀의 수입에 대한 금지조치일 뿐이다. 당시에 미국은 우리의 주권과 외교권을 인정하지 않았지만, 오늘날 한국은 세계 10대 무역국으로 미국과 어깨를 나란히 하여 당당하게 한·미 FTA를 체결한 것이다. 농업과 제약공업에 피해가 예상되지만, 자동차와 섬유 등에서 우리나라는 많은 이익을 얻을 수가 있다. 그리하여 더 많은 사람들을 고용하는 효과가 나타나 나라 경제가 활발하게 움직일 수 있는 것이다. 2007년 한·미 FTA 협상 타결안은 우리나라가 세계로 나가는 새로운 도전과 기회라고 할 수 있다.

? 알고 넘어가기

한·미 FTA(Free Trade Agreement) 주요 내용

1. 농산물 : 한국은 쇠고기에 대한 관세를 15년 내 단계적으로 폐지하며, 미국의 개방 요구대상에서 쌀은 제외한다. 수입이 일시적으로 많을 때에는 임시로 수입 제한조치를 취할 수 있다.
2. 개성공단 : 개성공단 제품은 한반도 비핵화 진전 등 북핵이 개선되면 한국산으로 인정한다.
3. 자동차 : 미국산 승용차 3000CC 미만은 관세를 폐지하며, 3000CC 이상은 단계적으로 폐지하고, 한국에서 자동차 특별 소비세를 3년 내에 5%로 단일화한다.
4. 섬유 : 미국은 수입액 기준 61% 관세 즉시 폐지하며 리넨 등 한국 주력 수출품목에 대한 원사기준 적용을 예외로 한다.
5. 상품 : 공산품과 임수산물은 교역금액 기준으로 양국 모두 100% 관세 폐지하는데,

특히 이 가운데 약 94%는 즉시 또는 3년 이내 폐지한다.
6. 금융 : 한국의 우체국보험 등 일부 공제기관은 특수성을 인정하여 외환위기 때 일
시적 자금이탈을 막는 일시적 세이프가드를 도입한다.

53. 태극기의 기원

→ 삼국 시대 이래 태극 문양이 사용되었으며, 1882년 임오군란으로 맺어
진 제물포 조약에 따라 일본에 사절단으로 가던 박영효가 오늘날의 태
극기(太極旗)를 만들었다.

태극 문양은 반만년 역사 속에 우리 민족과 함께 숨쉬어온 정신적 상징
이다. 태극 문양이 처음 사용된 것은 삼국 시대다. 삼국 시대 이래 우리나
라에서는 임금이 곧 국가였고, 임금을 상징하는 국기가 곧 의장기(儀仗
旗)다. 이 의장기로 사용하는 깃발에 태극 문양을 많이 사용했다. 특히 조
선 시대에는 어기(御旗)로써 태극 주위에 8괘를 그려 넣어 사용하기도 하
였다. 1725년 3월 영조의 책봉례를 치르고 귀국하기까지의 과정을 그림
으로 담은 화첩인 〈봉사도(奉使圖)〉에 태극 깃발이 그려져 있다.

그 이전에 임진왜란 때도 태극 문양이 사용되었다. 종전화가가 그린
태극 문양 깃발은 가운데 태극을 중심으로 구름이 사방을 두르고 있다.
이는 아마 명나라의 군선과 구별 짓기 위함일 것이다.

그리고 프랑스의 성 루이 성당 안에는 병인양요(1866년) 때 프랑스가
한국에서 노획해 간 것으로 추정되는 태극 문양의 삼각기가 걸려 있다.
이러한 것으로 미루어 태극 문양은 오래전부터 우리나라를 대표하는 상
징적인 문양이라고 할 수 있다.

그 뒤 우리나라와 미국과의 외교관계가 맺어질 무렵에 김홍집은 우리

원형 태극기

나라의 태극 팔괘를 바탕으로 국기를 만들었다. 김홍집은 전통적으로 우리나라에서 쓰고 있는 향교나 서원의 대문 등에 그려진 태극 문양을 중앙에 그려 넣었다고 한다. 태극 문양에서 적색은 태양으로서 존귀함을 상징하고, 청색은 남성으로서 희망을 상징하는 것을 염두에 두었다고 한다. 둘레에는 조선 시대의 팔도를 상징하는 팔괘를 그렸다.

오늘날과 같은 태극기는 1882년 음력 8월 박영효(朴永孝)가 사절단으로 일본에 갔을 때 대외 공식적으로는 최초로 사용했다. 같은 해 민씨 세력들이 구식 군인을 차별하는 것에 반발해서 일어난 임오군란으로 일본인들이 많은 피해를 보았다. 일본은 조선 정부에 피해보상과 사과를 요구하였다. 이에 박영효가 일본에 사과하러 보내는 사신으로 가면서 나라를 상징하는 국기의 필요성 때문에 만들어진 것이 바로 태극기였으며, 고종의 허락을 받아 일본으로 가면서 배에 게양을 하게 된 것이다.

그 뒤 1883년(고종 20년) 음력 1월에 태극 4괘가 그려진 기를 국기로 사용토록 고종의 명령으로 공포했으나 정확한 제작 방법 등을 규정하지 않았다.

일본이 우리나라를 식민 지배하던 어두운 시절에는 민족주의 계열이건 사회주의 계열이건 모두 태극기를 앞세워 독립 운동을 하였다.

오늘날에는 팔괘 대신에 사괘를 쓰고 있다. 건(乾)은 하늘과 봄과 동쪽을 뜻하고, 곤(坤)은 땅과 여름과 서쪽을, 감(坎)은 해와 가을과 남쪽을, 이(離)는 달과 겨울과 북쪽을 뜻한다. 이렇게 태극기에는 우리나라가 곧 세계의 중심이라는 자부심이 깔려 있다.

현재 우리가 사용하고 있는 태극기는 1949년 3월 25일 교육부에서 심의하여 결정한 것이다. 그러므로 태극기는 곧 삼국 시대 이래로 우리나라의 상징이라고 하겠다.

54. 동학 농민 운동

→ **일본의 침략에 대항한 반외세 운동이며, 봉건적 폐단의 개혁을 주장한 반봉건 운동이었다.**

일본은 갑신정변 이후에 정치적으로 청나라에 밀려나자, 경제적으로 조선을 지배하겠다는 전략을 세웠다. 일본은 춘궁기에 조선 사람들이 좋아하는 광목 등과 같은 옷감을 들여와 외상으로 판매한 뒤에, 추수철인 가을에 대금을 받아갔다. 그러나 가을이 되면 높은 이자로 농민들의 고통이 심해져 반일 사상이 점점 높아졌다.

농민들은 고통이 심해지자 자신들을 돌보아줄 사상으로 동학을 찾게

만석보 유허비

전봉준 동상

되었다. 동학은 천주교를 반대하여 이름까지도 동학이라고 할 정도로 외세를 배척하는 종교였다. 또한 모든 사람이 평등하다는 사상은 많은 농민들에게 환영을 받았다.

첫 집회는 삼례에서 가졌다. 이때에는 억울하게 죽음을 당한 교조 최제우의 죄를 사면하고 동학 포교의 자유를 달라고 요구하였다.

그러나 나라에서는 이들의 요구를 거부하였다. 그러자 보은에서 다시 집회를 가졌다. 보은 집회는 동학의 포교 자유뿐만 아니라 부정한 관리들을 처벌하고 일본의 침략을 반대하는 정치적인 요구로 발전하였다. 이로써 동학은 종교 운동이 아닌 전 국민이 참여한 농민 운동으로 발전한 것이다.

동학 농민 운동은 고부에서 처음 발생하였다. 고부 군수 조병갑(趙秉甲)의 탐학에 전봉준의 지도로 봉기한 동학군은 황토현 싸움에서 처음으로 관군을 물리치고 승승장구하여 전주를 점령하였다.

정부에서는 청나라에 원병을 요청하

공주 우금치
동학 농민 운동비

였다. 조선의 요청을 받은 청나라는 톈진 조약에 따라 조선에 군사를 파
견하는 것을 일본에 통보하였다. 일본은 이 기회에 조선을 자국의 영향
권 아래 놓기 위해 군사를 파견하였다.

청나라와 일본이 군사적으로 개입하자, 정부는 당황하여 전주에서 동
학의 요구를 들어주고 화약을 맺었다. 동학군들은 집강소(執綱所)를 설
치하여 관리들이 없는 고을을 다스렸다. 전주화약을 맺은 후에도 청나
라와 일본의 군사들이 물러나지 않자, 동학군은 외세 배척을 구호로 다
시 봉기하였으나, 공주 우금치에서 패배하였다.

비록 실패로 끝난 동학 농민 운동이지만 농민들의 주장은 갑오개혁에
반영되어 근대사회로 발전하는 계기가 되었으며, 청나라와 일본의 전쟁
이 일어나는 계기가 되었다.

동학군의 요구 사항인 폐정 개혁 12조

1. 동학교도들은 정부에 대한 원한을 씻고 나랏일에 협력한다.
2. 탐관오리는 그 죄상을 조사하여 엄벌한다.
3. 백성들을 괴롭힌 부호들을 엄벌한다.
4. 불량한 부호와 양반의 무리들을 엄벌한다.
5. 노비 문서를 불에 태운다.
6. 천인들에 대한 차별을 개선하고, 백정들만이 쓰는 갓을 없앤다.
7. 과부가 재혼하는 것을 허가한다.
8. 이름 없는 잡세는 모두 없앤다.
9. 관리를 채용할 때는 지연과 혈연을 타파하고 인재를 등용한다.
10. 일본과 내통하는 사람은 엄벌한다.
11. 공사채를 막론하고 시효가 지난 것은 모두 무효로 한다.
12. 토지를 평균하여 농민들에게 나누어 준다.

55. 갑오개혁

→ 갑오개혁은 동학 농민 운동에서 요구한 개혁 내용을 수용하기도 했지만, 일본이 조선 침략에 유리한 내용을 담고 있다.

갑오개혁(甲午改革)이 일어난 배경은 두 가지로 볼 수가 있다.

하나는 직전에 일어난 동학 농민 운동이며, 다른 하나는 청·일 전쟁이다.

동학 농민 운동은 민씨 척족 세력들의 부정과 부패에 대한 잘못된 정치를 바로 잡기 위한 개혁의 시발점이었다. 나라에서는 교정청을 설치하여 동학 농민군이 내세운 개혁의 내용을 중심으로 정치 개혁을 실시하려고 하였다. 하지만 보수파의 반발도 만만치 않았다.

동학 농민 운동을 진압한다는 명분으로 출동한 청나라의 통보를 받은 일본은 이 기회가 조선을 청나라에서 자신들의 손아귀로 바꿀 절호의 기회로 삼아 한반도에 일본군을 진주시켰다. 일본군은 경복궁을 포위한 뒤에 민씨 척족 세력을 몰아내고 흥선 대원군을 내세워 개혁을 추진하였다. 흥선 대원군은 김홍집을 총리로 하여 군국기무처를 설치한 뒤에 정치, 경제, 사회, 교육 분야의 개혁을 심의하였다.

이 개혁을 갑오개혁이라고 한다. 갑오개혁은 갑신정변 때 위로부터의 개혁 요구와 동학 농민 운동 때의 아래로부터의 개혁 내용을 통합한 민족의 요구를 담은 개혁이었다. 동학 농민 운동 때 제시되었던 신분제 폐지가 이루어지기도 하였으나, 농민들이 요구했던 토지 제도의 개혁은 이루어지지 않았기에 국민의 대다수를 차지하는 농민들이 갑오개혁에 부정적일 수밖에 없었다.

청 · 일 전쟁이 일본의 승리로 끝나자, 일본은 자신들의 침략에 유리한 발판을 마련하고자 개혁에 박차를 가하였다.

조선 정부는 개국 기원을 사용하는 등 우리나라가 독립국임을 내세우는 등 홍범 14조를 발표하였으나, 우리의 뜻과는 다르게 군사 제도의 개혁이 이루어지지 않는 등 일본의 조선 침략에 유리한 내용을 담고 있는 한계가 있다.

더구나 군국기무처(軍國機務處)가 활동한 5개월 동안에 200건이 넘는 개혁안을 발표하여 실시하기가 벅찼다.

즉 갑오개혁은 갑신정변 이후에 위로부터의 개혁 요구와 동학 농민 운동 때의 아래로부터 개혁 요구를 수용한 개혁이었으나, 일본의 간섭과 국민들의 외면으로 실패로 끝나게 되었다.

알고 넘어가기

홍범 14조

1. 청나라에 의존하는 생각을 끊고 자주독립의 기초를 세운다.
2. 왕실 규정을 만들어 대통(大統)의 계승과 종실(宗室)·척신(戚臣)의 구별을 밝힌다.
3. 국왕이 정전에 나아가 정사를 친히 각 대신에게 물어 처리하되, 왕후·비빈·종실 및 척신이 간여함을 허락하지 아니한다.
4. 왕실사무와 국정사무를 분리하여 서로 혼동하지 않는다.
5. 의정부와 각 아문(衙門)의 직무권한의 한계를 명백히 규정한다.
6. 부역과 세금은 모두 법령으로 정하고 명목을 더하여 거두지 못한다.
7. 조세부과와 징수 및 경비지출은 모두 탁지아문(度支衙門)에서 관장한다.
8. 왕실은 솔선하여 경비를 절약해서 각 아문과 지방관의 모범이 되게 한다.
9. 왕실과 각 관부(官府)에서 사용하는 경비는 1년간의 예산을 세워 재정의 기초를 확립한다.
10. 지방관 제도를 속히 개정하여 지방 관리의 직권을 한정한다.
11. 널리 자질이 있는 젊은이를 외국에 파견하여 학문과 기술을 익히도록 한다.
12. 장교를 교육하고 징병 제도를 정하여 군제(軍制)의 기초를 확립한다.
13. 민법 및 형법을 엄정히 정하여 함부로 가두거나 벌하지 말며, 백성의 생명과 재산을 보호한다.
14. 사람을 쓰는 데 문벌(門閥)을 가리지 않고 널리 인재를 등용한다.

56. 러 · 일의 조선 침략 과정

→ **청 · 일 전쟁에서 승리한 일본을 견제하는 러시아와 이를 물리치기 위한 과정에서 러 · 일의 경쟁이 격화되었다.**

청 · 일 전쟁에서 승리한 일본은 조선에 대한 지배권을 확고히 하기 위하여 청나라와 시모노세키 조약〔下關條約〕을 체결하였다. 시모노세키 조약은 요동 반도와 타이완 섬을 일본이 할양받는 것이다.

이에 부동항을 찾기 위하여 러시아가 추진하던 남하 정책이 차질을 빚었다. 러시아는 독일과 프랑스를 끌어들여 일본이 요동 반도를 차지함으로써 동양의 평화를 깨지게 했다는 것이다. 그리하여 러시아는 독일과 프랑스와 함께 배상금 4천5백만 원을 청나라로부터 받는 대신에 요동 반도를 영유하는 것을 포기할 것을 권고하였다. 나아가 러시아는 일본 근해에 군함까지 보내어 시위를 하였다.

일본은 삼국에 대항할 만한 군사력이 부족하였기에 하는 수 없이 요동 반도를 포기하였다.

일본이 러시아에 굴복하는 것을 본 명성 황후는 일본을 견제하기 위해서는 러시아를 이용할 생각을 하였다. 일본에 의해 임명된 대표적인 친일파인 박영효를 물러나게 한 명성 황후는 이범진(李範晉)과 이완용(李完用)을 기용하여 러시아와 가까이 하면서 일본을 멀리하는 정책을 추진하였다.

일본은 애써 닦아놓은 조선에서의 입지를 하루아침에 잃어버리자, 명성 황후를 제거할 계획을 세우게 되었다. 일본은 이노우에 공사를 본국으로 소환하고 대신 육군 중장 출신의 미우라를 주한 공사에 임명하였다. 미우라는 흥선 대원군을 종용하여 가담시키는 한편 우범선 등 조선 인들을 참여시켰다. 1895년 8월 22일이 거사일이었으나 탄로 날 것을 우려한 미우라는 20일 새벽에 옥호루에 난입하여 명성 황후와 궁녀들을 무참히 시해하였다. 증거를 없애기 위하여 미우라는 명성 황후의 시신을 불태워 우물에 버렸다.

명성 황후를 제거한 일본은 갑오개혁의 후속 조치로 을미개혁(乙未改革)을 실시하였다. 을미개혁은 연호로 '건양'을 사용하고, 양력을 사용하였으며, 단발령과 종두법, 그리고 우편 제도를 실시하는 것이 주요 내용이었다.

고종은 명성 황후의 시해로 신변에 위협을 느끼고 있었다. 이때 명성 황후의 시해로 국내에서는 의병 운동이 일어나고 있었다. 일본군과 의병들의 대치 상황을 틈타 고종은 일본군 몰래 러시아 공사관으로 피했다. '아관 파천(俄館播遷)'이 이루어진 것이다. 여기서 '아관'이란 아라사(러시아) 공사관의 중국식 표기이고, 파천은 임금이 궁궐을 떠나서 피한다는 뜻이다. 아관 파천으로 친러 내각이 수립되었으며, 울릉도의 삼림 채벌권 등 많은 이권이 러시아로 넘어가게 되었다. 러시아에 이권이 넘어가자, 미국과 일본 등 강대국들은 조선에 대하여 금광 채굴권이나 철도 부설권 등 이권을 빼앗아갔다.

고종이 러시아로 가자, 국내외에서 많은 비판 여론이 들끓었다. 고종이 다시 경복궁으로 돌아올 것을 조선 백성들뿐만 아니라 국제사회도 요구하였다.

이에 고종은 아관 파천으로 떠난 지 1년만인 1897년에 덕수궁으로 돌아왔다. 덕수궁으로 돌아온 고종은 무너진 나라의 체면을 살리고자 개혁을 실시하였다. 고종은 자주 국가임을 나타내기 위하여 국호를 대한 제국으로, 연호를 광무라 하면서 스스로 황제라 칭하였다. 그리고 양전 사업을 실시하여 지계(地契, 대한제국 시대에 토지의 소유권을 증명하던 문서)를 발급하는 등 근대적인 토지 소유 관계를 세우는 한편, 각종 회사와 공장을 설립하는 등 상공업의 진흥책도 마련하였다. 그러나 보수적인 집권층의 반대와 열강의 간섭으로 성과는 아주 미미하였다.

57. 독립 협회의 활동

→ **서재필(徐載弼)이 '독립'이라는 말을 사용한 것은 5백년 간 이어진 중국 으로부터의 독립과 봉건 제도의 악습에서 벗어나 새로운 나라로 독립 하자는 뜻을 나타내고 있다.**

갑신정변 후에 미국으로 망명한 서재필(徐載弼)은 컬럼비아 대학교 의 과대학을 졸업하고 우리나라 최초의 서양 의사가 되었다. 미국에서 공 부하여 우리나라가 청 · 일 전쟁과 갑오개혁, 을미사변과 을미개혁 등 외세의 침투가 심한 것을 보고 귀국을 결심하였다.

귀국 후 1896년에 서재필은 이승만(李承晚), 윤치호(尹致昊), 남궁억 (南宮檍) 등과 함께 독립 협회를 조직하였다. 서재필이 '독립'이라는 말 을 사용한 것은 5백년 간 이어진 중국으로부터의 독립과 봉건 제도의 악습에서 벗어나 새로운 나라로 독립하자는 뜻을 나타내고 있다.

독립 협회(獨立協會)는 자주 독립, 자강 개혁, 자유 민권을 목표로 국 민들을 계몽하고, 정부에 개혁을 요구하였다.

독립문

서재필은 중국으로부터의 독립을 위하여 중국의 사신을 맞이하던 영은문 자리에 독립문을 건립하였다. 또한 중국 사신들이 머물던 모화관 자리에는 독립관을 건립하여 백성들에게 독립 사상을 고취하였다. 백성들에게 독립 사상과 국내 및 세계정세를 알려주기 위하여 독립 신문을 발행하는 한편 영문판으로도 간행하여 외국인에게 올바른 한국관을 심어주려고 하였다. 나아가 만민 공동회라는 대중적 정치 집회를 개최하여 정부에 '헌의 6조'를 건의하여 ① 외국인에게 의지하지 말고, 관·민이 힘을 합하여 전제 황권을 견고하게 할 것. ② 외국과의 이권에 관한 조약은 각 대신과 중추원 의장이 합동 날인하여 시행할 것. ③ 국가 재정은 탁지부에서 모두 책임지고 관리하며, 예산과 결산을 국민에게 공포할 것. ④ 중대 범죄를 공판하되, 피고의 인권을 존중할 것. ⑤ 신하들의 요청으로 임금이 임명하는 관리는 정부의 자문을 받아 다수의 의견을 따를 것. ⑥ 정해진 규정을 실천할 것을 요구하기도 하였다. 이에 나라에서는 국가 전복 음모를 꾀하는 공작으로 보고 1898년 11월 4일에 독립 협회의 주요 인물을 체포하였다. 그리고 전국의 보부상들로 조직된 황국 협회를 조직하여 독립 협회의 활동을 방해하게 하여 충돌이 일어나니, 이를 트집 잡아 1899년 12월에 해산시켰다.

신문은 언제부터 있었을까?

▶ 조정에서 발행하는 일간 신문인 「조보(朝報)」가 있었다. 또한 민간에서 유료로 보급하는 신문도 있었다.

우리나라에서 근대 신문이 발간된 것은 1883년에 박문국(博文局)에서 나온 「한성순보(漢城旬報)」가 그 시작이다. 이는 순간(旬刊), 즉 10일에 한 번 발간되는 신문으로 국가에서 발행하는 관보(官報)였다. 처음에는 국한문체(國漢文體)로 발간하기로 계획했으나 보수파(수구파)의 반대로 한문으로만 쓰였다.

우리나라 최초의 근대식 일간지는 독립 협회에서 발간한 민간 신문인 「독립 신문(獨立新聞)」이다. 1896년 한글과 영문으로 발간된 이 신문은 일반 대중에게 자유, 민권 사상을 계몽했으나 1898년 독립 협회의 해산과 더불어 폐간되었다. 이러한 근대식 신문이 발행되기 이전에 우리나라에는 신문이 없었을까?

독립신문

물론 있었다. 그것은 「조보(朝報)」이다.
조보야말로 우리나라 최초의 신문이었다. '기별'이라고도 불렸던 조보는 국가에서 발간하는 관보로, 필사(筆寫) 신문이었다. 조선 시대 태조(재위 1392~1398) 때부터 춘추관의 사관으로 하여금 전날 저녁에서 그날 아침까지 반포된 국왕의 전교와 결재 사항, 견문록을 한문과 이두로 기록하도록 하여 각 관청에 보내 주었다. 이후 조보의 중요성이 점점 커지자 주무 부처가 춘추관(春秋館)에서 왕의 비서실인 승정원(承政院)으로 바뀌었고, 보급이 중앙 관청에서 지방 관청과 양반층에게까지 확대되었다. 그러다 보니 '조보가 배달되었느냐'는 뜻인 "기별 왔느냐?" "기별은 받았느냐?"는 등의 말이

'소식을 들었느냐?'는 뜻으로 민간에서 바뀌어 쓰이게 되었다.

조보는 고종 31년(1894) 11월 21일 승정원이 없어질 때까지 꾸준히 발행되었다.

관보인 조보뿐만 아니라 민간 신문도 발행되었다. 선조 11년(1578)에 당시 지도층 양반을 중심으로 발행된 민간 신문은 관보인 조보의 내용을 담아, 날마다 만드는 일간 신문이었다. 오늘날처럼 구독료를 받아 운영했으며, 조정을 비롯한 각계각층의 독자를 확보했다. 그러나 발행된 지 얼마 되지 않아 임금이 "이것이 이웃 나라에 흘러 나가면 나라의 좋지 못한 것이 알려진다."며 신문을 폐간시켰으며, 신문 발행에 참여했던 사람들을 귀양 보냈다. 그 이후에는 「독립 신문」이 나올 때까지 민간 신문이 발행되지 못했다.

참고로, 우리나라 최초의 근대 신문 기자는 《서유견문(西遊見聞)》을 지은 유길준(俞吉濬)이며, 최초의 여기자는 1924년 조선일보사에 채용된 최은희(崔恩喜)이다.

❗ 우리나라 신문 일람

명칭	기간	창간 대표	내용
한성순보	1883.1~1884	민영목	최초의 한자 신문
한성주보	1886.1~1888	김윤식	한성순보 후신, 국한문 16면
한성신보	1895.1~?	아다치	일문 한성신보 자매지, 격일간
독립신문	1896.4~1899	서재필	순국문지, 주3회
협성회회보	1898.1~?	양홍묵	순국문지, 교육과 토론 위주
매일신문	1898.1~?	양홍묵	최초의 순국문 일간지
경성신문	1898.3~1898.4	정해원	순국문 2면, 주2회
대한황성신문	1898.4~1898.9	정해원	순국문지
황성신문	1898.9~1910.8	장지연	국한문, 일간지
제국신문	1898.8~1910	이종면	순국문 일간지, 부녀자 대상
시사총보	1899~?	현영운	국한문 혼용 격일간지
상무시보	1899~1900		국한문 혼용 격일간지
조선크리스도인회보	1897.2~	아펜셀라	국문 주간지
그리스도 신문	1897.4~	언더우드	국문 주간지
대한신보	1898.4~	와다나베	국문 격일간지
대한매일신보	1905.8~1910.8	배 설	국한문 혼용, 항일운동의 최고
대한일보	1904.5~?	하기야	대한매일신보에 대항하기 위한 국문지

명칭	기간	창간 대표	내용
대동신보	1904.4~?	기쿠치	대한매일신보에 대항하기 위한 국문지
중앙신보	1906.1~?	고 가	〃
만세보	1906.6~?	오세창	일진회를 비난 공격
경성일보	1906.9~1945		통감부 선전 기관지
경향신문	1906.10~?		가톨릭 계통의 주간지
국민신보	1906.1~?	이용구	친일적 언론지
대한신문	1907.7~?	이인직	친일적 언론지
법정신문	1909.8~?		이완용 내각의 민간 회유책으로 허가조
대한민보	1909~1910.8	오세창	일진회와 친일파에 대항, 만화 연재
대동일보	1909.12~?	안익선	〃
시사신문	1909.5~?	백낙균	〃
경남일보	1909.10~?	김홍조	영남 유림들의 최초의 지방지
매일신보	1910.8~1938.4		조선 총독부의 국문기관지
한성신문	1910.8~1910.9		황성신문의 후신
민보	1910.8~1910.8		이틀만에 폐간
한양신문	1910.8~?		대한신문의 후신
공립신문	1905~	송석준	국문의 주간지, 샌프란시스코에서 발행
신한민보	1907~	이강	공립신문의 후신, 샌프란시스코에서 현재까지 발행
시사신보	1905~	윤병구	하와이에서 발행한 국문지
국민보	~?	이승만	호놀룰루에서 발행, 일간지
태평양주보	1914~	이승만	하와이에서 발행
대동공보	1909~?	이 강	교포 계몽지
해조신문	1910~	신채호	국문 교포 계몽지
조선일보	1920.3~	조진태	3대 민간지의 하나. 현재까지 발행
동아일보	1920.4~	박영효	3대 민간지의 하나. 현재까지 발행
시사신문	1920.4~1921	민원식	3대 민간지의 하나. 월간 시사평론으로 바뀜
독립신문	1919.8~	이승만	임시정부 기관지
간도신보	1919~		독립 정신을 고취시킨 신문, 간도에서 발행
신대한보	1919.10~?	박인관	대한 민국총회 기관지

명칭	기간	창간 대표	내용
한족신보	1919~1921	이시열	한족회 기관지
경종보	1921~1922	김이대	통의부 기관지
대동민보	1923.11~1925	김이대	정의부 기관지
시대일보	1924.3~1926	최남선	논술 중심의 순민간지
중외일보	1926.11~1931	이상협	조/석 8면 시작
중앙일보	1931.10~?	노정일	중외일보의 후신
조선 중앙일보	1933.2~1937.11	여운형	중앙일보로 개제
매일신보	1938.4~1945.11	최 인	경성일보와 분리 발족
서울신문	1945.11~	오세창	매일신보의 후신
한국일보	1953.6~	장기영	태양신문의 후신

58. 근대 문물과 시설

→ 화폐를 발행하는 전환국(典圜局)을 비롯한 근대 시설과 전화와 전기를
 비롯한 근대 문물이 도입되었다.

강화도 조약을 체결한 후에 정부에서는 개화 문명을 받아들이기 위하
여 유학생과 문명 시찰단을 일본과 청나라에 파견하였다.

일본에는 2차례에 걸쳐 수신사가 파견되었는데, 김기수와 김홍집이
문명시찰단을 이끌고 갔다. 또한 박정양도 신사 유람단을 이끌고 일본
으로 갔다.

청나라에는 김윤식이 영선사를 이끌고 갔다. 특히 영선사는 무기 제
조 기술을 배우기 위한 유학생으로 간 것이었다. 하지만 양반 자제들로
구성된 유학생들은 이론은 자신들이 배우고 실기는 함께 간 몸종들이
배우는 어리석은 일들이 벌어져 큰 성과를 거두지 못했다.

일본과 청나라에서 문물을 시찰하고 와서 만들어진 것이 박문국이다. 박문국은 근대 인쇄술로 출판을 하면서 최초의 근대 신문인 「한성순보」를 간행하였다.

통신 시설로는 전신과 전화가 있다. 전신은 우체국 간에는 전화로 우체국과 통신자를 연결하는 방식이다. 처음에는 서울과 인천 간에 설치되었다가, 중국과 일본을 연결하는 국제 통신망을 갖추게 되었다. 우리나라에 전화기가 도입된 것은 1882년 상운에 의해 이루어졌지만 1896년에 가서야 실용화가 되었다. 전화는 처음에 궁궐에 설치되었다가 그 뒤 서울 시내에 설치되었으며, 1902년 3월 20일 통신 업무를 관장하던 한성전화소가 서울과 인천 사이에 공중전화를 설치하면서, 나라에서 전화를 사용한 지 6년 만에 백성들도 전화를 쓸 수 있었다.

근대 우편 제도는 우정국의 설치로 시작되었다. 하지만 우정국 개국 축하연회 자리에서 발생한 갑신정변으로 중단되었다가 1895년 을미개혁으로 본격적인 우편 제도가 실시되었다.

최초의 서양 의료 시설은 광혜원(廣惠院)이다. 광혜원은 미국인 선교사 앨런(Allen, H. N.)에 의하여 운영이 되었다. 앨런은 갑신정변 때 부상당한 민영익의 생명을 구해주었기에 명성 황후가 그에 대한 보답으로 광혜원을 지어준 것이다.

이 밖에 화폐를 발행하는 전환국, 무기를 제조하는 기기창(機器廠) 등 근대적인 시설과 문화가 보급되었다.

옛날에는 공중전화 옆에 관리가 있었다?

▶ **공중전화에서 전화 예절을 잘 지키는가를 관찰하기 위한 관리가 있었다.**

오늘날 휴대폰이 보편화되어 어린아이들을 제외하고는 거의 대부분이 휴대 전화를 가지고 있다. 그래서 길가에 설치되어 있던 공중전화가 쓸모없어져 한국통신에서 골치를 썩이고 있다고 한다.

전화는 1876년 미국인 벨(Bell, Alexander Graham)에 의해 발명되어 통신 혁명을 가져왔다. 지금까지 모스(Morse, Samuel Finley Breese)가 발명한 복잡한 기호로 이루어진 무선전신을 바꾸는 계기가 되었다.

우리나라에 전화기가 도입된 것은 1882년 상운에 의해 이루어졌지만 1896년에 가서야 실용화가 되었다.

1902년 3월 20일 통신 업무를 관장하던 한성전화소가 서울과 인천 사이에 공중전화를 설치하면서, 나라에서 전화를 사용한 지 6년 만에 백성들도 전화를 쓸 수 있었다. 공중전화를 설치하면서 한성전화소는 전문 2조로 된 '전화권정규정'을 발표했다.

> 전화통화료는 5분간 50전이고, 다른 사람이 전화를 하려고 기다릴 때에는 10분 이상 통화할 수 없다.

'전화권정규정'은 우리나라 최초의 전화 법령이다.

텔레폰(Telephone)의 한자음을 따 '덕율풍(德律風)'이라고 불린 당시의 전화기는 너비 50cm, 길이 90cm쯤 되는 붉은 판에 붙인 벽걸이식으로 송수화기가 분리돼 소화기관에 신호를 돌리는 손잡이와 딸딸이가 붙어 있었다.

한성전화소에서는 공중전화 사용자가 통화 중에 싸우거나 예절에 어긋난 농담을 할 때는 통화를 중단시켰다. 한성전화소는 공중전화뿐만 아니라 양반 부잣집을 다니며 전화 가입을 권장하였다. 하지만 신문물은 곧 일본의 침략을 떠올리게 한다는 생각으로 거부감이 생겨 12명 정도 가입했다.

순종은 전화기를 이용하여 3년상을 치렀다. 부모님이 세상을 떠나면 3년간 시묘살이를 하는데, 임금의 직무 때문에 할 수가 없었던 순종은 부왕(父王)인 고종이 1919년에 세상을 떠나자 아침마다 전화를 고종이 잠들어 있는 홍릉에 연결하여 곡(哭)을 했다고 한다.

59. 일본의 침략 과정

→ **외교권 – 군사권 – 사법권 – 경찰권 – 국권의 순서로 우리나라를 식민지화하였다.**

일본은 우리나라가 갑신정변을 통해서 청나라의 종속에서 벗어나기를 바라는 마음에서 박영효를 비롯한 개화파들을 지원하였다. 그러나 민씨 세력들이 청나라에 원병을 요청함으로써 일본의 계획은 무산되었다.

일본은 정치적으로 조선을 지배하는 대신에 경제적 침략에 주력하였다. 그리고 청나라와 대등한 관계를 유지하기 위하여 톈진 조약을 체결하였다.

일본의 침략이 본격화된 것은 동학 농민 운동이 일어나면서부터이다. 동학 농민 운동을 진압할 힘이 없었던 조선은 청나라에 원병을 요청하였다. 청나라에서는 톈진 조약에 따라 일본에 군대의 파견을 알렸으며, 이 기회에 조선을 지배하겠다는 야욕을 가진 일본도 군대를 파견하였다. 동학 농민군과 조선 정부가 화약을 맺고 청나라와 일본의 군대가 물러가기를 요청하였으나, 일본은 이를 거부하고 청나라와 전쟁을 벌였다. 청·일 전쟁은 일본의 승리로 끝났다. 조선이 일본으로 넘어가는 것을 지켜볼 수 없었던 나라는 러시아였다. 러시아는 겨울철에 얼지 않는 부동항을 찾기 위하여 남하 정책을 추진하는데 조선이 가장 적합한 곳이었다. 러시아는 독일과 프랑스를 끌어들여 일본이 요동 반도에서 물러갈 것을 요구하였다. 바로 삼국 간섭이다. 일본은 삼국과 대결할 힘이 없었으므로 그들의 요구를 들어주었다.

일본은 러시아를 끌어들인 것이 명성 황후라고 생각하고, 1895년에 을미사변을 일으켜 명성 황후를 시해하였다. 을미사변으로 조선에서 일본이 우월하였으나 황후의 죽음을 보고 위협을 느낀 고종이 러시아 공사관으로 피신하는 아관 파천이 일어나 일본의 계획은 다시 수포로 돌아갔지만, 조선은 러시아나 미국 등 강대국들에 의하여 광산이나 삼림 채벌권, 철도 부설권 등 각종 이권을 빼앗겼다.

일본은 세력을 만회하기 위해 러시아와의 전쟁을 준비하고, 드디어 1904년에 러 · 일 전쟁을 일으켰다. 러 · 일 전쟁이 일어나자 조선은 중립을 선언하였으나, 일본은 한일의정서(韓日議定書)를 조선과 체결하여 그들이 원하는 곳에 군사기지를 쓸 수 있도록 하여 중립을 무효화시켰다. 러 · 일 전쟁이 일본에 유리하게 전개되자 제1차 한일협약(韓日協約)을 체결하였다. 이 협약은 외교와 재정 분야에 일본이 추천하는 고문을 두도록 하는 것이다. 그러나 실제로 외교와 재정뿐만 아니라 행정 각부에도 고문을 두었다. 원래 고문이란, 자문하는 직책이지만 우리나라의 내정을 마음대로 간섭하기 위한 직책이다.

러 · 일 전쟁이 끝나갈 무렵에 조선에 대한 일본의 침략을 주변국들에서 인정하는 조약이 체결되었다. 영국은 영 · 일 동맹을 통하여 '중국에서는 영국의 우월권을, 조선에서는 일본의 우월권'을 인정하는 조약을 맺었다. 미국도 '필리핀에서는 미국의 우월권을, 조선에서는 일본의 우월권'을 인정하는 카쓰라테프트 밀약을 체결하였다.

러 · 일 전쟁에서 승리하자, 일본은 조선의 침략을 본격화하였다. 군사적 위협과 을사 5적(외부대신 박제순, 내부대신 이지용, 군부대신 이근택, 학부대신 이완용, 농상공부대신 권중현의 매국노)들을 회유하여 을사조약(乙巳條約)을 강제로 체결하였다. 이로써 일본은 조선을 보호국화해

외교권을 박탈하고 통감부(統監府)를 두어 내정을 간섭하였다.

을사조약에 대해 조약의 무효화를 주장하기 위하여 고종이 헤이그에 특사를 파견한 것을 구실로 고종을 강제 퇴위시키고 군대를 해산시켜 조선을 자위력이 없는 국가로 만들었다. 그리고 황제의 동의 없이 한·일신협약을 체결하여 일본인 차관을 임명하고 우리나라를 일본인이 이끌게 하였다.

일본은 1909년에 기유각서(己酉覺書)를 통해 사법권을 빼앗고, 1910년 6월에는 경찰권까지 빼앗은 뒤, 마침내 8월 29일에 한일합방(韓日合邦) 조약을 체결하여 국권을 강탈하였다. 이날을 '경술국치(庚戌國恥)'라고도 한다. 이로써 우리나라는 일본에 의한 35년간의 식민 지배를 받게 되었다.

? 알고 넘어가기

민영환(閔泳煥)의 '동포에게 남기는 유서'

민영환은 을사늑약에 반대하여 동포들에게 유서를 남기고 자결, 순국(殉國)하였다.

슬프다.

나라와 민족의 치욕이 이 지경에 이르렀으니 우리 인민은 장차 생존 경쟁 속에서 멸망하리라.

삶을 원하는 자 반드시 죽고, 죽기를 기약하는 자 살아갈 수 있으니, 이는 여러분이 잘 알 것이다.

나 영환은 죽음으로써 황제의 은혜를 갚고 2천만 동포에게 사과하노라.

영환은 죽어도 황천에서 동포들을 돕고자 하니, 우리 동포 형제들이여, 천만 배 기운을 떨쳐 힘써 뜻을 굳게 가지고 학문에 힘쓰며 마음을 합하고 협력하여 우리의 자주 독립을 회복한다면, 나는 지하에서 기꺼이 웃으련다.

아! 슬프도다.

조금도 실망하지 말지어다.

우리 대한 동포에게 마지막으로 고별하노라.

—1905년 11월 4일, 민영환

민영환

민영환은 1861년(철종 12)에 호조판서를 지낸 민겸호(閔謙鎬)의 아들로 명성황후의 조카였다. 어려서부터 효성이 지극하고 바른 말을 잘했다고 한다. 자는 문약이고 호는 계정이며 시호는 충정이다. 그는 당대 제일의 집안 출신으로 어려움 없이 벼슬길에 나가 1877년 17세의 나이로 동몽교관이 되었다. 이듬해인 1878년에 문과에 급제하여 본격적인 관직생활을 하였다. 그러나 1882년에 구식 군대의 차별 대우에 의하여 일어난 임오군란으로 아버지인 민겸호가 죽자, 마음의 상처를 잊고자 관직에서 물러났다. 2년 후에 고종의 권유로 이조 참의가 된 후에 27세에 예조판서에 올랐다.

민영환은 1885년부터 민씨 세력에 의해 이루어진 러시아의 힘을 이용하여 일본을 막으려는 정책에 깊은 관심을 가졌고, 1888년 이후부터는 러시아 웨베르(Weber) 공사와 관계가 아주 가까웠다. 그리고 1896년(고종 33) 2월 러시아 황제 니콜라이 2세의 대관식에 축하 사절로 참석하였다. 러시아를 가면서 영국·독일·프랑스·이탈리아·오스트리아 등 여러 나라를 거쳐 러시아에서 3개월 동안 발전된 서양 문화를 돌아본 후에 신문명에 감동을 받고 개화사상을 실천하고자 하였으며, 조선이 잘살기 위해서는 하루빨리 서양의 새로운 문물을 받아들여야 한다고 믿었다.

러시아 등 여러 나라를 돌아보고 돌아온 민영환은 외국의 힘을 빌려 나라를 지킨다는 사실에 어려움을 알고 자주독립을 주장하던 서재필을 중심으로 만들어진 독립 협회를 지원하였다. 다른 민씨들을 비롯한 권력자들이 독립 협회가 백성들의 뜻을 쫓아 나라를 다스릴 것 등을 주장하면서 만민 공동회를 통해 계몽하기에 반대하였으나, 민영환은 돈을 지원하는 등 독립 협회가 활동할 수 있도록 하였다. 그러나 민영환의 뜻대로 되지 않고 독립 협회는 해산되었다.

민영환은 유럽의 제도를 본떠 정치 체제를 개혁하고, 백성의 권리를 키우자고 주장하였다. 그러나 군사 제도의 개편만이 받아들여졌다. 한편 1896년에 설립된 독립 협회에 활동 자금을 대는 등 적극적으로 후원하면서, 정치를 개혁하는 계기로 삼고자 하였다. 이 일로 민영환은 민씨 일파의 미움을 사 관직에서 쫓겨났고, 결국 독립 협회는 해산당했다.

일본은 1905년 강제로 을사조약을 맺어 우리의 외교권을 빼앗았다. 이 소식을 들은 민영환은 궁궐로 달려가 조약에 찬성한 5명의 역적을 처벌하고 조약을 없던 것으로 하자는 상소문을 올렸다. 그러나 뜻을 이루지 못하자, 민영환은 스스로 목숨을 끊어 불의에 항거하였다. 그때 그의 나이 마흔다섯이었다. 민영환은 3통의 유서를 남겼는데, 한 통은 국민이 깨닫기를 바라는 내용이었고, 다른 한 통은 서울에 있는 외교관들에게 일본의 침략을 바로 보고 한국을 구해줄 것을 바라는 내용이었으며, 또 다른 한 통은 황제에게 올리는 글이었다.

60. 베델과 「대한매일신보」

→ 일본에 협력하고 있던 영국인 기자와 함께 발행하였기에 폐간시킬 수가 없었다.

양기탁(梁起鐸)은 러 · 일 전쟁에서 승기를 잡은 일본이 서서히 조선에 대한 침략을 강화해왔기에 일본에 대한 저항 방법으로 언론을 택하기로 하였다. 양기탁은 민영환과 이용익의 도움으로 신문사를 만들게 되었다. 독립 운동 단체에 대한 일본의 탄압을 몸소 겪었던 양기탁이기에, 일본과 긴밀한 외교관계를 맺고 있는 영국인을 끌어들이기로 하였다. 당시에 영국 「데일리 뉴스(THE DAILY NEWS)」의 한국 임시특파원인

베델(Bethell, Ernest Thomas)을 설득하여 허락을 받아 광무 8년(1904) 7월 18일에 베델을 사장으로 한 「대한매일신보(大韓每日申報)」를 창간하고, 양기탁 자신은 총무가 되었다.

처음에는 「독립 신문」을 모방하여 한글과 영문으로 간행하다가 1905년 8월 11일부터 국한문 혼용으로 간행하면서 영문판은 영어로 「The Korea Daily News」라는 제호로 발행하였다.

을사조약이 체결되어 일본인에 의해 우리나라의 외교권이 박탈되자, 양기탁은 일제 통감부의 검열을 피하기 위해 일본인의 신문사 출입을 막는 간판을 신문사 입구에다 '일인불가입(日人不可入)'을 베델 명의로 써 붙였다.

을사조약에 대한 「대한매일신보」의 반대운동은 계속되었다. 장지연(張志淵)이 「황성신문(皇城新聞)」에 쓴 논설인 〈시일야방성대곡(是日也放聲大哭)〉을 즉각 전재하였고, 이것을 영어로 번역하여 영문판에 게재하기도 하였다. 그리고 1907년 1월 16일에 을사조약의 무효를 선언한 광무황제의 친서가 미국을 비롯한 각국에 전달되었음을 알리는 사설을 쓰기도 하였다.

「대한매일신보」의 언론을 통한 항일구국운동은 그 뒤에도 계속되었다. 1909년 10월 26일에 안중근(安重根) 의사가 하얼빈 역에서 침략의 원흉인 이토 히로부미를 사살하자 이를 호외로 보도하여 국민들의 일본에 맺힌 한을 풀어 주었으며, 국제여론을 한국에 유리하게 이끌기 위하여 일제의 침략과 한국의 독립에 대한 의지를 신문에 보도하였다. 더욱이 당시에 우리나라에서 일어난 을사조약과 군대해산에 반대하여 일어난 의병 운동에 대한 보도를 함으로써 구국언론의 역할을 다하였다.

또한 양기탁은 우리나라가 일본으로부터 독립을 하기 위해서는 국민을 교육시켜야 한다고 주장하면서, 한문을 모르는 사람을 위하여 1907년 5월 30일부터 한글판을 발행하였다.

그러나 일본의 탄압과 회유 속에서 민족의 대변지 역할을 하던 「대한매일신보」는 1910년 8월 29일의 한일합방과 더불어 일본 통감부가 매수하여 그 기관지인 「매일신보」가 되었다.

61. 한말 의병 활동

→ **명성 황후 시해사건을 시작으로 을사조약, 군대해산 때에 계속해서 일본에 대항한 의병 운동이 일어났다.**

우리나라는 외적의 침입을 받아 나라가 어려울 때 백성들이 불같이 일어나 이를 물리쳤다. 이렇게 관군이 아닌 일반 백성들이 봉기하여 싸움에 참가하는 사람들을 가리켜 의병(義兵)이라고 한다.

고려 시대 몽골의 침입이 있을 때 지배층은 강화도로 피난을 가서 사치스러운 생활을 하고 있는 동안에 초적을 비롯한 백성들이 몽골족에 대항하여 많은 성과를 거두었다.

조선 시대에 임진왜란이 일어나자 곽재우를 비롯한 조헌, 고경명 등 많은 의병의 활약으로 육지에서 왜군을 물리칠 수가 있었다.

대한제국 말기에 다시 의병이 일어났다. 의병 운동은 조선 말기 외국에 문호를 개방하는 것을 반대하면서 전통 문화를 지키자고 주장한 위정척사 사상의 영향을 받았다.

1895년에 명성 황후가 일본 군인들에 의하여 시해되는 을미사변이 일어났다. 뒤이어 일본인들에 의하여 강제로 을미개혁이 단행되었다. 을미개혁은 건양이라는 연호를 사용하고 양력의 사용, 단발령과 우편 제도, 종두법을 실시하자는 개혁이었다.

국모인 명성 황후가 시해된 데다가 단발령을 실시하자는 것에 양반 유생들은 거세게 반발하였다. 춘천에서 이소응과 제천에서 유인석이 각 각 유생들을 이끌고 의병을 일으켜 2개월간 항일 운동을 펼쳤다.

이어서 1905년에 을사조약이 체결되었을 때 을미의병보다 조직적인 의병 운동이 일어났다. 홍성의 민종식, 순창의 최익현과 더불어 경상북 도 평해에서 평민 출신의 신돌석(申乭石)이 의병을 일으켰다. 아명이 태 호인 신돌석은 천한 이름이 오래 산다는 속설에 따라 '돌석'이란 이름 으로 바꾸었다. 신돌석은 을사조약이 체결되어 전국에서 의병 운동이 일어나자 경상도와 강원도 등지에서 3,000여 명의 부하를 거느리고 뛰 어난 활약을 하였다. 평민 출신의 의병장이 등장한 것은 나라를 지키는 데 전 국민이 참여하고 있었음을 보여주는 것이다.

1907년에 군대가 재정이 어렵다는 이유를 들어 일본에 의하여 강제 로 해산되자, 대한제국의 군인들이 자신들이 가지고 있던 무기를 가지 고 의병 부대에 합류했다. 의병부대는 이전의 의병부대와 달리 조직적 이면서 전술적으로도 한 단계 올라서게 되었다. 그리하여 의병 운동이 아닌 의병전쟁이 되었다.

1907년에 모인 의병은 이인영(李麟榮)을 총대장으로 서울 진공 작전을 계획하면서 경기도 양주에 모였다. 신돌석도 이 작전에 참여하려고 하였 으나 평민이라는 이유로 의병장에서 배제되었다. 신돌석은 고향으로 돌아와 고종사촌인 김상열을 찾았다가 일본 경찰에 잡혀 죽음을 당했다.

1907년에 전개된 서울 진공 작전도 이인영이 부친상을 당하여 고향으로 돌아감에 따라 조직이 무너지고 일본의 탄압으로 실패하였다.

이후 의병부대는 일본의 탄압을 피해 만주나 연해주로 가서 독립군으로 활약했으며, 1940년 9월 17일에 상하이 임시정부 직속의 한국 광복군이 만들어져 계속적으로 항일 운동을 펼쳤다.

62. 한말의 의거 활동

→ 이재명(李在明)과 암살단은 을사오적(乙巳五賊)을 죽이려고 했으나 실패하였다.

을사조약의 체결은 국민들로 하여금 실의에 빠지게 했다.

이재명(李在明)은 친일 매국노이자 을사오적(乙巳五賊)의 한 사람인 이완용을 명동성당에서 암살하려다가 자상만 입힌 채 실패하였다.

나철(羅喆)은 오기호(吳基鎬)와 함께 을사조약의 체결 소식을 듣고 '매국노를 모두 죽이면 국정을 바로 잡을 수가 있다.'고 하여 일본으로부터 귀국하였다. 1906년 1월, 나철과 오기호는 을사조약이 체결될 때에 찬성한 대신 5명을 '을사오적'이라고 규정하고, 이들을 일시에 처단하기 위한 계획을 세웠다.

이 뜻을 알게 된 김동필 등은 자금을 지원하였고, 이대하는 총기 구입을 담당하였다. 이어서 윤주찬은 우리 정부와 일본 정부에 보내는 공문과 내외 국민들에게 보내는 포고문을 작성하는 한편, 박대하는 결사대를 조직하였다.

첫 번째 거사일은 새해를 맞이하여 신년 인사를 위해 5적이 궁궐로 들어가는 음력 정월 초하루로 정하였으나, 결사대의 도착 지연으로 실패하였다. 그 후에도 3차례에 걸쳐 계획하였으나, 실패하고 동지였던 서창보가 체포되는 바람에 나철은 경찰서에 자진 출두하여 1907년 7월에 지도로 귀양을 갔으나 고종의 특사로 12월에 풀려났다.

을사오적을 암살하려다 실패한 나철은 철종 14년(1863)에 전라남도 낙안에서 태어났다. 본명은 두영(斗永)이었으나 대종교를 만든 후에 철(喆)로 바꾸었다. 어려서부터 한학을 배워 29세 되던 해인 고종 28년(1891)에 문과에 장원급제하여 여러 벼슬을 하였으나, 일본의 침략과 관리들의 부정부패에 분노를 느껴 관직을 사임하고 일본을 거쳐 미국으로 가려고 하였으나, 일본에서 을사조약의 체결 소식을 듣고 급히 귀국하였던 것이다.

을사오적의 암살이 실패로 돌아가자, 나철은 독립 운동의 방향을 바꾸기로 마음을 먹었다. 그리하여 민족의식을 일깨우기 위한 교육을 실시하는 한편, 단군을 받드는 종교를 만들어 구심점으로 삼고자 하였다. 단군은 우리 민족의 조상으로 민족정기를 드높일 수 있는 구심점이 되며, 이것을 바탕으로 국민을 평안하게 하고 나라를 구하는 바탕을 쌓자는 것이었다.

나철이 오기호와 유근에게 자신의 뜻을 밝히자 이들이 전폭적으로 지지, 1909년 1월에 서울 재동 취운정에서 하늘에 제사를 지내고 단군교를 공식 출범시켰다. 그리고 1910년에는 단군교를 대종교(大倧敎)로 개명을 하였다. 대종이란, 삼신(三神)을 받드는 것으로, 우리나라를 건국한 환인(桓因), 환웅(桓雄), 단군(檀君)을 삼신이라고 하였다. 나라가 위기에 처했던 몽고 침입 때에 《삼국유사》에서 처음으로 언급되어 국민들의 사기를 높여준 단군을 다시 한번 되새기어 민족의식을 일깨우면서 우리 민족의 독창성과 독립성을 강조하여 일본으로부터 독립을 이루고자 함이었다.

일본이 우리나라를 합방하자, 일본은 대종교를 종교 단체가 아닌 독립 운동 단체로 규정하여 탄압하였다. 나철은 총본산을 우리 민족의 발상지인 만주로 옮기니 이곳에는 이미 많은 애국지사와 일본의 약탈로부터 벗어나 이주한 동포들이 많아 크게 번성하였다. 나철은 이곳에서 동포들의 어린 자식들에게 민족교육을 시키기 위하여 학교를 설립, 많은 애국지사들이 배출되었다.

나철은 일본의 탄압이 계속될 것을 예상하고 제자들에게 계속적인 독립을 위해 싸워줄 것을 부탁한 후 단군 성지가 있는 구월산 삼성사로 들어가 절식을 하다가 순교하였다. 결국 독립을 위한 교인들의 궐기를 요청하는 죽음이었던 것이다.

비록 나철은 죽었지만 대종교를 통한 독립 운동은 지속되어, 대종교 지도자인 신규식, 박은식(朴殷植), 신채호(申采浩) 등을 중심으로 줄기차게 항일 운동을 펼쳐 나갔다.

63. 안중근의 동양 평화론

→ 동양 평화론은 안중근(安重根)의 탁월한 국제 정세에 대한 인식을 바탕으로, 동양의 현실과 평화 유지 방법에 대해 일본에 충고하기 위한 것이

다. 안중근은 동양 평화의 길은 다른 나라를 침략하지 않는데 있으며, 일본이나 서양 제국주의 국가가 평화를 깨는 가장 큰 적이라고 하였다.

안중근은 어릴 때부터 말타기와 활쏘기를 즐겨했다. 또 틈만 나면 화승총을 메고 사냥에 나섰는데, 어김없이 쏘아 맞혀 명사수로 이름이 났다. 그는 아버지를 따라 천주교 신자가 되어 토머스라는 세례명을 받고 서양 학문도 배웠다.

그리고 을사조약으로 나라의 주권을 빼앗기자, 안중근은 교육을 통해 민족의 실력을 키우는 일에 앞장섰다. 그리하여 운영하던 석탄 가게를 팔아 삼흥학교를 세우고 돈의학교를 인수하여 학교 경영에 힘썼다.

1907년 일본이 고종을 강제로 퇴위시키고 군대마저 해산하였다. 안중근은 더욱 거세진 일본의 침략 의도에 맞서 독립 운동의 방법을 바꾸었다. 그래서 러시아로 건너가 교포들을 찾아다니며 나라의 권리를 되찾기 위해서 실력을 키우자고 연설하였다.

이어 안중근은 이범윤(李範允) 등과 함께 대한의군을 만들고 참모중장을 맡았다. 안중근은 대한의군을 이끌고 도문강 연안에서 일본군을 습격한 것을 시작으로, 경흥에서 5,000여 명에 이르는 일본 경찰대와 3차례나 전투를 벌이기도 하였다.

1909년 봄에 안중근은 동지 11명과 함께 비밀결사인 '단지회'를 만들었다. 그리고 3년 안에 안중근, 엄인섭이 이토 히로부미를, 김태훈이 이완용을 죽이기로 손가락을 잘라 피로써 맹세하였다.

그 해 9월, 안중근은 이토 히로부미가 만주 하얼빈에 온다는 소식을 들었다. 좋은 기회라 여긴 안중근은 동지들과 암살 계획을 세운 후 10월 26일, 일본인 기자로 위장하여 하얼빈 역에 내리는 이토 히로부미를 사

이토 히로부미 죄 15개조 비문

안중근 의사의 친필(보물 제569-2호)
'일일부독서 구중생형극' (하루라도 글을
읽지 않으면 입안에 가시가 돋는다.)

살하였다.

안중근은 재판을 받으며 "이토 히로부미는 대한의 주권을 빼앗은 원흉이며, 동양 평화를 어지럽히는 자이다. 이에 대한의군의 참모중장 자격으로 총살한 것이니, 일반 살인범으로 다루지 말고 전쟁 포로로 대우해 달라."고 항변하였다.

안중근의 논리 있는 답변과 전혀 굽히지 않는 당당한 태도에 일본인들도 감탄했다고 한다. 안중근은 1910년 3월 26일 뤼순 감옥에서 사형당했다.

64. 장지연의 시일야방성대곡

→ 을사조약이 체결되자 「황성신문」에 '시일야방성대곡(是日也放聲大哭)'을 연재하여 조약 반대 운동이 일어나는 계기가 되었으나, 조선 총독부

기관지인 「매일신보」를 통해 친일적인 글을 실었다.

장지연

1905년 일본에 의해 을사조약이 강제 체결되어 대한제국의 외교권을 빼앗겼으며, 한일합병의 계기가 되었다.

1905년 11월 들어 을사조약이 을사오적을 중심으로 진행되었다. 우리나라의 언론 기관들은 항일 논설과 국권 수호에 대한 논설을 게재하여 분위기를 바꾸려고 안간힘을 썼지만 을사조약은 체결되었다.

1905년 11월 20일 「황성신문」에는 '오적조약체결전말' 기사에서 조약 체결 경과를 자세히 설명하고 '시일야방성대곡(是日也放聲大哭)'이란 사설을 게재하였다. 이 논설은 '저 개돼지보다 못한 우리 정부의 소위 대신이란 자들은 자신의 영달만을 위해 황제폐하와 2천만 동포를 배반하고 4천년 강토를 외인에게 주었도다……'

장지연(張志淵)이 쓴 이 사설은 당시 일본에 의해 포고된 사전검열제를 무시하고 전국에 있는 백성들에게 전달되었다. 이 논설로 인하여 「황성신문」은 정간되고 장지연은 3개월을 감옥에서 보내야 했다. 그 후 감옥에서 풀려난 장지연은 일본의 압력을 피해 1908년 블라디보스토

크로 망명하여 「해조신문」 주필을 지냈으며, 중국의 상하이와 난징 등지에서 독립 운동을 하다가 귀국하였다. 1909년 경남 진주로 내려와 우리나라 최초의 지방 신문인 「경남일보」의 주필을 맡아서 황현(黃玹)의 '절명시'를 게재하여 「경남일보」가 폐간되게 하는 등 독립 운동에 박차를 가했다.

그러나 우리나라가 일본의 지배를 받게 되면서 조선 총독부의 기관지인 「매일신보」를 통하여 1915년 4월 21일에는 '아시아를 제패한 전술로 볼 때 아시아의 독일이라고 해도 과언이 아니다.'라든가, 1916년 9월 16일에는 '일본을 동양의 패왕'이라고 칭송하여 일본의 앞잡이 노릇을 하였다. 그러므로 장지연은 우리나라가 일본의 지배를 받기 시작하면서 언론을 통해 일본을 미화하였다고 할 수가 있다.

65. 경제적 민족 운동

→ 1907년의 외국에 진 빚을 갚자는 운동을 할 때, 그리고 3·1 운동이 있은 후에 독립 운동 자금을 모으기 위해 금을 모았다.

1997년 11월, 우리나라는 경제적으로 큰 위기를 맞이했다. 외국에 많은 빚을 진 우리나라는 그 돈을 갚을 길이 없어 국제통화기금(IMF)이라는 국제금융기관으로부터 돈을 빌려다가 빚을 갚을 수밖에 없었다. 나라가 이러한 위기에 처하자 우리나라에서는 전 국민이 집에 있는 금을 가지고 와서 다른 나라에 진 빚을 갚기 위하여 나섰다. 외국 사람들은 우리나라 국민들의 애국심에 크게 감동을 받아 많은 돈을 우리나라에 빌려주는 바탕을 마련하여 위기를 이겨낼 수가 있었다.

우리나라 사람들은 나라가 위기에 빠지면 앞장서서 그것을 이겨냈다. 외국에서 우리나라를 침략하면 삽이나 괭이를 들고서라도 싸웠다. 뿐만 아니라 경제적으로 어려움에 빠지면 나라를 구하고자 자기가 가지고 있던 금반지, 목걸이, 팔찌 등을 풀어 가지고 나와 나라의 빚을 갚고자 하였다. 바로 국채 보상 운동이다. 1907년에 서상돈의 제안으로 대구에서 일어난 국채 보상 운동은 우리나라를 침략한 일본에 진 빚을 갚고자 '담배를 피우지 않고 술을 먹지 않으면서 모은 돈으로 일본에 진 빚을 갚자.'고 했다. 그러자 여성들이 나섰다.

"이 나라가 남자들만의 나라입니까? 우리도 금반지, 목걸이, 팔찌를 내놓아 나라의 빚을 갚는데 앞장섭시다."

이에 여성들은 앞 다투어 금 모으기에 나섰으나 일본의 방해로 열매를 맺지는 못했다.

국채 보상 운동의 뒤를 이어 1919년 3월 1일에 다시 일본에 빼앗긴 나라를 구하고자 3·1 운동이 일어났다. 그러나 일본이 총칼로 위협하여 독립을 이루지를 못했다. 그러자 우리나라의 독립 운동가들은 독립 운동을 하기 위해 중국의 상하이로 가서 임시정부를 세웠다. 또한 국민들은 자신이 가지고 있던 금반지, 목걸이, 팔찌를 빼서 독립 운동에 필요한 무기를 구입하는데 쓰라고 내놓았다.

그러므로 1997년에 벌어진 나라를 구하기 위한 금 모으기 운동은 세 번째라고 할 수가 있다.

이외에 경제적 민족 운동으로는 1889년에 전개된 일본으로의 쌀 유출을 막기 위한 '방곡령(防穀令)'과 1923년에 전개된 국산품 애용운동인 '물산 장려 운동(物産獎勵運動)'이 있다.

1. 국채 보상 운동 취지문

지금은 우리들이 정신을 새로이 하고 총의를 떨칠 때이니, 국채 1,300만 원은 바로 우리나라의 존망에 직결된 것이다. 이것을 갚으면 나라가 존재하고, 갚지 못하면 나라가 망할 것은 필연적인 사실이나 지금 국고는 도저히 상환할 능력이 없으며, 만일 나라에서 못 갚는다면 그때는 이미 3천 리 강토는 내 나라, 내 민족의 소유가 못 될 것이다.

……(중략)……

그러므로 이 국채를 갚는 방법으로는 2천만 인민들이 3개월 동안 담배를 피지 않고 그 대금으로 한 사람이 매달 20전씩 거둔다면 1,300만 원을 모을 수 있으며, 만일 그 액수가 미달할 때에는 1환, 10환, 100환의 특별 모금을 해도 될 것이다.

2. 최초의 경제적 민족 운동인 방곡령

고종 25년(1888)부터 조선에는 흉년이 계속되었다. 그러나 일본의 경제적 침략으로 농민들은 어려움이 심해져 각지에서 농민들이 고을 관아로 몰려가 시위를 하였다. 이에 함경도 관찰사 조병식이 1889년에 일본으로의 곡식이 빠져 나가는 것을 막는 '방곡령'을 발표하였다.
그러나 일본은 한 달 전에 방곡령의 실시를 알려야 한다는 강화도 조약의 규정을 들어 일본 상인들이 큰 손해를 보았다며 배상을 요구하였다. 조선은 일본의 요구를 들어주었고, 이로써 농민들의 불만은 점점 커졌다.

> → 간도(間島, 젠다오)는 두만강 북부의 북간도를 가리키며, 1909년에 일본이 중국 침략을 위해 청나라에 넘겨준 땅이며, 독도(獨島)는 러 · 일 전쟁 중에 일본에 의하여 강제로 빼앗긴 땅이다.

간도(間島)는 섬 이름이 아니라, 두만강과 토문강(土門江) 사이에 있는 지역으로 간토라고도 한다. 지린성을 중심으로 랴오닝성을 포함한 장백산맥 일대의 서간도와 두만강 북부의 북간도를 함께 가리키며, 우리가 흔히 간도라 하는 것은 연변 조선족 자치족이 있는 북간도를 가리키는 말이다.

넓이는 2만 1천 킬로미터로써 우리나라 면적의 10분의 1 정도가 된다. 간도라는 지명이 된 데에는 두 가지 이야기가 전해오고 있다. 즉 조선과 청나라 사이에 놓인 섬과 같은 지역이란 뜻에서 간도가 되었다는 것과 조선 시대 말기에 나라에서 많은 세금을 거두는 것에 지친 북부 지방의 농민들이 견디다 못해 두만강을 건너가 황무지를 개척하기 시작했는데, 그때 황무지를 개간한 조선 농민들이 이곳을 두만강 옆의 섬으로 본 데서 '옆섬' 또는 '간도(間島)'라고 부르게 되었다는 것이 그것이다.

간도는 원래 고구려 · 발해의 영토였으나, 발해가 멸망한 후 청나라가 세워질 때까지 여진족이 살고 있었다. 청나라가 나라를 세운 후 북쪽의 경계선이 분명치 않아 오랫동안 버려져 있던 이곳에 우리나라 사람들이 많이 이주하는 것을 본 청나라는 1677년에 이곳을 조상의 발상지라 하여 만주족 이외의 기타 민족이 사는 것을 금지하는 '봉금령'을 내렸다. 이에 청과 우리 측이 여러 차례 회담을 가진 끝에 1712년(숙종 38)에 우리 측과 청나라는 국경을 조사하고 정계비(定界碑)를 백두산에 세웠는데, 그 비문에 '압록강과 토문강을 경계로 한다.' 고 정했다. 여기에서 문제가 된 것이 토문강인데, 우리나라는 송화강으로, 청나라는 두만강으로 각각 다르게 받아들인 것이다. 끊임없는 논쟁과 교섭 끝에 고종 때 간도는 우리의 영토라는 우리 측 주장에 청나라에서 반대할 이유를 찾지 못하자, 청나라에서는 회담하는 것을 거부하였으니, 이는 곧 간도가 우리 땅임을 인정하는 셈이 되었다.

러 · 일 전쟁 후 을사조약으로 우리나라의 외교권을 빼앗은 일본은 처음에는 간도 용정에 파출소를 설치하는 등 우리의 땅임을 인정했으나, 1909년 9월에 일본은 만주 진출을 꾀하며 청나라와 간도 협약을 맺어 만주 진출의 중요한 철도인 안봉선을 건설하는 조건으로 간도를 청나라에 함부로 내주었다. 그러나 일본의 침략기(1910~1945)에 간도는 우리 민족의 터전이 되었다. 중국이 우리 민족을 한 곳에 모여 살지 못하게 하는 정책에 따라 다른 지역으로 이주했지만 아직도 많은 우리 민족이 살고 있다.

간도는 일본의 대륙 침략을 위한 발판으로 지금은 중국 땅이 되었지만, 우리 조상이 개척한 땅이자 여전히 우리 민족이 살고 있으며 많은 손길이 필요한 지역으로 사실상 우리의 땅이라고 할 수 있다. 남북통일을 이루면 중국과 다시 국경회담을 하여 우리 땅으로 만들어야 하겠다.

간도와 함께 우리나라와 일본 간에 영토 분쟁이 일어나는 곳이 바로 독도이다. 독도가 우리나라의 고유 영토가 된 것은 삼국 시대인 지증왕 13년(512)에 신라에 의해 우산국(于山國)이 복속된 이후(삼국사기 신라본기 지증왕 13년조)라고 할 수 있다. 즉, 이때의 우산국은 울릉도뿐만 아니라 독도를 포함하고 있으며, 그 대표적인 증거로 〈만기요람〉(1808)

안용복 동상

안용복 충혼탑

'군정편'의 '여지지에 이르기를 울릉도와 우산도는 모두 우산국의 땅'으로 알 수가 있다. 신라는 우산국을 정복할 때 무려 8년의 준비와 나무로 만든 사자라는 신무기까지 동원할 정도로 심혈을 기울였다.

그 뒤 독도는 조선 시대 태종 때에 섬의 백성들을 육지로 이동시키는 공도(空島) 정책에 따라 울릉도의 백성들이 모두 육지로 이사를 하여 섬이 비게 되었다. 섬이 비자, 일본의 어부들이 울릉도 주변에서 고기를 잡는다든지, 울릉도의 나무를 벌목하기 시작하였다.

숙종 때에 경상좌도 수군절도사 관하 좌수영에서 전선의 노를 젓는 수졸이었던 안용복(安龍福)이 과거 낙동강 동쪽에서부터 경주 지역까지의 동남쪽 바다를 방어하던 경험을 바탕으로 울릉도 근처의 바다에 많은 물고기가 있다는 사실을 알게 되었다.

숙종 22년인 1696년 동래 출신 안용복 등 16명의 어부가 울릉도 부근으로 전복을 따러 갔다가 만난 일본 사람들이 안용복 일행을 죄인처럼 체포하여 오키시마를 거쳐 도쿠가와 막부로 끌고 갔다. 이에 안용복이 "울릉도와 독도는 우리나라에선 하루거리이지만, 당신 나라에서는 5일이나 걸리는 섬인데 어찌

대마도주에게 확인 받는 안용복 부조상

일본 땅이란 말이오?"라는 주장에, 막부는 울릉도와 독도가 일본 땅이 아니라는 사실을 글로써 분명하게 써주고 안용복을 대마도로 보냈다. 그러나 대마도주는 안용복이 가지고 있는 도쿠가와 막부의 글을 빼앗고 90일간 감옥에 가두었다. 안용복은 부산에 와서도 50일 동안 감옥에 갇혔다. 감옥에서 풀려난 안용복은 울릉도에서 고기를 잡는 일본 사람들을 잡아 대마도주에게 가서 울릉도가 조선 땅임을 확인하였다.

그러나 나라에서는 안용복을 국경을 함부로 넘어들었다는 이유로 처벌을 하였다. 후에 이익은 《성호사설》이라는 책에서 '안용복은 영웅에 비교할 만하다.'고 그를 칭송하였다.

고종 때인 1882년에 공도정책이 철회되고 다음해 4월에는 각 도에서 모집한 16호 54가구를 울릉도에 살게 하였다. 1900년 10월에는 울릉도를 군으로 승격시키면서 독도를 울릉군에 포함시켰다.

그러나 1904년 9월 29일, 일본 원양업자 나카이 요자브로(中井養三郞)는 일본 내무·외무·농상무성에 '강치잡이를 위해 리앙쿠르 섬을 일본 영토로 편입시켜 달라.'고 정부에 요청하였다. 리앙쿠르는 독도의 당시 프랑스 어 표기였다. 일본 내무성은 '일본이 한국 합병 야욕을 갖고 있다는 의심을 받는다.'며 반대했다. 그러나 외무성은 '쓸데없는 의심'이라고 잘랐다. 청원은 받아들여져 일본 정부는 1905년 1월 28일에 독도를 무주지라고 하면서 시네마현에 포함시켰다. 여세를 몰아 일본은 1905년 8월 19일 해군용 독도 망루를 준공하였고, 같은 해 8월에 해군 6명을 독도에 주둔시켰다. 조선 정부는 1906년 음력 3월 5일 러·일 전쟁이 끝나고 일본에 의한 통감 정치가 시작된 뒤에야 대한제국 정부가 알게 되어 강력히 항의하였지만 기우는 대한제국의 항변은 허망할 뿐이었다.

1945년 8월 15일 해방과 함께 발표된 '맥아더 라인'에 의해 독도는 한국 땅이 되었으며, 1952년 1월 18일에 '이승만 라인'으로 우리나라 영토임을 확실히 하였다.

그러나 일본의 주장에 대한 잘못된 점을 살펴보자.

우선 일본은 독도를 죽도(竹島)라고 주장하고 있다. 그러나 현재 독도에 대나무가 서식하지 않고, 과거에도 서식했다는 근거 또한 전혀 없다. 아마도 시네마현 근처의 어딘가에 제주도의 남쪽에 있을 것이라고 생각했던 이어도처럼 대나무를 많이 이용하는 죽도가 일본인의 상상의 섬이 아닐까 한다.

다음으로 일본은 무주지(無主地)였기에 먼저 차지하는 나라가 차지할 수 있다고 주장하고 있다. 그러나 지증왕 이래로 우리나라의 영토였으며, 1900년에는 공식적으로 울릉군의 한 부속도서로 편입을 시켰다.

연대	내용
1863	흥선 대원군의 집권−왕권 강화(세도 정치 타파, 대전회통 편찬), 국가 재정 확보(서원 철폐, 호포제 실시, 사창제 실시), 실정(경복궁 중건:당백전 발행, 쇄국 정책:자주적 성격과 근대화의 지연−척화비 건립)
1866	병인양요−천주교 박해가 원인이 되어 프랑스와 충돌
1868	남연군 묘 도굴 사건−독일인 오페르트의 소행−쇄국 정책의 강화
1871	신미양요−제너럴 셔먼 호 사건이 계기가 되어 미국과 충돌
1876	• 강화도 조약−운요호 사건(1875)이 계기가 되어 일본과 맺은 불평등 조약(치외법권)−3개항 개항(부산, 원산, 인천) • 개화 노력−일본(수신사와 신사 유람단), 청(영선사)
	개화파(문호개방정책), 위정척사파(전통문화고수, 서양 세력 배척−기정진, 이항로, 최익현)
1882	임오군란−구식군에 대한 차별 대우로 발생−제물포 조약 체결(일본에 배상과 박영효가 태극기 사용)
1884	갑신정변−개화당(김옥균, 박영효, 홍영식, 서광범)의 근대화 노력으로 우정국 개국 축하연에서 일어났으나, 청의 개입과 일본의 배신, 국민의 이해부족으로 실패−한성 조약(조선과 일본),톈진 조약(청과 일본)
1885	거문도 사건−러시아의 남하를 견제할 목적으로 영국이 거문도를 불법 점령
1889	방곡령−일본의 경제 침투에 대항한 곡식 유출 금지령으로 실패함
1894	• 동학 농민 운동−고부 농민 봉기(조병갑의 부정과 탐학에 반대하여 전봉준이 주도)를 계기로 전개한 반봉건 · 반외세 농민 운동−집강소(자치 행정 기관)−공주 우금치에서 패배 • 동학 농민 운동으로 대내적(갑오개혁), 대외적(청 · 일 전쟁)이 발생 갑오개혁−군국기무처 중심, 홍범 14조 발표 (신분제와 과거제 폐지)−근대화의 계기가 되었으나, 군사 제도 개혁의 소홀과 일본의 간섭으로 실패
1895	• 삼국 간섭−청 · 일 전쟁에서 승리한 일본을 러시아, 독일, 프랑스가 견제−친러 내각 성립 • 을미사변−친러 정책을 추진하는 명성 황후를 시해하고 일본이 세력을 만회하기 위한 사건−을미개혁 실시(연호 사용, 양력 사용, 단발령 실시, 종두법 실시, 우편제 실시) • 을미의병−명성 황후 시해와 단발령에 반발하여 유학자를 중심으로 일본에 대항

연대	내용
1896	아관 파천-고종이 러시아 공사관으로 처소를 옮김-열강의 경제적 이권 침탈
1896	독립 협회-중심인물(서재필), 활동(독립 신문 간행, 독립문 건립, 고종의 환궁 요구, 열강의 이권 침탈 반대, 만민 공동회 개최-민중 토론회), 목표(자주, 자강, 민권), 해산(황국 협회와 충돌로 해산)
1897	대한제국:고종의 황제 즉위-광무 개혁 실시(군제 개편, 교육 진흥, 산업 발전)
1904	러·일 전쟁:일본의 승리-한반도에 대한 일본의 본격적 침략 추진
	• 을사조약:외교권 박탈, 통감부 설치 • 반대 투쟁:고종의 헤이그 특사 파견(이준, 이상설, 이위종), 장지연의 시일야방성 대곡(황성신문), 민영환의 자결, 을사의병(최익현, 신돌석-평민 출신 의병장), 안중근의 이토 히로부미 사살, 5적 암살단 조직(나철, 오기호)
	고종 퇴위와 군대 해산-정미의병(해산된 군인들의 의병부대 합류-서울 진공 작전 전개 후 만주와 연해주로 이동)
1909	• 사법권과 경찰권(1910)을 빼앗김 • 간도 협약:백두산 정계비로 우리 영토가 된 간도를 청·일 사이의 간도 협약으로 중국에 넘김

II

일제 강점기 시대

1. 일본의 식민 통치 변화

→ 한민족의 독립 운동을 탄압하는 무단 통치, 한민족을 이간질시키는 문화 통치, 한민족의 정신을 없애려는 민족 말살 정책을 실시하였다.

일본은 우리나라의 국권을 강탈하면서 일본 정규군 2개 사단과 2만 여 명의 헌병과 헌병 보조원을 배치하여 강력한 헌병 경찰 통치를 실시하였다.

원래 헌병은 군인들의 기강을 바로잡는 것이 주임무인 기관이다. 그러나 일본은 헌병으로 하여금 민간인 범법자를 다루도록 하여 경찰의 임무를 헌병이 대신하는 제도이다. 헌병들의 임무는 통상적인 경찰의 임무 외에 일본에 저항하는 독립 운동가들을 찾아내어 처벌하는 것이 주된 임무였다. 이와 같이 헌병이 우리 민족을 강압적인 방법으로 통치한 것을 무단 통치라고 한다. 무단 통치는 우리 민족을 얕보고 업신여긴 결과 실시한 통치 방법이다.

무단 통치의 결과 일본은 현역 대장을 총독으로 임명하여 행정·군사·사법권을 주어 우리나라를 다스리도록 하였다. 그리고 우리 민족의 언론·출판·집회·결사의 자유를 박탈하였으며, 일반 관리는 물론 교원들까지 제복을 입게 하고 칼을 차게 해 위협적인 자세로 일을 하게 하였다. 이들은 105인 사건을 날조하여 애국 계몽 운동을 통해 항일 운동을 하는 독립 운동가들을 탄압하였다.

무단 통치에 대한 우리 민족의 저항은 계속 이루어졌다. 그 절정이 바로 3·1 운동이다. 3·1 운동 이후 일본은 우리 민족을 회유하기 위한 정책으로 전환하였다. 이러한 일본의 회유적인 정책을 문화 통치라고 한다. 문화 통치 시대에는 군인뿐만 아니라 일반인도 총독에 임명하도록 하였으며, 범법자를 헌병대가 아닌 경찰에서 다루도록 하는 보통경찰제로 바꾸었다. 문화 통치라는 말은 우리나라 사람들에 의해 신문이 발행되었으며, 한민족에게도 교육을 시키겠다는 것에서 유래된 것이다. 그러나 「조선일보」와 「동아일보」에 대한 기사 검열이 강화되어 기사 삭제·정간·폐간을 임의로 자행하였다. 또한 교육도 일본의 심부름꾼을 양성하기 위한 실업과 보통 교육에 치중한 것이었다. 그러므로 문화 통치는 우리 민족을 속이고 분열시키기 위한 간교한 일본의 술책인 것이다. 경찰의 숫자는 이전보다 증가하였고, 독립 운동가들을 전문으로 탄압하기 위한 고등 경찰이 만들어졌다.

1929년에 세계에 불어 닥친 경제공황은 일본을 위기로 몰아넣었다. 미국처럼 자국의 힘만으로 위기를 극복하거나, 영국이나 프랑스처럼 식민지를 많이 가지고 있는 나라들은 큰 문제가 없었다. 그러나 일본을 비롯하여 독일과 이탈리아는 경제적인 위기를 극복하기 위한 방안을 강구해야만 했다. 그 결과 독일에서는 히틀러(Hitler, Adolf)의 나치즘(Nazism)이, 이탈리아에서는 무솔리니(Mussolini, Benito)의 파시즘(fadcim)이, 그리고 일본에서는 군국주의(軍國主義)가 나타나게 되었다.

군국주의는 나라의 위기를 극복하기 위하여 외국을 침략하여 자신들이 필요로 하는 것을 얻으려는 이념이었다. 일본은 먼저 만주를 침략하였다. 1931년에 일어난 만주사변은 일본의 군국주의의 산물이다. 이어서 1937년에는 중·일 전쟁을 일으켜 중국을 침략한 일본은 그 후 미국의 진주만을 기습 공격하여 태평양 전쟁을 일으켰다. 선제 공격으로 미국이 당황한 틈에 필리핀을 비롯한 동남아시아 일대까지 침략하였다.

전쟁을 수행하기 위하여 일본은 우리 민족을 동원해야만 했다. 그리하여 우리 민족정신을 뿌리뽑기 위하여 이른바 한국과 일본의 조상이 같다는 '일선동조론(日鮮同祖論)'을 주장하였고, 일본인과 조선인은 한몸이라는 '내선일체(內鮮一體)'와 일본 천황의 충실한 심부름꾼이 되는 '황국 신민화(皇國臣民化)' 등의 구호를 내걸었다. 이러한 일련의 정책을 '민족 말살 정책'이라고 한다. 민족 말살 정책을 수행하는 일본은 우리말 사용을 금하고 일본어만 쓰도록 하였으며, 우리 역사의 교육도 금하였다. 「조선일보」와 「동아일보」 등 민족 신문을 폐간하고 한글과 역사 연구도 금지시켰다. 나아가 일본은 우리 민족의 이름까지도 일본식 성과 이름으로 바꾸는 '창씨개명(創氏改名)'을 강요하였고, 일본 문화에 깃들어 국론을 하나로 모으기 위한 '신사 참배(神社參拜)'를 강제로 참배하도록 강요하였다. 또한 일본 천황에게 충성을 맹세하는 '황국신민서사(皇國臣民誓詞)'를 외우도록 강요하였다.

! 애국 계몽 운동	
단체	보안회, 헌정 연구회, 대한 자강회, 신민회 (안창호 조직, 비밀 단체, 대성·오산 학교, 자기 회사·태극 서관 운영, 만주에 독립 운동 기지 건설)
근대 교육의 보급	최초의 근대적 사립학교 (원산학사), 최초의 공립학교 (육영공원)
언론 활동	독립 신문, 황성 신문 (장지연의 '시일야방성대곡'), 제국 신문, 대한매일신보(영국인 베델과 양기탁)
경제 민족주의 운동	국채 보상 운동 (일본에 진 빚을 국민의 힘으로 갚자는 운동-경제적 민족 운동)

일본 문화 정책의 실상을 알려준 3대 총독인 사이토의 교육 시책

1919년에 일어난 3·1 운동은 10여 년 동안 일본이 우리나라에서 행해온 헌병 경찰에 의한 탄압정치인 무단 통치를 유화 정책으로 전환시키는 계기가 되었다. 즉 3·1 운동은 국내는 물론 해외의 우리 동포들까지 총 봉기한 민족의 대항쟁이며, 우리 민족은 같은 해 4월 13일에 중국 상하이의 프랑스 조계(租界)에 대한민국 임시정부를 수립하여 본격적인 주권 회복 투쟁에 나서게 되었다. 이에 일본은 지금까지의 무단정책을 한국인을 회유하는 정책으로 바꿨다. 8월에 사이토 총독이 파견되니 그는 총독부의 일본인들이 참가하는 식장에서 한국인의 교육시책을 발표하였다.

먼저 조선 사람들이 자신의 일, 역사, 전통을 알지 못하게 하라. 그러므로 민족혼, 민족 문화를 상실하게 하고 그들의 조상과 선인들의 무능(無能), 악행(惡行), 무위(無爲)를 들추어내 그것을 과장하여 조선인 후손에게 가르쳐라. 조선인 청소년들이 그들의 선조를 경시하고 멸시하는 감정을 일으키게 하여 하나의 기풍으로 만들라. 그러면 조선인 청소년들이 자기 나라의 모든 인물과 사적(史蹟)에 대해서 부정적인 지식을 얻게 될 것이며, 반드시 실망과 허무감에 빠질 것이다. 그때 일본의 사적, 일본의 문화, 일본의 위대한 인물들을 소개하면 동화(同化)의 효과가 크게 나타날 것이다. 이것이 제국 일본이 조선인을 '반일본인(半日本人)'으로 만드는 비결이다.

즉 사이토의 문화 정치의 실상은 '일시동인(一視同人)'을 통해 한국인을 일본인화하려는 간교한 술책에 불과한 정책이다.

2. 일본의 경제수탈 정책의 변화

→ 일본은 식민 통치를 위해 토지 조사 사업, 산미 증식 계획, 병참 기지화 정책을 추진하였다.

대한제국이 근대화를 시작하면서 토지 조사 사업을 실시하여 근대적인 토지 소유 관계를 확립하려고 하였다. 그러나 일본의 침략으로 큰 성과를 거두지 못했다.

대한제국을 식민지한 일본은 1912년 8월 토지 조사령 및 동 시행규칙을 공포하여 토지 조사 사업을 명분으로 한 조선인들의 토지를 빼앗기 시작하였다. 조선 총독부는 8년여의 세월과 막대한 돈을 써가며 대한제국을 식민 통치하기 위한 돈을 마련하고, 한반도를 일본인을 위한 식량 공급기지로 만들기 위하여 토지 조사 사업을 실시하였다.

토지 조사 사업을 통해 조선 총독과 조선 총독이 임명하는 자가 토지 소유권을 인정하고, 토지 소유를 인정받으려면 신고를 해야만 했다.

그러나 신고 절차가 복잡하여 농민들 중에는 신고를 못하는 사람이 있었으며, 반일 감정으로 신고를 안 하는 사람도 있었다. 또한 문중 땅이나 마을 공유지 등 권리 증명이 제대로 되지 않은 땅들을 신고하여 자신의 땅으로 만드는 경우도 있었다. 예컨대 박경리의 소설 《토지》에서 조준구가 이즈음에 최서희의 땅을 가로챈 것이다. 농민들은 자신들이 경작하던 토지의 주인이 하루아침에 바뀌어 경작권을 잃게 되었다.

1918년 토지 조사 사업이 끝났을 때 전체 농경지의 약 10%, 전체 임야의 약 60%를 총독부 소유로 하였으며, 이것은 전 국토의 약 40%에 해당한다.

경작권을 잃은 농민들은 만주와 연해주로 이주하면서 해외 유랑이 급증하게 되었다. 총독부 소유의 토지를 일본에서 건너오는 일본인이나 일본이 조선을 완전히 장악하기 위한 국책 기관인 동양 척식 주식회사에 싼값에 불하하였다. 그리하여 총독부는 동양 척식 주식회사에서 들어오는 자금과 땅을 불하하여 남긴 자금을 한국을 식민 통치하는데 사용하였다.

토지 조사 사업을 끝낸 일본은 한국을 부족한 일본의 식량을 보충하기 위한 전진기지로 삼는 산미 증식 계획을 펴나갔다. 특히 제1차 세계대전이 끝난 후에 일본은 공업화가 진전됨에 따라 농업인구가 감소함으로써 쌀값이 갑자기 오르는 현상이 나타났다. 1933년까지 일본은 한반도에서 쌀의 생산보다 많은 식량을 일본으로 가져갔다. 대신 한민족에게는 만주에서 생산되는 보리나 콩 등의 잡곡을 수입하여 식량으로 대체하였다.

1929년의 세계 경제 공황은 식민지가 없던 일본에게 큰 타격을 주었다. 결국 독일과 이탈리아, 일본은 전체주의로 경제 공황을 타개하려고 하였다. 그 결과 독일에서는 히틀러의 나치즘이, 이탈리아에서는 무솔리니의 파시즘이, 그리고 일본에서는 군국주의가 나타나게 되었다.

군국주의는 나라의 위기를 극복하기 위하여 외국을 침략하여 자신들이 필요로 하는 것을 얻으려는 이념이었다. 일본은 먼저 만주를 침략하였다. 1931년에 일어난 만주사변은 일본의 군국주의 산물이다. 이어서 1937년에는 중·일 전쟁을 일으켜 중국을 침략한 일본은 그 후 미국의 진주만을 기습 공격하여 태평양 전쟁을 일으켰다. 선제공격으로 미국이 당황한 틈에 필리핀을 비롯한 동남아시아 일대까지 침략하였다.

전쟁을 수행하기 위하여 일본은 우리 민족을 동원해야만 했다. 즉 한반도를 일본의 전쟁 수행을 위한 병참기지로 삼는 정책이었다.

일본은 우리 민족을 그들의 침략 전쟁에 동원하기 위하여 '국가 총동원령'을 발표하였다. 이에 따라 모자라는 군사를 강제 징병으로 한민족을 전쟁터로 내보냈고, 학생들을 학도병이라는 명목으로 내보냈다. 전쟁 물자가 모자라 탄광 등에서 전쟁 물자를 얻기 위한 징용으로 한민족을 차출하니, 1939년에서 1945년 사이에 강제 연행된 한국인 근로자는 약 113만 명에 달했다. 일본군들의 성 문란을 막기 위해 한반도에 사는 여성들을 위안부라는 명목으로 전쟁터로 끌고 갔다. 일본군 위안부로 끌려간 여성 수는 10만여 명이 넘는 것으로 알려져 있다.

태평양 전쟁을 일으킨 이후에는 한민족을 전쟁터로 끌고 가는 것도 부족하여, 부족해진 전쟁 물자를 보충하기 위해 금속제 그릇을 강제로 공출하게 하였다. 식기, 농기구, 제기는 물론 교회나 사원의 종까지 징발하여 전쟁 무기 제작에 이용했으며, 어린 초등학교 학생들까지 동원하여 소나무의 송진을 채집하는 만행도 저질렀다.

❗ 민족의 수난

	정치	경제
병합 과정	• 과정 외교권－군대해산－사법권·경찰권 박탈－국권 강탈(1910) • 식민 통치기구：조선 총독부	
1910년대	• 무단 통치(헌병 경찰 통치)：한국인 정치 활동 금지, 애국 운동 단체 해산, 민족 신문 발행 금지, 고등교육 기회 박탈	• 토지 조사 사업：토지 약탈→동양 척식 주식회사나 일본인에게 판매 →일본인 대지주 등장
1920년대	• 문화 통치(민족 분열 정책)：보통 경찰제 실시, 한글 신문 발행 허용, 친일파 양성	• 산미 증식 계획：식량 증가분 이상으로 식량 수탈
1930～ 40년대	• 민족 말살 정책：내선 일체, 황국 신민화, 우리말 사용 금지, 한글 신문 폐간, 우리 역사 교육금지, 신사 참배, 황국 신민 서사 암기, 창씨 개명 강요	• 병참 기지화 정책：대륙 침략을 본격화하면서 전쟁 물자를 공급하는 기지로 삼음→지하자원 약탈, 강제 징용, 지원병, 징병제, 군대 위안부

일본의 병참 기지화 정책의 목적

조선 제6대 총독인 우가키는 《조선의 장래》라는 책에서 병참 기지화 정책에 대하여
다음과 같이 말했다.

일본 국내에서는 중공업 공장에서 일할 여성 근로자를 모집하는 것이
매우 어렵고, 공장을 지을 만한 토지는 아주 비싼 값을 치러야만 한다.
전력 요금도 매우 비싸다. 이와 같은 점들을 생각할 때, 어떻든 조선쪽으
로 나아가는 것 외에는 도리가 없다고 생각한다.

⋯⋯(중략)⋯⋯

특히 1933년부터 일제와 만주 간에 새로운 관계가 발생함으로써 만주산
원료를 이용하는 공업 및 만주에 공급해야 할 제품 공장도 일본과 만주
사이에 위치하는 조선에 설치하는 것이 유리한 점이 많을 것이다. 이와
같은 각종 유리한 조건을 구비한 조선은 국내외 자본가, 기업가들이 서
로 진출하려는 일대 무대로 변하고, 장래 아주 유리한 공업지가 될 수
있는 운명을 타고났다고 할 수 있다. 그리고 이와 같은 산업의 발전은
매년 증가하고 있는 조선의 인구 문제를 완화하는데도 도움 되는 바가
적지 않을 것이다.

3. 3·1 독립 운동과 33인의 대표

→ 음을 뜻하는 1과 양을 뜻하는 2가 합친 수인 3을 우리 민족은 가장 좋
아하였다. 3이 겹친 33은 대표성을 지닌 수라고 할 수 있다.

우리 생활에 영향을 끼친 불교의 숫자로 108과 33을 들 수 있다. 불교

에서 인간이 가지는 번뇌가 108가지라 하여 염주도 108염주이며, 염불도 108번을 한다. 또한 제야의 종은 33번을 치고, 관세음보살이 중생을 교화하기 위해 중생의 근기에 따라 갖가지 모습을 나타내는데 크게 33응신으로 나타난다고 한다. 관세음보살은 중생에게 일체의 두려움이 없는 마음을 베푼다 하여 '시무외자(施無畏者)', 자비를 위주하는 자라 하여 '대비성자(大悲聖者)', 세상을 구제한다 하여 '구세대사(救世大士)'라한다. 관세음보살이 여러 사람의 모습으로 나타난다고 하여 33은 모든 수를 대표한다고 하겠다.

또한 우리 전통에서 음을 뜻하는 1과 양을 뜻하는 2가 합친 수인 3을 우리 민족은 가장 좋아하였다. 3이 겹친 33은 대표성을 지닌 수라고 할 수 있다. 그리하여 성균관 유생들이 자신들의 의사를 왕이나 정부에 알리기 위한 시위를 할 때에도 33명을 뽑아 보냄으로써 전체 의사임을 나타냈다. 만인산(萬人傘)이라 하여 육조 거리에서 지방 수령들의 송덕시위(頌德示威)를 할 때도 33명을 뽑아 올림으로써 그 지방 모든 백성들의 일치된 의사임을 나타냈다. 정부나 고을 수령이 정치를 잘못하여 민생을 도탄에 빠뜨려 민란을 일으킬 때도 사발에다 33명의 이름을 적어 통문(通文)으로 돌렸다.

3·1운동 때 민족 대표를 굳이 33명으로 한 것도 바로 독립 의지가 전 국민의 의지임을 나타내기 위한 수단이었던 것이다.

1910년에 일본에 의해 식민 지배를 받게 된 한민족은 무단 통치와 토지 조사 사업으로 많은 희생을 당했다. 때마침 제1차 세계대전이 끝난 후 미국의 윌슨 대통령이 발표한 민족 자결주의와 도쿄 유학생들에 의해 일어난 2·8 독립 선언이 기폭제가 되어 독립 의지를 불태워 거족적

고종 황제

인 3 · 1 운동이 일어난 것이다.

1919년 초에 고종 황제가 세상을 떠난 것이 일본의 독살에 의한 것이라는 소문이 퍼지면서 독립에 대한 한민족의 열망은 더욱 커졌다.

서울에서는 3월 1일 정오에 태화관에서 손병희(孫秉熙)를 비롯한 민족 대표 33인이 독립 선언식을 가졌으며, 같은 시간에 학생과 시민들은 탑골공원에 모여 독립 선언서를 낭독하고 독립 만세 시위를 벌였다.

일본은 독립 만세 시위를 벌이는 한민족을 무자비하게 탄압하였으며, 학교는 휴교령을 내렸다. 휴교령에 따라 지방으로 내려간 학생들을 중심으로 독립 만세 시위는 전국 방방곡곡으로 퍼졌으며, 해외로도 이어졌다.

3 · 1 운동은 1,542회의 집회를 가졌으며 2,023,098명이 참여하였다. 일본 경찰은 46,948명을 체포하였으며 7,509명이 사망하고 15,961명이 부상당하는 등 일제의 만행이 이어졌다.

3 · 1 운동으로 조직적인 독립 운동의 필요성을 느낀 독립 운동 지도자들은 상하이에 대한민국 임시정부를 수립하였으며, 전 민족이 참가한

거족적인 독립 운동으로 우리 민족을 하나로 합치게 하는 정신적 바탕이 되었다.

3·1 운동은 1926년에 순종의 인산일에 학생들을 중심으로 일어난 6·10 만세 운동과 1929년에 일본의 차별 교육에 항거해서 일어난 광주학생 항일 운동으로 계승되었다.

❗ 3·1 운동

배경	윌슨의 민족 자결주의, 동경 유학생의 2·8 독립 선언, 러시아 혁명의 영향, 고종의 독살설		
전개	독립 선언서 발표→학생, 시민들의 만세 시위→전국·해외로 확산		
탄압	유관순 순국, 제암리 학살 사건		
의의	최대 규모의 거족적, 평화적 독립 운동		
영향	한국	대한민국 임시정부 수립－자유민주주의와 민주 공화정, 독립 신문 발행, 연통제 실시, 독립 운동의 구심점 역할	
	일본	통치 정책 변화(문화 정치)	
	기타	중국(5·4 운동), 인도(비폭력 무저항 운동)	

❓ 알고 넘어가기

3·1 운동을 탄압한 일본

3·1 운동의 대표적인 탄압 사례는 유관순(柳寬順) 열사의 순국과 화성 제암리 학살사건을 들 수가 있다.

①여성독립 운동가인 유관순(1902~1920)은 1902년 3월 15일에 태어났다. 아버지 유중권은 자신의 재산으로 학교를 세워 돈이 없어서 공부를 하지 못하는 청소년들에게 독립 정신을 가르쳤다. 그러한 아버지의 모습은 유관순에게 영향을 주어 나라를 위해 할 수 있는 일을 찾게 되었다.
유관순은 학교를 운영하느라 늘 살림이 어려웠지만 미국 선교사의 도움으로 신학문을

유관순 생가

학창 시절의 유관순

배우기 위하여 이화학당에 입학한 뒤 학교생활에 최선을 다했다. 유관순은 1918년 이화학당 보통과를 졸업하고, 고등과에 입학하였다. 방학이 되면 유관순은 집으로 내려와 동네 청소년들을 가르치는 야학을 운영하였다. 고종의 죽음을 계기로 3·1 독립 만세 운동이 전개되자, 유관순도 선배들과 결사대를 조직하여 3월 5일 남대문 독립 만세 운동에 참여하였다가 조선 총독부의 강제 명령에 의해 이화학당이 휴교되자 곧 독립 선언서를 감추어 가지고 귀향하였다.

학교가 휴교하자 유관순은 고향인 매봉으로 와서 거사일로 정한 음력 3월 1일의 하루 전인 2월 그믐날 저녁 지령리 뒷산인 매봉에 올라가 횃불을 높이 올렸다. 음력 3월 1일 정오에 유관순은 아우내 장터에 모인 수천 명을 향해 비장한 연설을 하자 군중들은 일제 독립 만세를 외치다가 감옥에 갇히게 되었다.

유관순은 법정에서도 '나는 당당한 대한의 국민이다. 대한 사람인 내가 너희에게 재판받을 이유가 없고, 너희는 나를 처벌할 권리가 없다.'고 항거하였다. 그리고 대한 독립 만세를 외치며 일본인 재판관을 향해 의자를 내던졌다. 이 일로 법정 모욕죄까지 덧붙여져 여성으로서는 최고형인 7년형을 선고받았다.

유관순 초혼묘

유관순 동상

유관순은 서대문 형무소에 갇혀서도 동지들을 격려하며 독립 만세 외치는 것을 멈추지 않았고, 이로 인해 온갖 끔찍한 고문을 다 받았다. 결국 열아홉 살 꽃다운 나이에 숨을 거두었다.

② 화성 제암리에서도 3·1 운동이 일어났다. 제암리 교회 청년들은 4월 5일 발안 장날에 만세 운동을 일으켰다가 일본 경찰에 의하여 무자비한 탄압을 당했다. 이에 제암리 주민들은 밤마다 뒷산에 올라가 봉화를 올리며 만세 운동을 전개하였다.

아리타 육군 중위가 이끄는 일본 경찰은 제암리에서의 만세 운동을 뿌리 뽑기 위하여 무자비한 탄압을 사과한다는 명분으로 15세 이상의 남자 신도들을 교회로 모이라고 하였다. 21명의 신도가 모이자 일본 경찰은 출입문에 못질을 하여 나오지 못하게 한 후에 석유를 뿌리고 불을 질렀다. 안에 있던 청년들이 창문을 뜯고 나오려고 하자, 창문 밖에서 사격을 가하여 사살하는 만행을 저질렀다. 일본 경찰은 인근 교회와 마을의 집 32채에 불을 질러 없애는 만행을 저질렀다.

일제의 이러한 만행은 선교사들의 분노를 사게 하였으며, 스코필드는 현장의 참상을 사진에 담아 미국에 보내 일본의 만행을 규탄하는 여론을 불러일으켰다.

4. 3 · 1 운동이 아시아에 미친 영향

→ 3 · 1 운동은 중국의 5 · 4 운동과 인도에서 대규모 민족 운동이 일어
나는 배경이 되었다.

타고르

3 · 1 운동은 1919년 5월 4일에 시작된 중국의 민족 운동에도 영향을 미쳤다. 중국의 여러 신문들은 한국의 3 · 1 운동을 일제히 보도하여 중국 사람들에게 알렸고, 베이징 대학의 문과대학장으로 중국 신문화 운동의 기수였던 천뚜슈는 〈조선 독립 운동지 감상〉이란 논문을 발표하였다. 천뚜슈는 이 논문에서 3 · 1 운동은 세계 혁명 사상 신기원을 열었다고 치

하하고, 중국 민족의 궐기를 호소하였다. 이에 중국 대학생들을 중심으로 5월 4일에 독일이 차지하고 있던 중국에서의 권리를 일본이 계승해야 한다고 주장하는 것에 대한 반대 운동을 하게 되었던 것이다.

3 · 1 운동은 인도의 독립 운동에도 영향을 주었다. 1919년 4월 5일부터 시작된 간디의 사티야그라하(진리 수호) 운동은 3 · 1 운동의 비폭력 독립 운동과 같은 성격의 독립 운동이었다. 아시아에서 최초로 노벨 문학상을 수상한 타고르(Tagore)는 3 · 1 운동 10주년째인 1929년에 그 영

향을 다음과 같은 시로 표현하고
있다.

네루

일찍이 아시아의 황금시대에
빛나는 등촉의 하나였던 한국
그 등불이 다시 켜지는 날에
너는 동방의 밝은 빛이 되리
라.

인도의 초대 수상이었던 네루
(Nehru)도 3·1 운동에 대한 깊은
인상을 받은 듯하다. 감옥에 있었
던 네루가 그의 딸인 인디라 간디에게 쓴 《세계사 편력》에서 다음과 같
이 표현하였다.

일본에 의한 조선 민족의 억압은 역사상 실로 쓰라린 암흑의
일장이었다. 조선에서 흔히 학생 신분으로, 또는 갓 대학을 나온
젊은 여성과 소녀가 투쟁의 중요한 역할을 하고 있다는 것을 듣
는다면 너도 틀림없이 감동을 받을 것이다.

❓ 알고 넘어가기

윌슨의 민족자결주의는 패전국의 식민지에만 해당되는 것이다?

▶ 독일, 오스트리아, 투르크의 식민 지배를 받는 나라들을 독립시키기 위한 원칙이었다.

1914년에 영국·프랑스·러시아의 삼국 협상국과 독일·오스트리아·투르크의 삼국

동맹국의 이념과 민족적 대립으로 일어난 것이 바로 제1차 세계대전이다. 초기에는 동맹국에게 유리하게 전개되었으나, 독일의 무제한 잠수함 작전의 피해국인 미국의 참전으로 연합국의 승리로 끝났다.

제1차 세계대전의 뒤처리를 위한 회의가 파리에서 열렸다. 파리에서 열린 강화 회의는 패전국에 대한 보복으로 이어져 후일에 전체주의(全體主義)가 나타나는 계기가 되기도 하였다. 이 회의에서 미국의 윌슨 대통령은 식민지 문제의 해결을 위한 원칙으로 민족자결주의를 제창하였다. 민족자결주의는 한 민족이 처한 문제는 스스로의 힘으로 해결할 수 있다는 것으로 그동안 제국주의의 침략을 받아 식민지로 살아가던 약소민족에게 독립에 대한 희망을 가지게 되었다.

그러나 민족자결주의는 연합국에게 패배한 독일, 오스트리아, 투르크의 식민 지배를 받는 나라들을 독립시키기 위한 원칙이었다. 이 원칙에 의하여 3개국의 지배를 받던 약소민족들이 독립을 하였으나, 연합국의 식민 지배를 받던 나라는 제2차 세계대전이 끝날 때까지 식민 지배를 받았다.

5. 대한민국 임시정부의 변천

→ 3·1 운동의 영향으로 수립된 대한민국 임시정부는 독립 운동의 중심 역할을 하였으며, 초대 대통령이었던 이승만이 위임 통치를 건의하였기에 임시정부의 의회인 의정원에서 탄핵을 받았다.

3·1 운동을 통해 우리 민족은 조직적인 독립 운동의 필요성을 느끼게 되었다. 이전에 연해주에 이상설(李相卨)에 의하여 조직된 대한 광복군 정부가 있었지만 러시아와 일본의 방해로 큰 활동을 보이지 못했다. 3·1 운동 이후에 한성과 노령 등 7개의 임시정부가 수립되었으나, 힘이 분산되었기에 이를 하나로 합친 대한민국 임시정부가 상하이에 수립되었다. 상하이에 대한민국 임시정부가 수립된 것은 아직 일본의 영향력이 미치지 않는 지역이며, 많은 강대국들이 진출하여 있기에 세계 여러 나라와의 외교 활동이 편리한 곳이기 때문이다.

대한민국 임시정부는 민주 공화정을 채택하였으며, 대통령제를 갖추고 이승만을 초대 대통령으로 국회를 대신한 의정원에서 뽑았다.

그러나 신채호를 비롯한 임시정부의 강경파들은 초대 대통령으로 선출된 이승만을 반대하였다. 이승만이 1919년 2월에 미국 대통령 윌슨에게 조선에 대한 국제연맹의 위임 통치(강대국에게 자국 국민을 대신해 다스려달라고 하는 것으로 후에 신탁 통치로 바뀜)를 청원한 일이 있었기에 '완전 독립', '절대 독립'을 추구하는 신채호를 비롯한 강경파들의 생각과 달랐기 때문이었다.

결국 의정원의 표결 결과 이승만은 탄핵되었으며, 2대 대통령으로 박은식이 선출되었다. 이후 임시정부는 혼란을 겪다가 김구가 주석으로 취임하면서 안정을 찾았다. 김구는 우리나라가 일본의 지배로부터 독립을 하는 1945년 8월 15일까지 임시정부를 이끌면서 항일 투쟁과 외교 활동을 전개하였다.

대한민국 임시정부는 제1차 세계대전이 끝난 후에 뒤처리를 위한 파리 강화 회의에 우리 민족의 견해를 전달하기 위하여 김규식을 외교총장으로 파견하여 우리의 뜻을 전하게 하였다. 미국에는 유럽과 미국을 상대로 외교 활동을 벌이는 구미위원부를 설치하여 우리나라의 독립 문제를 강대국들이 관심을 갖게 만들었다.

또한 독립 신문을 발행하여 국내에 있는 국민들에게 독립 운동의 소식을 알리고 독립 운동의 방향을 제시하였다. 또한 연통제(聯通制)를 실시하여 국내의 독립 운동 조직과 연락을 하였으며, 국내에서 독립 운동 자금을 모금하는 일도 담당하였다. 연통제는 각 도에는 독판, 부에는 부장, 군에는 군감, 면에는 면감을 두어 대한민국 임시정부의 행정 사무를 국내에서 집행하였다.

대한민국 임시정부는 일본이 태평양 전쟁을 일으키자 대일 선전포고를 하면서, 한국 광복군을 조직하여 대일 전쟁을 수행하여 독립의 기초를 닦았다.

❗ 독립 운동의 전개	
독립군	• 만주 (간도) : 대한독립군 (홍범도 – 봉오동 전투), 북로 군정서군 (김좌진 – 청산리대첩), 서로 군정서군, 국민회군 • 연해주 : 혈성단
애국지사 활동	• 김원봉의 의열단 • 김구의 한인 애국단 – 윤봉길의 상하이 훙커우 공원 폭탄 투척
한국 광복군	대한민국 임시정부 산하의 독립군 부대, 1940년 조직 (총사령관 – 지청천, 참모장 – 이범석)
한국의 독립 약속	카이로 회담 (1943) · 포츠담 선언 (1945)

6. 한민족의 실력 양성 운동

→ **경제적 · 교육적으로 힘을 키워 일제에 항거하려는 실력 양성 운동도 독립 운동의 한 방향이었다.**

개화 사상가의 영향을 받아 한말에 전개된 애국 계몽 운동은 당장 일본과 대결해도 큰 성과를 거두기가 어렵다고 판단하였다. 그리하여 지식인과 전직 관리를 중심으로 한민족의 실력을 양성하여 일본에 대항하여 먼 훗날 독립을 기약하는 애국 계몽 운동이 일어났다. 애국 계몽 운동은 정치 단체, 교육, 언론, 학문, 종교, 경제 등 다양한 분야에서 전개되었다.

독립 협회의 뒤를 이어 보안회는 일본이 황무지 개간권을 요구하자 국민들의 반대 여론을 일으켜 무산시켰으며, 독립 협회를 이끌던 사람들에 의해 조직된 헌정 연구회는 근대적인 입헌의회 제도의 도입을 주장하였다. 헌정 연구회의 정신을 계승한 대한 자강회(大韓自彊會)는 헤이그 특사사건으로 일본에 의한 고종의 강제 퇴위를 반대하는 운동을 전개하였다. 국민들을 계몽시킨 단체 중 가장 규모가 큰 것은 신민회(新民會)이다. 신민회는 1907년에 안창호(安昌浩), 양기탁(梁起鐸), 이승훈(李昇薰)을 중심으로 교사와 학생이 참여하여 조직되었다. 신민회는 철저히 비밀리에 움직인 비밀결사조직이다. 신민회는 대성학교(평양)와 오산학교(정주)를 세우는 등 민족주의 근대 교육을 추진하였고, 「대한매일신보」를 통해 국민계몽에 앞장섰으며, 도자기 회사와 태극서관을 운영하여 민족 산업을 육성하려고 하였다. 이어서 일본의 감시를 피하기 위해 만주 삼원보에 독립 운동 기지를 건설하였다. 이동녕(李東寧)과 이회영(李會榮), 이시영(李始榮) 형제들 및 각 도에서 지원한 100여 호가 삼원보로 이주하여 자치 조직인 경학사(耕學社)를 만들고, 신흥무관학교를 세워 독립군을 양성하였다. 그러나 일본이 꾸민 105인 사건에 의하여 해산되었다.

일본의 식민지가 된 후에 한동안 침체되었던 민족 운동은 1920년대에 다시 경제적 · 사회적 · 문화적인 면에서 민족의 실력을 기르는 방향으로 전개되었다. 민족의 산업을 발전시켜 민족 자본을 육성하며, 경제적 자립을 꾀하기 위해 물산 장려 운동을 전개하였다. 물산 장려 운동은 자작회와 물산 장려회, 그리고 토산 애용 부인회가 중심이 되어 자급자족, 국산품 애용, 소비 절약 등을 내세운 경제적 민족 운동이었다.

　교육을 통한 실력 양성 운동도 전개되었다. 일본의 식민교육 정책에 따라 차별받는 한민족의 교육을 위해 민립대학 설립 운동이 이상재(李商在)를 중심으로 전개되었으나, 일본의 방해로 실패하였다. 학생들은 방학을 이용하여 야학이나 강습소를 세워 문맹퇴치 운동에 나섰다. 「조선일보」나 「동아일보」도 문자 보급 운동과 문맹 퇴치 운동에 나섰다.

　일본은 우리 민족의 실력을 높이려는 여러 활동에 대하여 탄압을 가했으나 꿋꿋하게 독립이 될 때까지 이어져 왔다.

❗ 국내의 민족 운동	
물산 장려 운동	자급자족, 국산품 애용, 소비 절약 – 경제적 민족 운동
민립 대학 설립 운동	일제의 차별 교육에 대항, 대학 설립 추진하나 실패
농촌 계몽 운동	브나로드 운동 – 문맹 퇴치, 「동아일보」와 「조선일보」의 지원
6·10 만세 운동	순종의 장례일에 만세 운동 전개
광주 학생 항일 운동	한·일 학생 사이의 충돌로 반일 감정 폭발 – 신간회의 활약, 3·1 운동 이후 최대 규모의 민족 운동
민족 문화 수호 운동	• 한글 – 조선어 학회 : 주시경, 이희승, 최현배 • 국사 – 박은식, 신채호 : 민족주의 사학
종교	• 대종교 – 단군신앙 : 무장 독립 운동 • 천도교 – 3·1 운동 중심 • 천주교와 개신교 – 신사 참배 거부 • 불교 – 한용운 : 불교 유신론, 박중빈 – 원불교 • 문학 – 한용운·심훈·윤동주·이상화·이육사 – 민족의식 고취

대한 광복회

1910년대의 항일 운동 단체 중에서 가장 규모가 큰 것은 대한 광복회이다. 대한 광복회는 1913년 경북 풍기에서 채기중(蔡基中), 유창순, 한훈(韓焄), 김상옥(金尙沃) 등이 조직한 비밀결사 단체로, 처음 이름은 대한 광복단이었다. 1915년 박상진, 우제룡, 양재만 등이 힘을 합치면서 대한 광복회로 이름을 바꾸었다.

대한 광복회는 부자들에게 독립 운동 자금을 모금하고, 불법으로 거두는 세금을 압수하여 무장을 하여 친일파와 일본군을 섬멸하며, 남북 만주에 사관학교를 설립하고, 무기를 구입하여 독립군을 양성하는 것을 목표로 삼았다.

대한 광복회는 1917년 경주에서 세금을 거두어 가던 차량을 습격하여 8,700원을 압수하였으며, 경상북도 칠곡에 사는 부자이면서도 독립 운동 자금을 내지 않는 장승원과 충청남도 아산군 도고면장인 친일파 박용하 등을 암살하였다.

1918년 이종국이 일본 경찰에 알려 박상진을 비롯한 37명의 지도자가 체포되었고, 박상진과 채기중 등의 중심인물은 후에 사형을 받아 순국하니 대한 광복회의 독립 운동은 중지되었다.

대한 광복회에 참가하였던 김좌진(金佐鎭)과 노백린(盧伯麟) 등은 만주와 상하이로 건너가 독립군을 이끌며 항일 운동을 펼쳤다.

7. 항일 운동을 전개한 여성 독립 운동 단체

→ **대한민국 애국 부인회, 조선 여성 동우회, 근우회 등이 항일 운동을 전개하였다.**

대한민국 애국 부인회

대한민국 애국 부인회는 서울과 상하이에 각각 조직되었다. 서울의 대한민국 애국 부인회는 1919년 6월에 만들어졌다. 원래 1919년 3월 중순에 3 · 1 운동에 참여하여 투옥된 독립 운동가와 그 가족을 도와주기 위하여 오현주 · 오현관(吳玄觀) · 이정숙 등이 조직한 혈성단 애국 부인회와 4월에 최숙자 · 김희옥 등에 의해 만들어진 대조선 독립 애국 부인회가 임시정부를 지원하기 위해 통합된 단체이다. 대한 애국 부인회는 3 · 1 운동으로 투옥되었다가 출옥한 김마리아 · 황에스터와 간부 17명이 대한민국 애국 부인회로 개칭하면서 6천여 원의 독립 운동 자금을 모금하여 대한민국 임시정부로 보내는 활동을 하였다. 그러나 11월 말 한 간부의 배신으로 활동이 부진해지면서 자연적으로 해체되었다.

상하이의 대한민국 애국 부인회는 1919년 10월 13일 이화숙, 김원경을 중심으로 조직되었다. 대한민국 애국 부인회는 태극기 만들기, 회의장 준비, 상장 만들기 등으로 임시정부의 활동을 도와주었다. 1940년대에 일본이 전쟁을 일으키자 일본의 패전을 바라는 방송을 하고, 독립군의 위문, 여성 계몽교육 등의 활동을 하였다.

조선 여성 동우회

1924년 5월 23일에 우리나라 최초의 사회주의 여성 운동 단체인 조선 여성 동우회가 조직되었다. 정종명 · 정칠성 · 홍순경 등 당시 사회주의 여성 운동가들을 중심으로 조직된 조선 여성 동우회는 새로운 사회의 건설과 봉건 제도의 질곡에서 여성해방을 함께 할 여성을 기르는 것을 목적으로 하였다. 이를 달성하기 위하여 여성들의 경제적 자립이 필요하다고 역설했다. 조선 여성 동우회의 활동은 1927년 민족주의계와 사회주의계를 총망라한 여성 단체인 근우회로 이어졌다.

근우회(槿友會)

1927년 5월 27일 민족 단일당 조직 운동의 하나로 민족주의계와 사회주의계 여성 운동을 통합·단일화하여 창립한 여성 단체로 김활란(金活蘭)·김일엽(金—葉)·길정희·정칠성·정종명·이현경 등 사회 각계 각층에서 활약하는 여성 40여 명에 의해 조직되었다.

근우회의 강령은 여성들이 일치단결하여 지위 향상을 꾀하여 여성을 남성에게 굴종하게 하는 봉건적 지도에서 벗어나며, 일본 식민지에서의 해방을 제시하였다.

주요 활동은 여성 문제 토론회와 강연회 개최, 야학 실시, 문맹 퇴치, 광주 학생 항일 운동 및 각종 항일 운동의 지도와 지원 등이다.

그러나 민족주의 계열의 여성 지도자와 정칠성·정종명·이현경 등 사회주의 계열의 여성 지도자의 사상적 차이로 1931년 신간회의 해체를 전후하여 해산되었다.

8. 독립군의 활동

→ **위정척사 사상을 이어받은 의병부대가 일본의 탄압을 피해 만주와 연해주로 가서 독립군으로 활동했다.**

1907년에 전개된 서울 진공 작전은 한말에 전개된 의병 전쟁의 절정이었다. 서울 진공 작전이 실패한 후에 일본은 의병부대에 대한 탄압을 강화하였다. 의병부대들은 일본의 탄압을 피하여 만주와 연해주로 이동하였다. 만주에는 김좌진(金佐鎭)이 이끄는 북로 군정서군과 홍범도(洪範圖)가 이끄는 대한독립군, 그리고 서로 군정서군이 있었으며, 연해주에는 혈성단이 있었다.

일본군은 봉오동에 독립군이 있다는 정보를 듣고 독립군에게 기습을 시도하였다. 홍범도가 지휘하는 대한 독립군은 최진동(崔振東)의 군무도독부군과 안무(安武)의 국민회 독립군이 연합하여 1920년 6월에 일본군을 공격해 큰 승리를 거두었다.

봉오동 전투에서 패배한 일본군이 다시 공격해오자 김좌진의 북로군정서군은 대한 독립군, 국민회 독립군과 연합하여 1920년 10월에 일본군을 청산리 계곡으로 유인하여 지형을 이용한 효과적인 작전으로 6일 동안 싸우면서 일본군 연대장을 포함하여 1,200여 명을 전사시키고, 독립군은 100여 명만이 전사하는 독립 전쟁 사상 가장 큰 승리를 거두었다.

봉오동과 청산리에서 큰 타격을 받은 일본군은 독립군을 지원하는 만주에 살고 있는 한민족을 초토화시키는 작전을 전개하였다. 일본은 한국인 남자들을 무차별 학살하였으며, 가옥과 교회에 불을 질렀다. 이를 '간도 참변'이라고 한다.

독립군은 기반이 없어지고 일본의 탄압을 피해 소련 영토 안에 있던 자유시로 이동을 하였다. 당시에 소련은 볼셰비키 혁명을 이끈 공산 정부가 수립되어 약소민족을 후원한다고 했기에 이동을 하였던 것이다. 그러나 공산혁명을 추진하던 적색군들이 일본의 사주를 받고 독립군을 강제로 무장 해제하려 하여 이에 독립군이 대항하였기에 많은 희생자가 발생하였다. 이를 '자유시 참변'이라고 한다.

독립군은 다시 만주로 돌아오게 되었다. 만주에는 많은 독립군들이 난립하고 있었다. 힘을 하나로 모을 필요성을 느낀 독립군은 3부로 통합을 하였다. 압록강 건너편 지역에는 대한민국 임시정부 직속의 육군

주만 참의부(參議府)가 설립되고(1923), 길림·봉천 일대의 남만주 일대에는 정의부(正義府)가 설립되었으며(1924), 북만주 일대에는 소련에서 탈출해온 독립군을 중심으로 신민부(新民府)가 만들어졌다.(1925) 이들 3부의 독립군 조직은 동포들의 행정을 돌보아주는 자치 행정기관이며, 독립군의 훈련과 작전을 수행하는 군정기관의 역할을 수행하였다.

하지만 1925년에 만주 군벌과 일본 사이에 체결된 미쓰야 협정으로 독립군은 시련을 맞게 되었다. 미쓰야 협정은 일본과 만주 군벌이 함께 독립군을 소탕하고 체포한 독립군은 일본에 넘겨준다는 내용이었다. 독립군을 더욱 어렵게 만든 것은 1931년에 일어난 만주사변이었다. 만주사변으로 일본국 괴뢰 국가인 만주국이 세워져 독립군의 활동을 탄압하였다.

만주사변 이후에 독립군은 중국군과 함께 한·중 연합군을 구성하여 항일투쟁을 전개하였다. 1930년대 중반까지 전개된 한·중 연합군은 중국군의 사기 저하와 의견 대립으로 큰 성과를 거두지를 못했다.

독립군은 1940년 9월에 대한민국 임시정부 직속의 한국 광복군(韓國 光復軍)으로 발전하였다.

9. 독립지사들의 의거 활동

→ 김원봉(金元鳳)의 의열단(義烈團)과 김구(金九)의 애국단을 중심으로 이루어졌다.

평화적인 방법으로 독립을 추구하는 독립 운동가가 있기도 하였지만,

큰 성과를 거두기는 어려웠다. 그렇다고 국내에서 많은 독립 운동가들이 이동하여 일본인과 대적하여 싸우기에는 일본 경찰의 감시가 심했다.

그리하여 한두 명의 독립 운동가들이 국내로 들어와 일본의 중요 인사를 사살하거나 중요 시설에 폭탄을 투척하고자 하였다.

3·1운동 이후 러시아의 블라디보스토크 신한촌(新韓村)에 조직된 대한 노인단의 길림성 지부장이었던 강우규(姜宇奎)는 65세 노인의 몸으로 7월에 러시아 사람으로부터 영국제 수류탄을 구입하여 국내에 들어와 서울역에서 사이토 총독에게 폭탄을 던졌다. 사이토 총독 암살에는 실패했지만, 정무총감과 만주 철도이사, 그리고 일본 경찰 등 37명을 죽이거나 부상당하게 하였다. 수류탄을 던진 강우규는 9월 17일 일제의 앞잡이인 김태석에게 붙잡혀 1920년 11월 29일 서대문 형무소에서 사형당했다.

김원봉(金元鳳)이 이끈 의열단(義烈團)은 1920년대에 국내와 상하이를 중심으로 활발한 의거 활동을 벌였다. 1919년 중국과 만주에서 독립 운동을 벌이던 한국인 민족주의자들이 일본과 타협하지 않으며 무력을 통해 일본의 지배에서 벗어나고자 조직한 항일 독립 운동 단체이다. 1920년 9월 박재혁의 '부산 경찰서 폭탄 투척 의거', 같은 해 11월 최수봉의 '밀양 경찰서 폭탄 투척 의거', 1921년 9월 김익상의 '조선 총독부 폭탄 투척 의거' 등의 격렬한 암살·파괴 운동을 전개했다. 1923년 1월 김상옥의 '종로 경찰서 폭탄 투척 의거', 1924년 1월 김지섭(金祉燮)의 '도쿄 니주바시[東京二重橋] 폭탄 투척 의거', 1925년 10월 이종암 등의 '경북 의열단 사건', 1926년 12월 나석주(羅錫疇)의 '동척·식산은행 투탄 의거' 등을 전개했으나, 개인적인 폭탄 투척은 한계가 드러났다. 그리하여 1935년 7월 5일 민족주의 단체가 모여 조선 민족 혁명당이 조직됨으로

윤봉길 사당인 충의사

써 의열단도 공식적으로 해체되었다. 그 후 조선 민족 혁명당은 조선 의용대로 바뀌었으며, 1942년에는 한국 광복군과 연합하였다.

1931년 9월 만주사변 직후에 상해 임시정부는 위상과 독립 운동의 활성화를 기하기 위해 특별한 독립 운동 부대를 조직하고 김구(金九)가 이끌도록 하였다. 1931년 10월 경 김구는 임시정부 산하에 비밀결사대원 80여 명을 모아 '실행을 중히 여기고 발언을 피하는 실천적인' 비밀조직으로 한인 애국단을 결성했다. 1932년 1월 8일 단원 이봉창(李奉昌)이 도쿄 사쿠라다문에서 일본 천황 히로히토에게 폭탄을 투척한 의거를 감행했다. 이 사건으로 한인애국단의 존재를 알게 된 일본 경찰은 김구·조소앙(趙素昻)의 체포에 힘을 기울였다. 그런 가운데 그해 4월 29일 상하이 훙커우 공원에서 일본군이 일왕의 생일 기념식을 거행할 때, 윤봉길(尹奉吉)은 도시락 폭탄을 투척해 파견군사령관 시라카와 대장, 일본 거류민단장 가와바타 등을 그 자리에서 죽이고, 주중공사 시게미쓰 등에 중상을 입히는 의거를 수행했다. 윤봉길 의사의 의거는 중국 총통인 장제스(蔣介石)가 "중국인 4억 인구가 하지 못할 일을 한국인 한 사람이 해냈다."며 치하를 하면서 대한민국 임시정부의 독립 운동과 한국인의 독립 투쟁에 적극 협력하는 계기가 되었다. 일본은 한인 애국단을 이끄는 김구를 체포하려고 노력하였으나 뜻을 이루지 못하였다.

의열단과 한인 애국단의 활동은 꺼져가는 독립 운동에 대한 한민족의 의지를 불태웠으며, 한민족의 독립 의지를 세계에 알리는 계기가 되었다.

? 알고 넘어가기

독립 운동가이며 정치가인 김구(金九, 1876~1949)

김구

황해도 해주에서 태어난 김구의 본관은 안동, 어릴 때의 이름은 창암, 본명은 창수이나 이름을 바꾸어 구(九)로 하였다. 김구는 나라를 위하는 일이고 정의로운 일이라면 남들이 엄두를 내지 못하는 일들을 대담하게 하여 사람들을 놀라게 하였다. 김구의 정의감과 대담성은 동학 농민 운동에 참가한다든지 명성 황후의 원수를 갚겠다고 1896년 2월 안악 치하포에서 왜병 중위 쓰치다를 맨손으로 죽이는 것에서 나타나고 있다. 김구는 3·1 운동 후에 중국으로 건너가 항일 운동에 나섰다.

대한민국 임시정부에서 주석을 역임하고 있던 김구는 무장 독립 운동을 펴기로 결심하고 1931년 한인 애국단을 조직하여 일본의 주요 인사들을 암살하기 시작하였다.

김구의 뜻에 따라 1932년 1월 8일에 이봉창이 일본 국왕에게 폭탄을 던졌으나 실패하였고, 같은 해 4월 29일에는 윤봉길이 일본 국왕의 생일을 축하하는 자리에서 폭탄을 던져 일본 육군대장 시라가와를 비롯한 일본의 중요 인물 3명을 암살하는 성과를 거두었다. 윤봉길의 의거로 김구는 중국의 적극적인 협력을 얻어낼 수 있었다.

안창호(安昌浩)의 추천으로 경무국장의 직책으로 임시정부와 인연을 맺은 김구는 2대 대통령인 박은식의 사임으로 중심을 잃고 혼란에 빠진 임시정부의 주석이 되어 이끌었다. 임시정부를 강화하면서 한국 광복군을 창설하여 일본에 항전을 시작하였다. 한국 광복군은 1941년에 대한민국의 이름으로 대일 선전포고를 하면서 제2차 세계대전에 참전하였다.

자서전 머리글

일본의 지배에서 벗어나 혼란스러워진 대한민국을 수습하려 노력하는 한편, 남북한에서 각각 독립 정부가 수립되는 것에 반대하여 북한을 다녀오기까지 했으나, 김구의 뜻은 이루어지지 못했고, 결국 암살되고 말았다.

10. 민족 문화 수호 운동

→ 일본의 침략이 이루어지던 한말부터 일제 강점기 기간 동안 국학을 연구하여 뿌리를 알게 하려는 국학 연구가 이루어졌다.

국학에 대한 연구는 실학에서부터였다. 실학은 개화사상가에게 연결되어 한말에 애국계몽운동으로 발전하였다. 애국계몽운동의 한 뿌리가 국학의 연구였다. 이들은 국토를 일본에게 빼앗길망정 뿌리만은 잃지 않겠다는 생각으로 국사와 국어를 연구하였다.

국사 연구는 국민들을 계몽시키고자 하였다. 그리하여 외국 영웅들의 전기나 우리나라에서 외적의 침입을 물리쳤던 을지문덕, 강감찬, 이순신 등의 위인전이 나왔다. 나라가 위기에 빠졌을 때 이를 극복했던 영웅들의 이야기를 통해 일본의 침략으로부터 나라를 구하려고 국민들에게 애국심을 고취시키고자 한 것이다. 그리고 국민들에게 민족적인 자부심을 불어넣어 사기를 높여 애국심을 고취시키고자 '민족사학'이 발달하였다. 신채호(申采浩)는 《조선사 연구초》, 《독사신론》을, 박은식(朴殷植)은 《한국통사》를 저술하였다. 국어에서는 지석영(池錫永)과 주시경(周時經)을 들 수 있다. 지석영은 학부 안에 국문연구소를 설치하게 했으며, 한글로 한자를 해석한 《자전석요》를 간행했다. 주시경은 국문연구소에서 활동하며 《국어문법》을 남겼다. 이들의 활동으로 민족의식과 근대의식을 국민들에게 고취시켰다.

일본의 침략기에는 민족정신을 계승하고 민족의식을 불어넣기 위하여 국사와 국어 연구가 이루어졌다. 이때 일본은 민족말살정책을 추진하느라 국사와 국어 연구에 대한 탄압을 하였으나, 일본의 감시를 피하여 연구가 이루어졌다. 신채호와 박은식은 민족사학을 발전시켰으며, 이병도(李丙燾)와 손진태(孫晉泰) 등은 우리 역사를 연구하고, 그 성과를 책을 통해 국민들에게 알리고자 하여 진단학회를 조직하고 진단학보를 발간하였다. 국어는 주시경의 제자인 최현배(崔鉉培)와 이희승(李熙昇)을 통해 이루어졌다. 이들은 조선어학회를 조직하여 '한글 맞춤법 통일안'과 표준어를 제정하고, '우리말 큰사전'을 편찬하려 했으나 일본의 방해로 실패하였다.

민족 문화 수호 운동은 예술 분야에도 나타났다. 한용운(韓龍雲)과 심훈(沈熏) 등은 민족의식을 고취하는 작품을 남겼다. 윤동주(尹東柱), 이육사(李陸史), 이상화(李相和) 등은 저항정신을 불러일으키는 작품을 발표하였다. 영화에서 나운규(羅雲奎)는 〈아리랑〉과 같은 작품을 통하여 한국의 뿌리를 확인시켰으며, 이중섭(李仲燮)은 '소'와 같은 작품을 그려서 우리 민족의 저항의식을 표현하였다. 홍난파(洪蘭坡), 윤극영(尹克榮), 현제명(玄濟明) 등은 우리의 정서가 담긴 노래를 남겨 국민들이 함께 노래를 부르면서 정신적으로 단결할 수 있도록 하였다.

11. 농민과 노동자의 독립 운동

→ 처음에 농민과 노동자는 자신들의 권익을 옹호하기 위하여 쟁의를 벌였으나, 나중에는 일본인 지주와 동양 척식 주식회사, 그리고 일본의 독점 자본주의에 저항하는 독립 운동으로 발전했다.

농민 운동은 소작쟁의로 나타났다. 1920년대에 소작 쟁의는 소작인 조합이 중심이 된 소작 쟁의로 시작하여 50% 이상이었던 높은 소작료의 인하와 지주가 마음대로 소작인을 바꾸는 것을 막는 것이 주목적이었다.

1920년대 후반기에는 자작농까지 포함하는 농민 조합이 소작쟁의를 주도하는 것으로 발전하였다. 이때에는 지주뿐만 아니라 일본의 경제적 약탈 전반에 대항하는 투쟁으로 발전하였다. 나아가 일본의 토지 수탈 기관인 동양 척식 주식회사 농장의 소작쟁의로 발전하여 항일 운동의 성격을 가지고 있다.

노동 운동은 노동쟁의로 나타났다. 일본은 독점 자본주의의 침략으로 조선에서 너무 많은 이윤을 얻고자 하였기에 이에 대항하기 위해 나타난 것이 바로 노동쟁의이다. 노동쟁의는 노동자들이 노동조합을 결성하여 자유 노동자를 중심으로 가혹한 노동 조건을 개선(민족 차별적 저임금과 장시간의 노동)하고 임금 인상과 처우 개선, 8시간의 노동제 시행 등을 내걸고 파업 투쟁을 전개하였다. 나아가 악질 일본인 감독을 한국에서 쫓아낼 것을 요구하였다. 노동쟁의는 1920년대 후반에는 전국으로 확산되면서 노동 운동이 대중화 경향을 띠었으며, 1929년에 전개된 원산 노동자 총파업은 대표적인 노동자들의 항일 운동이다.

❗ 형평 운동

형평사 기념비

우리나라에서 신분제가 폐지된 것은 갑오개혁 때이다. 그러나 진정한 평등사회가 이루어지지 않고 있었다. 애국계몽운동이 국민들에게 영향을 끼쳐서 근대의식이 높아졌지만 여전히 신분의 불평등이 존재하고 있었다.

그중에서 도살업자인 백정들은 여전히 차별대우를 받고 있었다. 기와집에서 살 수도 없었고, 비단옷을 입을 수도 없었다. 학교나 교회도 나갈 수 없었으며, 일반 백성들과도 함께 살 수도 없었다. 이러한 차별은 일본의 침략기에도 여전하였으며, 나아가 호적에까지 따로 표시를 하였다. 1923년 4월 25일, 양반 출신의 애국계몽사상가인 강상호를 중심으로 장지필, 이학찬 등 백정 출신들이 조선형평사를 진주에서 조직하였다. 백정들은 자신들의 직업 차별 대우에 반발하여 평등한 대우를 요구하였다. 이들은 인권운동을 넘어서서 사회운동가들과 손잡고 민족해방운동으로 발전시키고자 하였다.

12. 공녀와 정신대

→ 공녀(貢女)는 몽고의 지배 중에, 정신대는 일본의 지배 하에서 희생된 우리나라 여성들이다.

고려에서 몽고로 건너간 이들의 수는 굉장히 많았다. 이들은 전란 중에 포로 내지는 유이민(流移民)으로서, 북쪽으로 흘러들어갔거나 또는 몽고의 강요에 의해 부득이하게 건너간 사람들이 대부분이었으며, 이것은 고려인에게 많은 갈등과 고통을 안겨주게 되었다.

그 중에서도 공녀(貢女)는 더욱 많은 아픔을 가져다주었다. 고려 원종 15년(1274)에 부녀자 140명을 요구해온 것을 시작으로, 공민왕 초년(初年)에 이르기까지 80여 년 동안에 50여 회에 걸쳐 500~1,000명에 이를 정도로 고려의 여자를 데려갔으며, 이들의 대부분은 원의 궁중에서 급사나 시녀로 종사하였다. 이들 중 일부는 호사를 누린 여성도 있었으니, 세조의 총애를 받은 궁인 이씨나, 화평군 김심의 딸로 인종의 후비가 되었다가 황후가 된 김씨, 몽고 여자 이외의 여성을 정식 왕후로 삼지 말라는 원나라 황실의 전통을 깨고 순제의 제2황후가 된 기씨 등이 그 예이며, 이 후광으로 그 일족은 크게 세력을 떨치게 되었다. 이에 스스로 자기 딸을 바치고 권력을 쥐고자 하는 사람도 간혹 있었다.

그러나 대부분의 고려 사람들은 직위를 막론하고 공녀를 크게 꺼리었으니, 이유는 다시는 돌아오기 어려운 이역만리의 타국, 중국의 땅으로 보낸다는 것은 인정상 도저히 용납이 안 되기 때문이었다. 이에 조혼의 풍속이 생겼던 것이다.

비록 그 피해가 컸다고 하더라도 이 공녀보다 더 큰 피해와 고통을 준 것은 일본의 침략이 막바지에 이르렀을 때 자행된 정신대였다. 전쟁이 나면 남자는 전쟁터에서 희생이 되고, 여자들은 성(性)을 위협받았다. 일본의 침략이 한창이던 1941년 12월 8일, 일본의 진주만 공격으로 태평양 전쟁이 일어나자, 일본에 의한 한국에 대한 약탈은 물적 약탈뿐만 아니라 인적 수탈로 이어졌다. 즉 징병제, 징용제, 여자 정신대가 인적 수탈의 예라고 할 수 있다. 그 중에서 우리 민족에게 가장 큰 아픔을 준 것은 여자 정신대이다.

원래 일본은 정신대라는 용어를 사용하지 않았다. 군위안부라고 하였다. 이것은 중·일 전쟁 때에 점령 지역에서 일본군이 만행을 저지르자, 반일 감정을 염려한 점령 지역 사령관의 요구에 의해 정신대의 전신인 위안소가 설치되었으며, 여기에 있는 여성의 80%가 한국인이었다고 한다. 이 위안소는 일본 군인의 요구에 응하기 위한 것으로 일본 군인의 기강을 바로잡기 위해 한국인 여성들이 희생양이 되었던 것이다.

초기에는 기생을 비롯한 술집 여인을 주로 보냈으나, 태평양 전쟁이 일어난 후에는 일반 가정의 처녀들까지 동원하게 되었다.

뿐만 아니라 일본군이 각 전선에서 패배를 거듭하자, 병력 소모가 많아지고 이 병력을 보충하기 위해 1943년 7월에 여자 학도병의 동원을 결정함과 동시에 여자 정신대를 조직하였으며, 더욱이 여자 정신대의 활동을 강화하기 위하여 1944년에 '여자 정신 근로령'을 공포, 징병제와 같은 강제 동원을 법으로 정해 전쟁터에 부녀자를 대량 투입하는 일이 벌어지게 된 것이다. 이들 일본인은 초등학생까지 꾀여서 뽑아갔다. 그 꾐이라고 하는 것은 당시 교복의 단추가 5개였는데, 전쟁터에 나가면 일본 왕이 7개의 단추를 달아준다는 것이었다. 순수한 우리나라의 어린 학생들은 일본인의 달콤한 말에 속아 결국 전쟁터에서 희생이 되었던 것이다.

결국 공녀나 정신대는 소수의 특수한 사람들을 제외하고는 자신의 뜻과는 상관없이 가게 되었으며, 공녀는 원나라의 지배를 받으면서, 정신대는 일본의 지배를 받은 시기에 이루어진 약소국의 비애라고 할 수 있다.

13. 광복군의 본토 진입 작전

→ **이범석(李範奭) 장군을 비롯한 50명이 미국의 후원을 받아 본토 진입 작전을 위한 훈련을 받다가 8월, 일본의 항복으로 실현되지 못했다.**

대한민국 임시정부는 광복의 뜻을 이루기 위해서는 일본과 일전을 벌여야 한다는 생각으로 1940년 9월에 충칭에서 광복군을 창설하였다. 광복군은 총사령관에 지청천(池靑天), 참모장에 이범석(李範奭)을 임명하면서 모병(募兵) 활동도 적극적으로 벌였다. 1942년에는 김원봉(金元鳳)이 중심이 되어 조직되어 대일 항전을 벌이던 조선 의용대와 연합하여 규모가 커졌다. 김원봉은 광복군의 부사령관 겸 제1지대장이 되었다.

일본이 진주만을 기습하여 태평양 전쟁이 일어나자, 임시정부는 1941년 12월에 대일 선전포고를 하였다. 이로써 대한민국 임시정부는 연합국의 한 나라로 대일전에 참전한 셈이 되었다.

1944년에 광복군은 영국군의 요청에 따라 일부의 병력을 인도 · 미얀마 전선에 파견하였다. 파견된 광복군은 영국군과 협조하여 포로 심문, 회유 방송, 선전 전단의 작성, 암호문 번역 등의 업무에 종사하였다. 이들은 소규모의 연락대였으나, 영국군과 연합 작전을 수행하였던 것이다.

1945년에 시안에 주둔한 광복군 제2지대는 미국의 후원을 받아 본토 진입 작전을 위한 훈련을 실시하였다. 중심인물은 제2지대장 이범석과 탈출한 학도병으로 광복군에 합류한 장준하(張俊河), 김준엽, 노능서 등 50명이었으나, 1945년 8월에 일본이 항복하여 본토 진입 작전은 실행되지 못한 채 끝나고 말았다.

이에 앞서 1945년 3월에 광복군과 미국 전략 특수 공작대(OSS)와의 사이에 한·미 군사 합작 합의 사항이 서명되었다. 그 주요 내용은 다음과 같다.

― 한·미 양군은 공동의 적인 일본군을 격퇴하기 위하여 상호 협력하여 공동 작전을 전개한다.

― 한국 광복군은 미군으로부터 무전 기술과 기타 필요한 기술을 훈련받고 적진과 한반도에 잠입하여 연합군에게 필요한 군사 정보를 제공한다.

III

대한민국의 성립

1. 신탁 통치

→ 신탁 통치(信託統治)에 반대한 것은 결과적으로 한반도의 분단을 막고자 한 것이다. 하지만 북한의 신탁 통치 찬성으로의 전환은 나라를 분열시키는 결과를 가져왔다.

1945년 2월에 개최된 미국과 영국, 소련의 수뇌들은 태평양 전쟁이 끝나면 38도선을 중심으로 남쪽에는 미군이 진주하고, 북쪽에는 소련군이 진주하여 각각 일본군을 무장 해제시킨다고 하였다.

1945년 8월 15일에 일본이 무조건 항복 선언을 하였으나, 한반도에 새로운 독립 국가를 건설할 만한 역량은 상하이의 대한민국 임시정부와 여운형(呂運亨)이 조직한 조선건국준비위원회였다. 그러나 한반도에 진주한 미국은 두 단체를 배제한 채 한반도에 독립 정부를 수립하려고 하였다. 이러한 사실도 모른 채 한반도내에서는 여러 정당들이 난립하면서 혼란에 빠졌다.

이에 미국과 소련은 1945년 12월에 미국, 영국, 소련의 3국 외상들이 모여 한반도 문제를 논의하여 미국과 영국, 소련과 중국에 의한 5년 동안의 신탁통치를 결정하였다.

신탁 통치는 제1차 세계대전 직후에는 위임 통치라고 불리다가, 제2차 세계대전 이후에 신탁 통치라고 불리었다. 국제 연합의 산하 기구인 신탁 통치 이사회가 관리하지만 실제적으로는 신탁 통치를 담당하는 국가에게 자국의 영토를 양도한 것이나 마찬가지이다.

이러한 이유로 사회주의 세력인 소련이 차지한 지역과 민주주의 세력인 미국, 영국, 중국이 차지한 지역으로 분열되는 것은 기정사실이었다.

이에 신탁 통치가 결정되자 우리 민족은 신탁 통치 반대 국민 총동원 위원회를 구성하고, 위원장에 권동진(權東鎭), 부위원장에 안재홍(安在鴻)을 임명하여 전 민족적인 신탁 통치 반대운동을 전개하였다. 하지만 사회주의 세력은 처음에는 반탁운동을 전개하다가 1946년 1월 초에 찬탁으로 입장을 바꾸었다. 이 과정에서 민주 세력과 사회주의 세력의 대립이 격화되었다.

민주 세력과 사회주의 세력의 대립이 격화되자 미국과 소련은 미·소 공동위원회를 개최하여 문제를 해결하려고 하였으나 실패하였다. 결국 미국은 한국 문제를 국제연합에 상정하여 5월 10일 총선거를 실시하려고 하였으나, 북한의 반대로 한반도가 아닌 38도선 이남에서만 실시가 되었다.

결국 남북이 함께 신탁 통치에 반대하였다면 한반도에서 단일한 정부가 들어설 수도 있었을 것으로 추정된다.

❗ 대한민국 정부 수립 과정

모스크바 3상 회의(신탁 통치 결정)

미·소 공동위원회(신탁 통치 외 정부 수립 문제 협의 – 결렬)

유엔의 총선거 결정 → 5·10 총선거(제헌 의회 구성)

대한민국 정부 수립(1948. 8. 15)

유엔에서 한반도의 합법 정부로 승인(1948. 12)

2. 대한민국 정부의 수립

→ 1948년 8월 15일에 이승만을 대통령으로 한 대한민국이 수립되었으며, 같은 해 12월에 국제연합에서 한반도의 유일한 합법정부로 인정을 받았다.

미·소 공동위원회가 개최되었으나, 정부 수립 문제를 놓고 미국과 소련이 대립하였다. 미국은 모든 정치 단체의 참여를, 소련은 신탁통치를 지지하는 단체만 참여하는 것을 놓고 팽팽하게 대립하였다. 두 나라의 대립과 함께 한반도에서 민족진영과 사회진영의 대립, 민족 지도자들의 분열에 따라 독립 정부를 수립하기가 여간 어렵지 않았다.

미국은 한반도의 정부 수립 문제를 유엔에 상정하였다. 유엔에서는 미국의 제안을 받아들여 유엔 한국 임시위원단(오스트레일리아·캐나다·중국·엘살바도르·인도·필리핀·시리아 및 우크라이나 사회주의 공화국으로 구성—이후 프랑스가 참여)을 구성하여, 이 위원단의 감시 아래 독립 정부를 수립할 것을 결의하였다.

이에 따라 9개국의 유엔 한국 임시위원단은 민족 지도자들과 정부 수립 문제를 논의하는 등 활동을 하였다. 하지만 소련이 38도선 이북으로 유엔 한국 임시위원단이 들어오는 것을 거절하여 북한에서는 활동하지 못했다.

유엔에서는 선거가 가능한 38도선 이남에서 총선거를 실시할 것을 결의하였다. 그러자 김구, 김규식 등은 남한만의 총선거를 반대하고 남북 협상을 하였으나, 큰 성과를 이루지 못했다.

남한에서는 5월 10일에 국회의원을 선출하는 선거가 유엔 한국 임시위원단의 감시 아래 실시되었다. 우리나라 최초의 민주 선거이면서, 최초의 국회가 구성되는 계기가 되었다.

국회에서는 헌법을 제정하여 7월 17일에 공포하였고, 간선제에 의한 초대 대통령으로 이승만을 선출하고 행정부를 구성하여 1948년 8월 15일에 정부 수립을 국내외에 공포하였다.

유엔에서는 같은 해 12월에 총회를 개최하여 대한민국을 한반도에서 유일한 합법 정부로 승인하였다.

3. 농지 개혁과 경제 발전

→ 토지의 사유제를 바탕으로 한 우리나라의 토지 개혁에 비하여, 북한의 토지 제도는 국가의 소작제를 바탕으로 한 토지 개혁이었기에 경제 발전에 큰 장애가 되었다.

우리나라에서 농지 개혁이 실시된 것은 1948년 3월과 50년 3월 두 차례에 걸쳐 이루어졌다. 이전까지 우리나라 토지 제도에 대한 평가는 북한이 실시한 토지 개혁에 비하여 실패한 것으로 생각하였다.

그러나 오늘날 우리나라에서 실시한 토지 개혁은 세계에서 성공한 개혁으로 평가받고 있다. 1945년 8월 15일에 일본의 지배로부터 벗어났을 때 우리나라 농민의 70%는 농토를 갖지 않은 소작농이었다. 소작농들은 두 차례에 걸쳐 실시된 토지 개혁으로 경제적으로 안정을 찾았으며, 교육열을 바탕으로 한 자식 교육으로 공업사회로 발돋움하는 교육받은 근로자를 양성할 수 있었다.

1948년 3월 22일에 미군정에 의하여 실시된 제1차 토지 개혁은 동양 척식 주식회사의 후신인 신한공사가 관리하던 일본인 소유의 농토를 소작하고 있던 농민들에게 불하한 것이다.

1950년 3월 10일에 이승만 정부에 의하여 실시된 토지 개혁은 많은 어려움을 겪었다. 토지 소유주들이 사유지를 내놓지 않았기 때문이었다. 정부에서는 토지 소유주에게 농토를 구입하여 농민들에게 소작을 주었다. 농민들은 나라에 1년 수확량의 30%를 5년간 토지의 대가로 지불하면 개인 토지로 바꾸어 주었다.

반면에 북한은 1946년 3월 5일에 실시한 토지 개혁에서 무상몰수, 무상분배를 택하였다. 그러나 토지를 사고팔 수 없다고 한 점과 국유지를 국민들이 소작을 했다는 점에서 완전한 토지 개혁이라고 볼 수가 없다.

그리고 2006년 현재 우리나라 경제력과 북한의 경제력이 100배 차이 나는 것은 북한의 토지 제도가 사유지를 인정하지 않는 토지 개혁이 실패한 것을 나타내며, 반면에 우리나라의 토지 제도는 교육을 통한 산업화의 인재 양성이라는 바탕을 이루었다고 할 수 있다.

❗ 우리나라의 경제 발전

시기	내용
미군정기(1945~1948)	남북한경제구조불균형(북한－중공업, 남한－경공업) 물가 상승, 북한의 전기공급 중단으로 남한의 어려움
이승만 정부(1950년대)	농지 개혁, 원조경제체제(소비재 공업 성장).
1960년대 (제1, 2차 경제개발계획)	차관 도입, 수출경쟁력촉진책(저임금, 저곡가), 경공업 발달
1970년대 (제3, 4차 경제개발계획)	외국인 투자 유치, 중화화공업정책, 녹색 혁명(식량증산 정책) 석유 파동(1973, 1979)
1980년대	3저(저금리 · 저유가 · 저달러) 호황, 중화학 공업 분야에서 고도 성장
1990년대	자유무역확대(우루과이라운드협정 타결), 세계무역기구출범, IMF 위기(1997)
2000년대	외국인의 투자 증대, 비정규직 노동자 증가, 빈부격차확대, 북한 과의 경제 교류 확대

4. 6 · 25 전쟁

→ **사회주의의 확장을 위한 소련의 사주와 이를 자신의 정치적 입지의 기반으로 하려는 김일성의 욕망이 빚은 비극이다.**

6 · 25 전쟁은 1950년 6월 25일 새벽에 북한의 남침으로 시작하여 3년 1개월 2일 동안 전개된 전쟁이었다. 사회주의의 맹주였던 소련의 팽창주의와 중국의 공산화로 외세의 힘을 빌어 통일이라는 명분 아래에서 김일성이 도발한 것이다.

6 · 25 전쟁이라는 용어에 대하여 '한국전쟁', '조국해방전쟁'(북한), '조선전쟁'(일본), '항미원조 전쟁'(중국)으로 불리지만 '6 · 25 사변'이라고 불리기도 하였다. 왜냐하면 '사변(事變)'의 사전적 뜻은 '선전포고 없이 전쟁을 일으키는 것'이라고 나와 있다. 그러므로 북한 김일성이 사전 선전포고 없이 대한민국을 침공한 전쟁이기 때문이다.

북한의 갑작스런 침략에 대한민국은 후퇴를 하였으며, 3일 만에 서울이 함락당했다. 이때 이승만 정권은 국민들을 기만하여 많은 인명 피해를 보았다.

1950년 7월 7일에 국제연합은 북한을 침략국으로 규정하여 대한민국을 군사적으로 원조하기로 하였다. 이에 따라 미국을 비롯한 16개국에서 40만 명의 국제연합군이 한국전에 참전하였다.

1950년 7월 25일에 국제연합군은 낙동강 방어선을 설정한 후에 반격을 시도하였다. 이에 따라 8월 15일까지 부산까지 차지하겠다는 소련과 김일성의 희망은 사라지게 되었다.

국제연합군 사령관인 맥아더의 지휘 아래 국제연합군은 인천상륙작전을 전개하여 9월 28일에 서울을 수복하였으며, 10월 1일에 38도선을 통과하여 북으로 진격하여 압록강에 이르렀다. 그러나 10월 25일에 압록강에 도착한 중국군의 인해전술(人海戰術)로 전쟁은 치열해졌으며, 인해전술에 국제연합군은 1951년 1월 4일에 후퇴할 수밖에 없었다.

이후 1953년 7월 27일에 휴전이 체결되기까지 전쟁은 38도선 부근에서 치열한 소모전으로 전개되었다.

6·25 전쟁으로 141만 명의 군인과 민간인 37만4천 명이 희생되는 피해를 보았다.

대한민국에서는 6·25 전쟁으로 반공 이데올로기가 주류를 이루어 이승만 정권을 확고히 하는데 기여하였다. 그리고 미국의 경제·군사적 지원을 바탕으로 산업사회로 발전하는 계기가 되기도 하였다.

반면에 북한에서는 전쟁을 이용하여 김일성이 정적을 숙청하는 계기로 삼아 김일성 유일 지배 체제를 확립하는데 기여하였다. 김일성 유일 지배 체제는 경쟁을 가로막아 북한의 경제가 침체되어 오늘날 식량난을 비롯한 경제 위기를 맞게 되었다.

전쟁에 의한 통일은 이미 낡은 방식의 통일이다. 평화적 통일을 위한 남북한의 상호협력이 요구되며, 이를 위해서는 남북한의 신뢰 회복이 가장 필요할 것이다.

5. 민주화의 시발점인 4·19 혁명

→ 4·19 혁명은 독재 정치에 항거하여 민주화를 이룩한 시발점이라 하겠다.

1960년 3월 15일의 정·부통령 선거에서 자유당 정권은 이승만(李承晩)과 이기붕(李起鵬)을 후보로 내세웠다. 한편 야당인 민주당은 조병옥(趙炳玉)과 장면(張勉)을 정·부통령 후보로 내세웠다. 그런데 조병옥이 선거가 실시되기 전에 미국에서 병으로 세상을 떠났기 때문에 4번째 대통령의 당선을 노리는 이승만의 경쟁자가 없어졌다. 그러자 자유당 정권은 이기붕을 부통령으로 당선시키기 위하여 조직적으로 부정선거를 감행하였다.

이에 마산에서 3·15 부정 선거를 규탄하는 학생과 시민의 시위가 시작되었다. 4월 18일에는 서울에서 고려대 학생들이 궐기하였다. 4월 19일에는 서울 시내의 학생들과 시민들이 대규모 시위를 계속하였고, 지방의 대도시에서도 시위가 잇달아 일어났다.

이승만 정권은 계엄령을 선포하고 계엄군을 진주시켰으며, 경찰의 발포로 많은 사람이 죽거나 부상당하는 참사가 일어났다. 학생들의 피해가 잇따르자 4월 25일에 교수들까지 시위에 참여하였고, 이승만 대통령은 4월 26일에 하야 성명을 발표하였고, 자유당 독재 정권도 무너지게 되었다. 이로써 독재 정권을 무너뜨리는 민주화가 시작된 듯하였다.

이승만 정권이 하야한 후에 7월 29일에 민의원과 참의원을 뽑는 총선거에서 정권을 잡은 민주당은 신파와 구파 사이에 격심한 분열과 집권 경쟁을 벌였다. 그리하여 민주당이 분열되어 안정된 기반을 갖추지 못한 채 정국이 불안하였다. 정국의 불안은 사회 불안으로 이어져 각종 시위가 끊이지 않았다. 이에 박정희를 중심으로 한 일부 군인들이 1961년 5월 16일에 군사 정변을 일으켜 민주당 정권이 무너지고 민주화는 한동안 중단되게 되었다.

6. 5 · 16 군사 정변의 공과

→ 5 · 16 군사 정변을 일으켜 정권을 잡은 뒤 장기 집권을 하면서 경제 발전을 이루긴 했으나, 유신 헌법을 만드는 등 독재 정치를 고집해 우리나라의 민주주의를 후퇴시키는 잘못을 저질렀다.

4 · 19 혁명이 일어나 나라가 혼란에 빠지자, 박정희는 위기에 빠진 나라를 구한다는 명분을 걸고 5 · 16 군사 정변을 일으켰다. 이어 헌법을 뛰어넘는 권력을 가진 국가 재건 최고회의를 만들어 2년 6개월간 군인 정치를 하였다. 1963년에는 제5대 대통령에 당선되어 군인에서 정치인으로 완전히 탈바꿈하였다.

박정희는 사회 개혁을 이루는 일부터 강하게 밀고 나갔다. 사치와 향락 산업의 뿌리를 뽑는 한편 가족계획과 문맹 퇴치 운동도 벌였다. 나아가 경제 개발 5개년 계획을 거듭 추진하고 수출을 늘리는 데 힘썼다.

이를 위해 경부 고속국도를 비롯한 여러 고속국도를 건설해 전국을 일일생활권으로 만들고, 자동차 · 조선 · 석유화학 제품 등의 중화학 공업을 적극적으로 키웠다. 그 결과 1970년대 후반에는 수출 100억 달러를 넘어서고 국민소득이 크게 높아졌다.

박정희는 뒤떨어진 농촌을 발전시키는 일에도 힘써 1970년대 초부터 새마을 운동을 펴나갔다. 이 운동은 '잘살아 보세' 라는 구호를 내걸고, 농촌의 생활환경을 개선하고 소득을 높이는데 크게 이바지하였다. 박정희 정권 아래 우리나라는 눈부신 경제 성장을 이루며 후진국에서 개발 도상국으로 발돋움했지만, 빈부의 격차가 커지는 등 사회가 고르게 발전하지는 못했다.

박정희는 1967년에 재선한 뒤 '3선 개헌' 을 통과시켜 다시 대통령에 오를 수 있게끔 법을 바꾸었다. 이어 국민의 반대에도 불구하고, 일본과 국교를 정상화하고 베트남에 군대를 파병하였다. 박정희는 1971년 대통령 선거에서 어렵게 당선되자, 이듬해 10월에 유신 헌법(維新憲法)을 선포하여 영원히 집권할 수 있는 길을 열어 놓았다. 이어 자신을 반대하는 세력을 철저히 탄압하며 일인 독재 체제로 치달았다.

그러자 정치인, 지식인, 학생, 종교인을 중심으로 국민의 자유와 권리를 되찾기 위한 민주화 운동이 격렬하게 일어났고, 미국을 비롯한 세계 여론의 비판도 커졌다. 그러나 박정희는 '대통령 긴급 조치' 까지 발동하여 수많은 민주 인사를 투옥하는 등 독재 정치를 밀고 나갔고, 우리나라의 민주주의는 크게 후퇴하였다.

결국 정권이 위기를 맞은 가운데, 박정희는 1979년 10월 26일 자신의 측근이었던 김재규의 총에 피살되었다.

❓ 알고 넘어가기

새마을 운동이란?

근면, 자조, 협동 정신을 바탕으로 주민들의 자발적인 참여와 잘살 수 있다는 희망을 심어준 정신 개혁 운동이다.

새마을 운동은 1970년부터 대통령 박정희의 주도로 시작된 지역 사회 개발 운동으로 뒤떨어진 농촌을 발전시키는데 크게 이바지하였다. 정부의 절대적인 지원 아래 마을 안 길을 넓혀 포장하고, 집을 개량하는 등 농민들의 생활환경을 개선하는 한편, 소득을 늘리기 위한 여러 사업도 벌여 나갔다. 무엇보다 새마을 운동은 근면, 자조, 협동 정신을 바탕으로 주민들의 자발적인 참여를 이끌어냈고, 운동의 기본 정신이 공장, 도시, 직장 등으로 퍼져 나가면서 사회 전체의 근대화 운동으로 성장하였다. 국민들에게 잘살 수 있다는 희망을 심어준 새마을 운동은 1970년대 눈부신 경제 발전을 뒷받침한 정신적인 힘이었고, 동남아시아 국가들을 비롯한 많은 개발도상국들도 배우려고 노력하였다.

7. 6월 민주화 운동

→ **1987년에 전개된 6월 민주화 운동은 국민들의 뜻을 받아들여 대통령 직선제를 실시하면서 우리나라의 민주화를 완성시켰다.**

10 · 26 사태가 일어나 박정희 정권이 무너지고 과도 정부인 최규하 정권이 들어섰다. 하지만 전두환을 비롯한 군부 세력이 같은 해 12월 12일에 실권을 장악하였다. 이에 대학생을 비롯한 일반인들을 중심으로 전두환을 비롯한 군부 세력의 정권 장악 시도에 대한 강한 반발이 나타났다. 그러나 전두환을 비롯한 군부 세력은 무력으로 이를 진압하였다. 그리하여 우리나라의 민주주의는 한 발 후퇴하는 듯 보였다.

전두환이 정권을 잡은 지 7년 만에 다시 민주화의 열기가 나타났다. 시민들은 전두환 정권의 비리와 독재를 규탄하면서 1987년 6월 10일에 전국적으로 시위를 펼쳤다. 대학생을 중심으로 이루어진 민주화 요구는 일반 시민까지 참여하여 전국으로 확산되니, 군부 세력은 굴복하고 '6 · 29 민주화 선언'을 하였다.

6 · 29 민주화 선언은 대통령 직선제와 5년 단임제를 골자로 한 헌법 개정이 이루어졌다. 이 헌법에 따라 노태우 정부가 들어섰다. 노태우 정부는 서울 올림픽을 개최하여 우리나라의 국제적인 위상을 높였으며, 북방 외교 정책을 펼쳐 러시아(소련) 및 중국과 외교관계를 맺었다. 1991년 9월 18일에는 남북한이 동시에 유엔에 가입하였다.

1993년 2월에 김영삼 정부가 들어섰다. 김영삼 정부는 30여 년에 걸쳐 군부가 장악했던 정권에서 민간인 출신의 지도자가 탄생한 것이다. 김영삼 정부는 금융 실명제와 부동산 실명제를 실시하는 등 개혁 정책을 추진했으나, 경제 정책의 일관성 부족으로 1997년에 I.M.F의 지배를 받게 되었다.

1997년에는 우리나라 사상 처음으로 평화적인 정권 교체가 이루어져 민주당의 김대중 정부가 들어섰다. 김대중 정부는 2000년 6월에 평양을 방문하여 김정일과 남북 정상 회담을 개최하여 민족의 통일문제를 자주적으로 해결하기로 한 6 · 15 남북 공동 선언을 발표하였다.

❗ 정부의 변천

이승만	• 6 · 25 전쟁 (북한의 남침→인천 상륙 작전→중공군 개입→1 · 4 후퇴→휴전 (1953) • 장기 집권과 독재
윤보선	• 4 · 19 혁명으로 집권−내각책임제와 양원제 국회−사회 혼란
박정희	• 5 · 16 군사 정변으로 집권−경제 개발 계획 (성장 위주의 정책) • 장기 집권을 위한 10월 유신 헌법 제정−1979년에 시해당함 • 새마을 운동으로 농어촌 근대화 운동 전개
5 · 18 민주화 항쟁	• 1980년 5월 18일 광주에서 시작
전두환	• 부정부패와 군부 독재 • 국민의 요구로 대통령 직선제 개헌 (1987. 6. 29)
노태우	• 서울 올림픽 개최 • 남북한 유엔 동시 가입 (1991) • 북방 외교 (러시아, 중국 등 사회주의 국가와 수교)
김영삼	• 금융 실명제 • 3단계 통일안 (화해 협력/남북연합/통일 국가 완성)
김대중	• I.M.F의 위기 극복 • 2002 한 · 일 월드컵 공동 개최 • 남북 정상 회담, 금강산 관광 사업
노무현	• 남북 정상 회담 (2009. 5. 23 서거)
이명박	• 2008년 2월 제17대 대통령에 취임

8. 남북한의 통일 정책과 선언

→ 1972년에 7.4 남북 공동성명을 시작으로, 2007년에 노무현 대통령과 김정일 간의 '남북 관계 발전과 평화 번영을 위한 선언' 까지 다양하게 나타났다.

대립과 경쟁을 하던 남북 관계에 대화의 가능성이 열린 것은 1970년 대에 들어서면서부터이다. 1970년대에 들어서면서 화해의 분위기에 따라 남북한도 대화를 시작하였다. 1971년에 대한적십자사의 제의로 남북 이산가족 찾기 회담이 열리면서 대화의 물꼬를 연 남북한은 1972년 7월 4일 남북 공동성명을 발표하였다. 남북 공동성명은 '자주, 평화, 민족 대단결' 의 3대 통일 원칙을 발표하였다.

인도차이나 반도의 공산화와 육영수 여사 피격 사건을 계기로 1970 년대의 남북한의 대화는 중단되었다. 1980년대에 들어서서 이산가족의 상봉과 예술 공연단의 상호 방문 등 부분적인 남북 교류가 이루어지는 성과가 있었다. 스포츠에서의 교류도 가지면서 남북한은 1991년에 유엔 에 동시 가입하여 동반자 관계임을 세계에 알리게 되었다. 이를 계기로 남북 기본합의서가 채택되고 한반도 비핵화에 관한 공동성명을 발표하 였다. 이것은 남북한이 상호 불가침을 선언하고 화해와 교류 · 협력으로 신뢰를 높이고, 핵무기를 개발하지 않겠다는 것으로 한반도에 1국가 1 민족 2체제 2정부라는 상대방의 실체를 확인하는 계기가 되었다. 2000 년 6월에 김대중 대통령이 평양을 방문하여 남북 정상회담이 열리면서 우리 민족의 통일 문제를 자주적으로 해결하자는 6 · 15 남북 공동성명 을 발표하였다. 2007년 10월에는 노무현 대통령이 평양을 방문하여 남

북 정상회담을 개최하면서 '남북 관계 발전과 평화 번영을 위한 선언'
을 통하여 평화와 번영을 다짐하였다.

부록

· 역대 왕조 계보
· 국사 연표

고구려 삼국사기 B.C. 37~A.D. 668

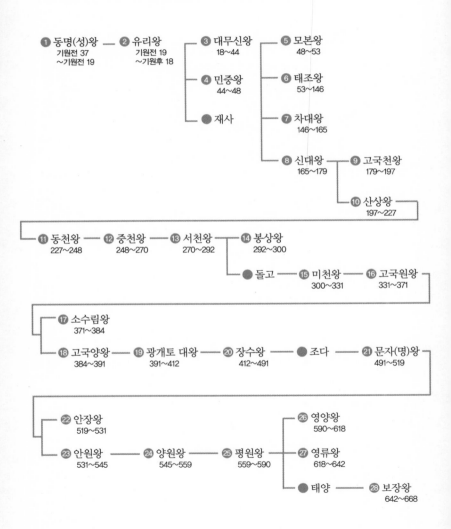

❶ 동명(성)왕
기원전 37
~기원전 19

❷ 유리왕
기원전 19
~기원후 18

❸ 대무신왕
18~44

❹ 민중왕
44~48

● 재사

❺ 모본왕
48~53

❻ 태조왕
53~146

❼ 차대왕
146~165

❽ 신대왕
165~179

❾ 고국천왕
179~197

❿ 산상왕
197~227

⓫ 동천왕
227~248

⓬ 중천왕
248~270

⓭ 서천왕
270~292

⓮ 봉상왕
292~300

● 돌고

⓯ 미천왕
300~331

⓰ 고국원왕
331~371

⓱ 소수림왕
371~384

⓲ 고국양왕
384~391

⓳ 광개토 대왕
391~412

⓴ 장수왕
412~491

● 조다

㉑ 문자(명)왕
491~519

㉒ 안장왕
519~531

㉓ 안원왕
531~545

㉔ 양원왕
545~559

㉕ 평원왕
559~590

㉖ 영양왕
590~618

㉗ 영류왕
618~642

● 태양

㉘ 보장왕
642~668

백제 삼국사기 B.C. 18 ~ A.D. 660

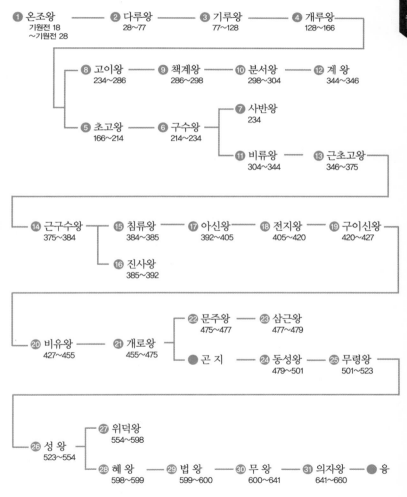

❶ 온조왕
기원전 18
~기원전 28

❷ 다루왕
28~77

❸ 기루왕
77~128

❹ 개루왕
128~166

❽ 고이왕
234~286

❾ 책계왕
286~298

❿ 분서왕
298~304

⓬ 계 왕
344~346

❺ 초고왕
166~214

❻ 구수왕
214~234

❼ 사반왕
234

⓫ 비류왕
304~344

⓭ 근초고왕
346~375

⓮ 근구수왕
375~384

⓯ 침류왕
384~385

⓱ 아신왕
392~405

⓲ 전지왕
405~420

⓳ 구이신왕
420~427

⓰ 진사왕
385~392

⓴ 비유왕
427~455

㉑ 개로왕
455~475

㉒ 문주왕
475~477

㉓ 삼근왕
477~479

● 곤 지

㉔ 동성왕
479~501

㉕ 무령왕
501~523

㉖ 성 왕
523~554

㉗ 위덕왕
554~598

㉘ 혜 왕
598~599

㉙ 법 왕
599~600

㉚ 무 왕
600~641

㉛ 의자왕
641~660

● 융

신라 삼국사기 B.C. 57 ~ A.D. 935

박씨 7왕 ① 혁거세 ──── ② 남해 ──── ③ 유리
기원전 57   4~24   24~57
~기원후 4

⑤ 파사 ──── ⑥ 지마
80~112   112~134

⑦ 일성 ──── ⑧ 아달라
134~154   154~184

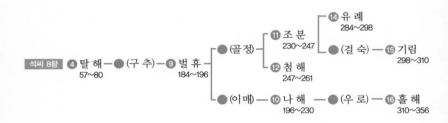

석씨 8왕 ④ 탈해 ─●(구추)─ ⑨ 벌휴 ──── ●(골정)

⑪ 조분
230~247

⑭ 유례
284~298

●(걸숙) ── ⑮ 기림
298~310

⑫ 첨해
247~261

●(이매) ── ⑩ 나해 ── ●(우로) ── ⑯ 흘해
196~230   310~356

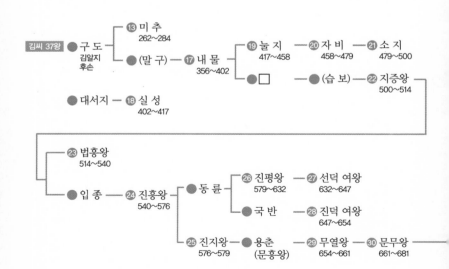

김씨 37왕 ● 구도 ── ⑬ 미추
김알지   262~284
후손

●(말구) ── ⑰ 내물
356~402

⑲ 눌지 ── ⑳ 자비 ── ㉑ 소지
417~458   458~479   479~500

●□ ── ●(습보) ── ㉒ 지증왕
500~514

● 대서지 ── ⑱ 실성
402~417

㉓ 법흥왕
514~540

● 입종 ── ㉔ 진흥왕 ── ● 동륜
540~576

㉖ 진평왕 ── ㉗ 선덕 여왕
579~632   632~647

● 국반 ── ㉘ 진덕 여왕
647~654

㉕ 진지왕 ── ● 용춘 ── ㉙ 무열왕 ── ㉚ 문무왕
576~579   (문흥왕)   654~661   661~681

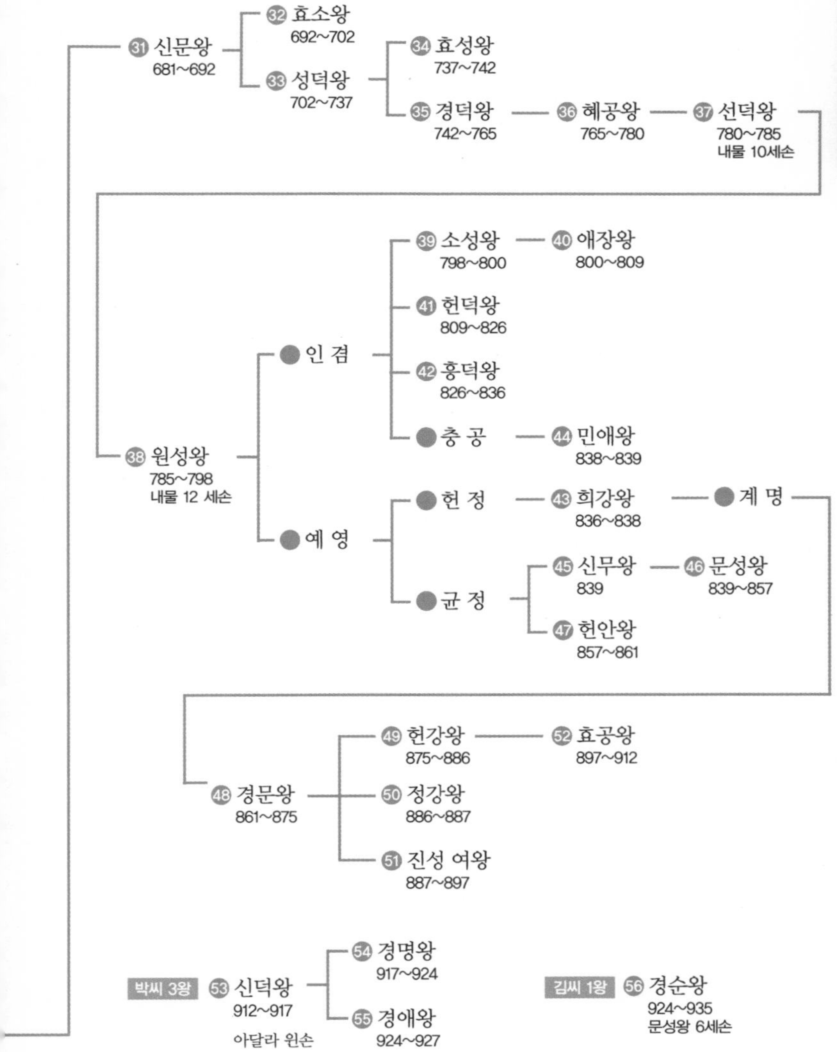
㉛ 신문왕
681~692
㉜ 효소왕
692~702
㉝ 성덕왕
702~737
㉞ 효성왕
737~742
㉟ 경덕왕
742~765
㊱ 혜공왕
765~780
㊲ 선덕왕
780~785
내물 10세손
㊳ 원성왕
785~798
내물 12 세손
인 겸
㊴ 소성왕
798~800
㊵ 애장왕
800~809
㊶ 헌덕왕
809~826
㊷ 흥덕왕
826~836
충 공
㊹ 민애왕
838~839
예 영
헌 정
㊸ 희강왕
836~838
계 명
균 정
㊺ 신무왕
839
㊻ 문성왕
839~857
㊼ 헌안왕
857~861
㊽ 경문왕
861~875
㊾ 헌강왕
875~886
(52) 효공왕
897~912
㊿ 정강왕
886~887
(51) 진성 여왕
887~897
박씨 3왕
(53) 신덕왕
912~917
아달라 원손
(54) 경명왕
917~924
(55) 경애왕
924~927
김씨 1왕
(56) 경순왕
924~935
문성왕 6세손

| 발해 229년, 698 ~ 926

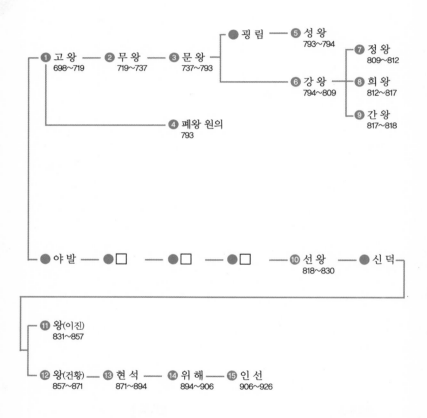

고려 475년, 918 ~ 1392

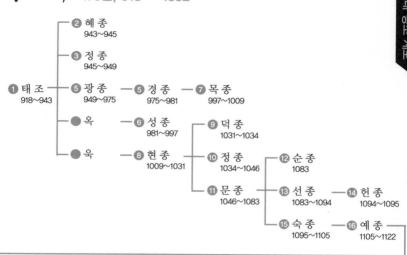

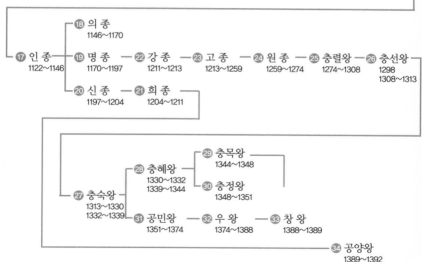

조선 519년, 1392 ~ 1910

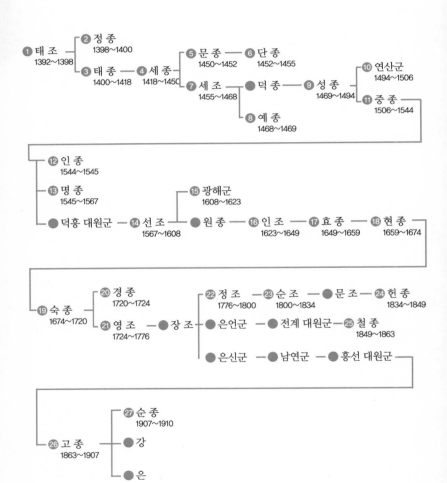

❶ 태 조
1392~1398

❷ 정 종
1398~1400

❸ 태 종 ── ❹ 세 종
1400~1418   1418~1450

❺ 문 종 ── ❻ 단 종
1450~1452   1452~1455

❼ 세 조 ── ● 덕 종 ── ❾ 성 종
1455~1468   1469~1494

❽ 예 종
1468~1469

❿ 연산군
1494~1506

⓫ 중 종
1506~1544

⓬ 인 종
1544~1545

⓭ 명 종
1545~1567

● 덕흥 대원군 ── ⓮ 선 조 ── ● 원 종 ── ⓰ 인 조 ── ⓱ 효 종 ── ⓲ 현 종
                  1567~1608   1623~1649   1649~1659   1659~1674

⓯ 광해군
1608~1623

⓳ 숙 종
1674~1720

⓴ 경 종
1720~1724

㉑ 영 조 ── ● 장 조
1724~1776

㉒ 정 조 ── ㉓ 순 조 ── ● 문 조 ── ㉔ 헌 종
1776~1800   1800~1834   1834~1849

● 은언군 ── ● 전계 대원군 ── ㉕ 철 종
                              1849~1863

● 은신군 ── ● 남연군 ── ● 흥선 대원군

㉖ 고 종
1863~1907

㉗ 순 종
1907~1910

● 강

● 은

세기	우리나라		
	연대	주요 사항	
	약 70만 년 전	(구석기 문화)	선사 시대
	8000년경	(신석기 문화)	
	2333년경	단군, 고조선을 건국함(삼국유사)	
	2000년경	청동기 문화의 전래	
	1000년경	고조선의 발전	연맹왕국
	400년경	철기 문화의 보급	
	200년경	한반도 남부에 마한, 진한, 변한이 형성	
	194	위만, 고조선의 왕이 되다	
B.C.	108	고조선, 한나라에 멸망되다. 한군현이 설치됨	
A.D.	21	고구려, 대무신왕이 고구려 공격	
	32	호동왕자의 활약으로 고구려가 낙랑 정복	
	53	고구려, 동옥저 정복	
	65	신라, 국호를 계림으로 바꿈	
	194	고구려 고국천왕, 진대법을 실시	
	244	위나라의 관구검, 고구려 수도 환도성을 함락함	
300	313	고구려 미천왕, 낙랑군을 멸망시킴	삼국 시대
	346	백제 근초고왕, 고구려를 침입하여 고국원왕을 전사시킴	
	356	신라왕호, 이사금에서 마립간으로 바꿈	
	372	고구려, 불교가 전래되고 태학을 설치함	
	384	백제, 불교 전래	
400	400	신라 내물왕의 요청으로 고구려 광개토 대왕 파병	
	405	신라 내물왕 요청으로 고구려 광개토 대왕 파병	
	427	고구려 장수왕, 평양 천도	
	433	신라와 백제, 나제 동맹을 맺음	
500	503	신라, 국호를 신라로, 왕호를 왕으로 고침	
	512	신라 이사부, 우산국 정벌	

세기	우리나라		
	연대	주요 사항	
600	527	신라, 불교 공인	삼국 시대
	532	금관가야 멸망	
	538	백제, 사비(부여)로 천도	
	552	백제, 일본에 불교를 전함	
	598	수문제, 고구려 1차 침입(실패)	
	612	을지문덕, 살수대첩. 수양제, 평양성 공격(실패)	
	642	고구려, 연개소문 정권 장악	
	645	고구려, 당나라에 대승(안시성 싸움)	
	660	백제 멸망	
	668	고구려 멸망	
	676	신라, 당나라를 물리침	
	685	9주 5소경 설치	
	698	발해 건국	
700	722	신라, 정전 지급	발해 / 통일 신라
	751	불국사와 석굴암을 확장	
	788	독서삼품과 설치	
800	828	장보고, 청해진 설치	
	883	최치원, 《계원필경》 저술	
	888	신라, 《삼대목》 편찬	
900	900	견훤, 후백제 건국	
	901	궁예, 후고구려 건국	
	918	왕건, 고려 건국	
	926	발해 멸망	
	935	신라 멸망	
1000	936	후백제 멸망	
	956	노비안검법 실시	
	958	과거제 실시	
	976	전시과 실시	

세기	우리나라		
	연대	주요 사항	
	983	전국에 12목 설치	
	992	국자감 설치	
	993	거란의 1차 침입	
	996	건원중보 주조	
1000	1009	강조의 정변	
	1010	거란의 2차 침입	
	1019	거란의 3차 침입(강감찬의 귀주대첩)	
	1086	속장경 편찬	
1100	1101	천태종 공인	
	1104	별무반 조직	
	1107	윤관, 동북 9성 건설	
	1126	이자겸의 난	
	1135	묘청의 서경 천도 운동	
	1145	김부식, 《삼국사기》 편찬	고려 시대
	1170	무신정변	
	1174	정중부 집권	
	1196	최충헌 집권	
	1198	만적의 난	
1200	1219	몽골과 외교관계를 맺음	
	1231	몽골의 제1차 침입	
	1232	강화 천도	
	1232	김윤후, 처인성에서 몽골장수 살리타이 사살	
	1234	최초의 금속 활자본인 〈상정고금예문〉 간행	
	1236	3차 대장경 간행	
	1259	몽골과 강화	
	1270	개경으로 환도, 삼별초의 대몽항쟁	
	1274	고려, 몽골 연합군의 제1차 일본 정벌	
1300	1304	안향의 건의로 국학에 섬학전 설치	

세기	우리나라		
	연대	주요 사항	
	1314	만권당 설치	고려시대
	1351	공민왕 즉위	
	1359	홍건적 침입	
	1362	전민변정도감 설치	
	1363	문익점, 원나라에서 목화씨를 가져옴	
	1376	최영, 홍산에서 왜구 토벌	
	1377	최무선의 건의로 화통도감 설치	
		〈직지심체요절〉 인쇄	
	1388	위화도 회군	
	1389	박위, 쓰시마 섬 정벌	
	1391	과전법 실시	
	1392	고려 멸망, 조선 건국	
	1394	한양 천도	
1400	1401	신문고 설치	조선 시대
	1402	호패법 실시	
	1403	주자소 설치	
	1411	조선 8도의 지방 행정 조직 완성	
		〈태조실록〉 편찬	
	1418	세종 즉위	
	1420	집현전의 확장	
	1423	《고려사》 편찬	
	1429	정초, 《농사직설》 편찬	
	1434	김종서, 6진 개척	
	1441	측우기 발명	
	1446	훈민정음 반포	
	1453	계유정난 발생	
	1466	직전법 실시	
	1485	《경국대전》 완성	

세기	우리나라		
	연대	주요 사항	
1500	1498	무오사화 발생	조선 시대
	1504	갑자사화 발생	
	1506	중종 반정	
	1510	삼포왜란 발생	
	1519	기묘사화 발생	
	1543	주세붕, 백운동 서원을 세움	
	1555	을묘왜란	
	1559	임꺽정의 변	
	1577	이이, 《격몽요결》 간행	
	1592	임진왜란 발생	
		이순신, 한산도대첩. 김시민, 진주성 싸움	
	1593	권율, 행주대첩	
	1597	정유재란	
1600	1608	대동법을 경기도에 실시	
	1609	일본과 기유조약 체결	
	1610	허준, 《동의보감》 완성	
	1623	인조반정	
	1624	이괄의 난	
	1627	정묘호란	
	1628	벨테브레, 제주도 도착	
	1636	병자호란	
	1645	소현 세자, 청에서 천주교 서적과 과학 서적 수입	
	1653	하멜, 제주도 도착, 김육의 건의로 시헌력 채택	
	1658	제2차 나선 정벌	
	1659	충청도에 대동법 실시	
	1662	제언사 설치	
	1678	상평통보 주조	
	1696	안용복, 독도에서 일본인을 쫓아냄	

세기	우리나라		
	연대	주요 사항	
1700	1708	대동법의 전국적 실시	
	1712	백두산 정계비 건립	
	1724	영조 즉위	
	1725	탕평책 실시	
	1750	균역법 실시	
	1754	《속대전》 편찬	
	1763	조엄, 일본에서 고구마를 들여옴	
	1776	정조 즉위, 규장각 설치	
	1784	이승훈, 천주교 전도	
	1785	《대전통편》 편찬	
	1786	서학의 금지	
	1791	신해통공 발표	
	1796	화성 완성	
1800	1801	신유박해, 공노비 해방	조선 시대
	1811	홍경래의 난	
	1818	정약용, 《목민심서》 완성	
	1831	천주교 조선 교구 설치	
	1846	김대건, 최초의 신부가 됨	
	1860	최제우, 동학을 창시	
	1861	김정호, 대동여지도 제작	
	1862	진주민란	
	1863	흥선 대원군 집권	
	1865	경복궁 중건	
	1866	병인박해, 병인양요	
	1871	신미양요	
	1875	운요호 사건	
	1876	강화도 조약	
	1879	지석영, 종두법 실시	

세기	우리나라		
	연대	주요 사항	
	1880	일본에 2차 수신사 파견	
	1881	일본에 신사 유람단 파견	
		청나라에 영선사 파견	
	1882	임오군란, 구미 열강 중 미국과 최초로 수교	
	1883	원산학사 설립, 태극기 사용	
	1884	우정국 개국, 갑신정변	
	1885	거문도 사건, 광혜원 설립	
	1886	육영공원, 이화학당 설립	
	1889	함경도 관찰사 조병식, 방곡령 선포	
	1894	동학 농민 운동, 갑오개혁	
	1895	삼국간섭, 을미사변	
		유길준, 《서유견문》 지음	
		단발령 실시	
		을미 의병	
	1896	아관 파천, 독립 신문 발간, 독립 협회 설립	조선 시대
	1897	고종의 환궁, 대한제국 성립	
	1898	만민 공동회 개최	
	1899	경인선 개통	
	1900	만국우편연합 가입	
1900	1901	제주 민란 발생	
	1903	YMCA 창립	
	1904	러 · 일 전쟁 발발	
	1904	한일의정서 체결	
		경부선 개통	
	1905	을사늑약 체결	
		을사의병	
	1906	통감부 설치	
	1907	국채 보상 운동	

세기	우리나라		
	연대	**주요 사항**	
	1908	헤이그 특사 파견	조선 시대
		고종 퇴위, 군대 해산, 한·일 신협약 체결	
		서울 진공 작전	
		전명운 장인환, 스티븐스 사살	
		동양척식주식회사 설립	
	1909	일본, 간도를 안봉선과 교환하여 청에 넘김	
		안중근, 이토 히로부미 사살	
		나철, 대종교 창시	
	1910	국권 피탈	
	1911	신민회, 105인 사건	
	1912	토지조사령 발표	
	1913	안창호, 흥사단 조직	
	1914	대한 광복군 정부 수립	
	1915	대한 광복회 결성	
	1916	박중빈, 원불교 창시	
	1919	2·8 독립 선언	
		3·1 운동	
		대한민국 임시정부 수립	
	1920	홍범도, 봉오동 전투. 김좌진, 청산리 전투	일제 강점기
		조선일보, 동아일보 창간	
	1922	방정환, 어린이 날 제정	
	1923	조선 물산 장려회 조직	
	1926	6·10 만세 운동	
	1927	신간회 조직	
	1929	광주 학생 항일 운동	
	1932	이봉창, 윤봉길 의거	
	1933	한글 맞춤법 통일안 제정	
	1934	진단 학회 조직	

세기	우리나라		
	연대	주요 사항	
	1935	민족혁명당 조직	
	1936	손기정, 베를린 올림픽 대회 마라톤 우승	
	1940	민족 말살 정책 강화	
		한국 광복군 결성	일제 강점기
	1942	조선어 학회 사건	
	1945	8 · 15 광복	
		조선건국준비위원회 조직	
	1946	제1차 미소 공동 위원회 개최	
	1948	5 · 10 총선거, 대한민국 정부 수립	
		북한 정권 수립	
	1950	6 · 25 전쟁	
	1953	휴전 협정 조인	
	1960	3 · 15 부정 선거	
		4 · 19 혁명, 장면 내각 성립	
	1961	5 · 16 군사 정변	
	1962	제1차 경제 개발 5개년 계획	
	1963	제3 공화국 수립	
	1965	한 · 일 수교	
	1966	불국사 석가탑에서 다라니경 발견	대한민국
	1967	제2차 경제 개발 5개년 계획	
	1968	1 · 21 사태, 국민교육헌장 선포, 향토예비군 창설	
	1970	새마을 운동 시작	
	1972	제3차 경제 개발 5개년 계획	
		7 · 4 남북 공동 성명	
		남북 적십자 회담	
		10월 유신	
	1973	6 · 23 평화 통일 선언	
		경주 천마총 발굴	

세기	우리나라		
	연대	주요 사항	
	1974	육영수 여사 피살	대한민국
		북한 땅굴 발견	
	1977	제4차 경제 개발 계획	
	1979	10 · 26 사건, 12 · 12 사태	
	1980	5 · 18 광주 민주화 운동	
	1981	제5공화국 출범	
	1986	제10회 서울 아시안 게임 개최	
	1987	대통령 직선제로 헌법 개정	
	1988	노태우, 제6공화국 대통령으로 취임	
		서울 올림픽 개최	
	1991	남북한 유엔 동시 가입	
	1992	중국과 국교 수립	
	1993	김영삼 대통령 취임	
	1994	북한 김일성 사망	
	1995	유엔안전보장이사회 비상임이사국에 선출	
	1996	한국, OECD 가입	
	1997	I.M.F체제	
	1998	김대중 대통령 취임	
2000	2000	김대중 대통령 방북	
	2002	한 · 일 월드컵 공동 개최	
	2003	노무현 대통령 취임	
	2005	청계천 복원	
	2007	노무현 대통령 방북	
	2008	2월, 대한민국 국보 1호 숭례문 방화로 전소됨	
	2008	이명박 대통령 취임	
	2009	5월 23일, 노무현 전 대통령 서거	

참고 문헌 및 참고 도서

국홍일 《당신은 미인이십니까?》 한그루, 1994

김명 《한국사 이야기 주머니》 녹두, 1995

김무진/박경안 《한국사의 길잡이》 혜안, 1995

김성한 《길 따라, 발 따라①》 사회발전연구소 출판부, 1993

김성한 《길 따라, 발 따라②》 사회발전연구소 출판부, 1993

김성호 《비류 백제와 일본의 국가》 비문사, 1992

김용덕 《한국사의 탐구》 을유문화사, 1981

김용덕 《한국사 수록》 을유문화사, 1984

김용숙 《조선조 궁중 풍속 연구》 일지사, 1987

김화진 《한국의 풍토와 인물》 을유문화사, 1986

남경태 《상식 밖의 한국사》 새길, 1995

노도양 역 《택리지》 명지대 출판부, 1978

동아대 고전 연구 《역주 고려사》 태학사, 1987

민족문화추진회 역 《국역 연려실기술》 민족문화문고간행회, 1988

박성래 《한국인의 과학 정신》 평민사, 1993

박숙희/유동숙 편 《우리말 나이 사전》 책이 있는 마을, 2005

박영규 《한권으로 읽는 조선왕조실록》 웅진닷컴, 2004

박현 《100문 100답 한국사 산책》 백산서당, 1994

안상원 《교육사 신강》 형설출판사, 1980

역사학연구소 《교실 밖 국사 여행》 사계절, 1983

유홍준 《나의 문화유산 답사기①》 창작과 비평사, 1993

유홍준 《나의 문화유산 답사기②》 창작과 비평사, 1994

이민수 역 《조선전》 탐구당, 1976

이배용 외 《우리나라 여성들은 어떻게 살았을까?①》 청년사, 1999

이배용 외 《우리나라 여성들은 어떻게 살았을까?②》 청년사, 1999

이병도 역 《삼국사기》 을유문화사, 1983

이옥수 《한국 근세 여성 사화》 규문각, 1985

이재운 《우리말 한자어 사전》 책이 있는 마을, 2005

이재호 역 《삼국유사》 명지대 출판부, 1978

이존희 《조선 시대 지방 행정 연구》 일지사, 1990

이훈종 《흥부의 작은 마누라》 한길사, 1994

전형택 《조선 후기 노비 신분 연구》 일조각, 1994

최남선 《조선 상식 문답①, 속편》 삼성문화재단, 1972

최남인 엮음 《과학·기술로 보는 한국사 열세 마당》 일빛, 1994

한국문원 《왕릉》 한국문원, 1995

한국사연구소 《조선 시대 사람들은 어떻게 살았을까?①》 청년사, 1996

한국사연구소 《조선 시대 사람들은 어떻게 살았을까?②》 청년사, 1996

홍형옥 《한국 주거사》 민음사, 1992

《정종수 역사 민속 산책》 강원도민일보, 2005~2006

조선일보 《이규태 코너》 1985~2003

조선일보 《한국인, 한국학》 1991

조선일보 《이덕일 사랑》 2005~2007

《키워드로 푸는 역사》 중앙일보, 2007

《동아원색세계대백과사전》 동아출판사, 1992

《한국민족문화대백과사전》 한국정신문화연구원, 1993

《한국사 대사전》 고려출판사, 1992

중학교 《국사》 교육인적자원부, 2007

고등학교 《국사》 교육인적자원부, 2007